하나님이 기뻐하시는 여성

엘리자베스 조지 지음 | 안보헌 옮김

생명의말씀사

A WOMAN AFTER GOD'S OWN HEART
by Elizabeth George

Copyright © 1997 by Harvest House Publishers
Eugene, Oregon 97402 USA
All rights reserved.

2001, 2007/Korean by Word of Life Press, Seoul, Korea.
Translated and published by permission.
Printed in Korea.

하나님이 기뻐하시는 여성

ⓒ 생명의말씀사 2007

2001년 2월 10일 1판 1쇄 발행
2003년 10월 25일 3쇄 발행
2007년 7월 5일 2판 1쇄 발행
2015년 9월 25일 3쇄 발행

펴낸이 | 김재권
펴낸곳 | 생명의말씀사

등록 | 1962. 1. 10. No.300-1962-1
주소 | 서울시 종로구 경희궁1길 5-9(03176)
전화 | 02)738-6555(본사) · 02)3159-7979(영업)
팩스 | 02)739-3824(본사) · 080-022-8585(영업)

기획편집 | 김정옥, 김정주
디자인 | 박소정, 전민정
인쇄 | 영진문원
제본 | 정문바인텍

ISBN 978-89-04-15705-1

저작권자의 허락없이 이 책의 일부 또는 전체를
무단 복제, 전재, 발췌하면 저작권법에 의해 처벌을 받습니다.

하나님이
기뻐하시는 여성
A woman after God's own heart

환 | 영 | 의 | 말

지금도 그리고 죽은 후 오랜 세월이 지나도 우리가 하나님이 기뻐하시는 여성이라고 생각되는 삶을 살면 어떨지 생각해 보라.

다윗왕 – 거인 골리앗을 쓰러뜨린 신실한 목동이요, 자신을 죽이려 한 사울왕의 목숨을 살려준 전사요, 언약궤를 예루살렘으로 옮겨 올 때 기뻐 춤을 춘 왕 – 은 죽었지만 우리는 지금도 그를 "하나님의 마음에 맞는 사람"삼상 13:14 참조으로 기억한다.

"난 다윗왕 같은 사람이 못 돼요!"라고 말하기 전에 그가 완전한 사람은 결코 아니었다는 점을 기억하기 바란다. ("밧세바"가 생각나는가?) 다윗은 하나님께 묻지 않고 마음대로 일을 처리하고, 밧세바의 남편 우리아를 살해하는 잔인한 계획을 세우고, 자녀 교육을 제대로 시키지 못한 부모였음에도 "하나님의 마음에 합한 사람"이라는 칭호를 얻었다.

여기에서 용기를 얻어 하나님이 기뻐하시는 여성이 되는 길에 대해 말하게 되었다. 또한 리처드 포스터가 이 길을 "훈련된 은혜의 길"[1]이라고 한 말에 격려를 받는다. 그는 다음과 같이 설명한다.

> 그것은 훈련이다. 우리가 해야 할 일이 있기 때문이다. 그것은 은혜이다. 하나님의 생명은 우리 힘으로는 결코 획득할 수 없는 선물이기 때문이다. ……훈련 그 자체가 우리를 의롭게 만들지는 않는다. 훈련은 단지 우리를

---

1) Richard Foster, "And We Can Live By It: Discipline," *Decision Magazine*, September 1982, p. 11.
2) Ibid.

하나님 앞에 있게 하는 역할을 할 뿐이다. 변화시키는 것은 하나님의 일이다.2)

우리가 하나님이 기뻐하시는 여성으로 변화되는 것은 실로 하나님이 하시는 일이다. 그러나 여기서 내가 말하려는 것은 우리를 하나님 앞에 두기 위한 훈련, 다시 말해 우리의 속사람을 가꾸는 훈련에 대한 것이다. 즉 하나님께서 그 일을 이루실 수 있도록 우리의 경건 생활, 남편, 자녀, 가정, 개인의 성장, 사역 등에 관해 받아야 할 훈련이다.

당신은 삶의 모든 영역에서 하나님을 따르는 것의 의미에 대한 실제적인 통찰을 얻을 것이다. 즉 하나님과 친밀한 관계를 발전시키고, 남편을 사랑하고, 자녀를 잘 기르며, 가정을 잘 돌보고, 개인적 성장을 체험하고, 베푸는 생활을 하는 것에 관한 통찰을 얻을 것이다.

이 여행을 하는 동안 내내 커다란 기쁨을 얻을 것이다. 나는 당신이 나와 함께 이 여행에 참여하여, 하나님께서 우리를 부르시고 또 힘주셔서 하나님이 기뻐하시는 여성이 되기 위한 영적 메이크업을 시작한 것을 진심으로 환영한다.

그리스도의 사랑 안에서
엘리자베스 조지

A woman after God's own heart

환영의 말 • 4

PART 1
하나님을 사모하는 여성

1. 하나님께 드려진 마음 • 11
2. 하나님 말씀 안에 거하는 마음 • 23
3. 기도에 드려진 마음 • 36
4. 순종하는 마음 • 48

PART 2
정말 중요한 것을 아는 여성

남편과의 관계에서

5. 섬기는 마음 • 59
6. 복종하는 마음 • 66
7. 사랑하는 마음 (1) • 79
8. 사랑하는 마음 (2) • 88

자녀와의 관계에서

9. 엄마 됨을 귀히 여기는 마음 • 99
10. 신실하게 기도하는 마음 • 110

A woman after God's own heart

11. 모성애가 넘치는 마음 (1) • 120
12. 모성애가 넘치는 마음 (2) • 130

가정에서
13. 집을 가정으로 변화시키는 마음 • 139
14. 가정을 지키는 마음 • 150
15. 혼돈에서 질서를 만들어 내는 마음 • 158
16. 아름다운 자수를 놓는 마음 • 168

자신에 대해서
17. 영적 성장으로 강건해진 마음 • 178
18. 주 안에서 기뻐함으로 부요해진 마음 • 190

섬김에서
19. 돌보는 마음 • 202
20. 격려하는 마음 • 215

PART 3
중요한 것을 먼저 실천하는 여성
21. 먼저 구할 것들을 먼저 구하는 마음 • 225
22. 하나님의 마음을 좇음 • 235

A woman after God's own heart

PART **1**

하나님을 사모하는 여성

그러나 몇 가지만 하든지 혹 한 가지만이라도 족하니라
마리아는 이 좋은 편을 택하였으니 빼앗기지 아니하리라 하시니라
누가복음 10:42

CHAPTER 1

하나님께 드려진 마음

> 그러나 몇 가지만 하든지 혹 한 가지만이라도 족하니라
> 마리아는 이 좋은 편을 택하였으니 빼앗기지 아니하리라 하시니라
> 누가복음 10:42

  수년간 매일 아침 조깅을 하는데 이틀 전에는 좀 다른 체험을 했다. 공원 옆에서 70대로 보이는 한 할머니가, 뇌졸중으로 쓰러졌었는지 보행기를 의지해 걷고 있었다. 등이 구부정한 것을 보아 골다공증에도 시달린 듯 싶었다. 그런데 왜 그 할머니의 모습이 그토록 인상적이었을까?
  바로 사흘 전에 시어머님 장례를 치렀다. 하나님께서 불러 가셨을 때 시어머님은 70대였다. ……그 할머니처럼 보행기를 짚고 걸으셨으며……골다공증에 시달리셨고……뇌졸중으로 쓰러지신 적이 있었다. 그리고 우리는 돌아가신 어머님을 생각하며 슬퍼하던 중이었다.
  사실 그날 길에서 그 할머니를 보기 전에, 이미 어머님 생각으로 마음이 울적하여 휴지를 몇 장 쓴 상태였다.
  '이번 추수감사절에는 어떻게 하나? 해마다 어머님 댁에서 함께 지냈는데……추수감사절 음식도 늘 장만해 주셨는데……어머님이 안 계신 추수감사절은 과연 어떨까?'

잡다한 생각들이 계속되었다. '주일이면 늘 앉으시던 그 자리에 어머님의 모습이 더 이상 보이지 않겠지……어머님 댁으로 가기 위해 늘 지나야 했던 그 고속도로도 더 이상 갈 필요가 없겠지……참, 그 집은 이제 어머님 집이 아니지……이제 누가 우리를 위해 기도해 준담? 어머님이 해주시던 그 기도 – 남편과 나의 사역, 아이들, 이 책을 위한 기도 – 가 사라졌으니 모두에게 어떤 영향이 미칠까?'

그 할머니를 바라보다가 어머님을 생각했다. 그러다가 문득 우리도 언젠가는 망가질 육체를 갖고 있음을 깨달았다. 그 언젠가가 반드시 먼 훗날만은 아니라는 사실을.

그 할머니의 모습은 매순간 의미 있는 인생을 살고 싶은 나의 간절한 소원을 한번 더 예리하게 상기시켜 주었다. 이런 생각 속에 문득 나의 50회 생일이 이미 지났고, 벌써 30회 결혼 기념일이 지났으며, 두 딸도 결혼해 자기 가정을 꾸리고 살고, 정말 내가 살 날이 얼마 남지 않았다는 것을 실감했다.

마음의 변화

이 책이 사람을 울적하게 할 거라고 생각지 말기 바란다. 이런 식으로 시작할 생각은 없었다. 지금까지의 생각이 그날의 조깅 – 또는 내 이야기 – 의 마지막을 장식한 생각들은 물론 아니다.

계속 조깅하면서 내 생각들 역시 앞을 향할 필요가 있다고 깨달았다. 지금까지 믿음의 생각보다는 인간적, 육신적, 세속적인 그야말로 세상적인 생각을 하고 있었다. 내 관점이 궤도를 완전히 벗어나 있었다. 그리스도인은 보는 것이 아닌 믿음으로 행한다고후 5:7. 마음을 위로 향하고 관점을 하나님께서 보시는 내 인생에 맞추기 시작했다. 현재와 과거, 미래까지 모두 포괄하는 하나님의 영원하신 견해에 맞추어 생각하기 시작했다.

내가 이렇게 돌이킬 수 있었던 것은 오래 전에 암기하여 적용해 오던 성경 말씀 때문이었다. 게다가 시어머님 장례식 때 설교하신 목사님이 바로 이 구절을 인용했기 때문에, 이 말씀은 내 마음에 생생하게 남아 있었다. 바로 예수님이 나사로와 마르다의 동생인 마리아를 두고 하신 말씀이다.

> 그러나 몇 가지만 하든지 혹 한 가지만이라도 족하니라 마리아는 이 좋은 편을 택하였으니 빼앗기지 아니하리라 눅 10:42.

하나님께서 그의 딸들 중 하나에게 하신 말씀을 생각할 때, "하나님의 마음에 합한" 것이 어떤 것인지 핵심을 뚫어 볼 수 있었다.

우선, 나는 시어머님에 대해 위안을 받았다. 비록 땅 위의 인생은 끝났지만 매일매일 영원을 위해 사셨다. 어머님은 꼭 필요한 한 가지를 택하셨는데 매일을 온 마음을 다해 하나님을 위해 사는 삶이었다.

언제나 하나님을 사랑하고 예배하였으며, 하나님과 동행하고 섬기며, 하나님과 영원히 함께 있게 될 날을 고대하며 사셨다. 암과 투병해야 하는 힘든 인생이었음에도 그 마음을 늘 하나님께 바치셔서 언제나 참평강과 기쁨을 체험하며 사셨다.

또 나 자신에 대해 위안을 받았다. 하나님께서는 내 마음의 소원들을 아신다. 그 소원들은 하나님께서 내 마음에 두신 것들이다 시 37:4. 내가 하나님이 바라시는 여인이 되는 것에 얼마나 많은 공상을 하는지 또 얼마나 많이 기도하는지 잘 아신다.

매일 꼭 필요한, 그래서 아무도 앗아갈 수 없는 그 한 가지를 택할 때, 나의 생애 역시 중요하다는 사실을 다시 한번 기억하면 하나님의 평강이 내 마음에 깃든다. 하나님은 내 마음을 모두 하나님께 바치기 원하신다. 내 마음을 모두 하나님께 드리면, 하나님 보시기에 나의 일생 또한 중요한 것이 된다. 하나님은 내 인생에서 첫째가 되기 원하신다. 모든 우선 순위에서 가장 높은 자리를 차지하기 원하신다.

나는 이 책을 읽는 당신으로 인해 위안받는다. 당신 역시 나와 마찬가지로 하나님을 사모하기 때문이다. 하나님의 여인이 되는 것, 온 마음을 다해 간절히 하나님을 사랑하는 것, 이것이야말로 우리의 유일한 소원이다. 독신이든 기혼이든 과부든, 자녀가 있든 없든 하나님께 전적으로 헌신된 마음으로 모든 삶의 도전을 직면할 때 당신의 인생은 참으로 중요하다. 정말 가치 있는 인생이라 할 수 있다.

하나님께 헌신된 마음

칭찬받은 여인 마리아를 살펴보자. 헌신된 마음이 과연 어떤 마음인지, 주님은 마리아의 무엇을 보고 그토록 칭찬하셨을까?

마리아는 꼭 필요한 그 한 가지가 무엇인지 알았다

예수님이 칭찬하시기까지 일어났던 사건을 보면 마리아의 마음이 어떤지 알 수 있다눅 10:38-42. 예수님이 식사하러 마리아의 언니 마르다의 집에 오셨다. 육신을 입으신 하나님께서 찾아오시다니! 그분은 온전한 사랑이시요 온전한 지혜요 온전히 돌보고 보살피는 분이시다. 하나님이신 주님 앞에 있을 수 있다는 것, 곧 이 땅의 천국을 의미한다.

그러나 마르다는 이 기적을 분별하지 못했다. 그래서 행위로 오히려 주님의 방문을 망쳐 놓았다. 푸짐한 식사 대접에 그치지 않고 그 이상 준비하느라 너무 분주했다. 예수님이 생명의 말씀을 주실 때, 마리아는 부엌에서 살그머니 빠져 나와 주님 발 밑에 조용히 앉아 그 말씀을 들었다. 마르다는 염려와 분노를 더 이상 참을 수 없었다. 그래서 예수께 "주여 내 동생이 나 혼자 일하게 두는 것을 생각지 아니하시나이까 저를 명하사 나를 도와주라 하소서" 하였다. 마르다는 하나님과 함께하는 시간의 중요성, 그것이 우선 순위가 되어야 한다는 사실을 분별치 못했다.

반면 마리아는 헌신된 마음을 나타내는 선택을 했다. 주님께 온전히 집중하려면 하던 일을 중단하고, 부차적인 일은 제쳐놓아야 한다는 사실을 알았다. 주님을 위해 준비하는 일에 바빠 주님과 함께할 시간이 없었던 언니와는 달리, 마리아는 주님께 예배하는 일을 최우선 순위에 두었다.

마리아는 꼭 필요한 그 한 가지 일을 택했다

마리아는 한 가지 일, 즉 하나님에 대한 생각으로 가득 차 있었다. 그렇다. 그녀 역시 섬겼고, 하나님께서 자신에게 주신 의무를 다했다. 그러면서도 부단히 택한 일이 있는데, 가장 중요한 한 가지는 꼭 하겠다는 결심이었다. 하나님을 예배하며 시간을 보내기로 정했고, 아무것도 하나님 존전에 있는 시간을 대신할 수 없다는 사실을 배웠다.

정말 하나님 발 아래 앉아 시간을 보내면 더욱더 섬기는 일에 집중하게 되고, 더욱더 열심히 섬기게 된다. 마리아는 하나님을 예배하고 말씀 듣는 시간은 절대 빼앗길 수 없었다. 그것은 영원한 것을 추구하는 데 바쳐진 시간이요, 영원한 이익을 얻는 시간이기 때문이다. 마리아는 그 귀중한 시간을 주님과 함께 보내기로 선택했다.

어떻게 그렇게 할 수 있을까

어떻게 하면 우리도 헌신된 여인이 될 수 있을까? 어떻게 하나님을 위해 살고 사랑하는 여인이 될 수 있을까? 마리아의 본을 따라 하나님이 기뻐하시는 여성임을 나타내기 위해 무엇을 할 수 있을까?

1. 기회 있을 때마다 하나님의 길을 택하라

마리아처럼 모든 일에 적극적으로 하나님과 그분의 길을 택하라. 이 책은 하나님의 우선 순위에 따라 사는 삶을 말한다. 따라서 우리의 선택은 궁극적으로 하나님이 우리의 우선 순위라는 사실을 보여 준다는 것이다.

"우선순위"priority는 "선호한다"to prefer는 뜻이다. 우리는 모든 일에 하나님의 길을 선호하기 원한다. 도움이 될 몇 가지 지침이다.

잠언 3:6 말씀 – "너는 범사에 그를 인정하라 그리하면 네 길을 지도하시리라." 이 말씀은 본서의 주제 성구요 인생의 주제 성구일 수 있다. 많은 사람이 사랑하는 이 구절은 하나님과의 2단계 동역, 즉 우리가 해야 할 부분과 하나님께서 하실 부분을 묘사한다. 우리가 해야 할 부분은 범사에 하나님을 인정하는 것이요, 하나님께서 하실 부분은 우리의 길을 지도해 주시는 것이다. 우리의 모든 말과 생각과 행실과 결정을 하나님과 상의해야 한다. 앞으로 나아가기 전, 즉각적으로 반응하기 전에 "하나님, 제가 이 상황에서 어떻게 하기 원하십니까? 어떻게 생각하기 원하십니까? 어떻게 말하기 원하십니까?"라고 여쭈어야 한다.

잠언 3:6을 일상생활에 적용시키는 두 가지 예를 들겠다. 즐겁게 하루 일과를 시작하지만 갑자기 위기가 발생한다. 전화벨 소리와 함께 좋지 않은 소식을 듣거나 결정을 내릴 일이 생긴다. 이때 하던 일을 멈추고 마음속으로 하나님과 상의해야 한다는 사실에 기도한다. "하나님, 지금 제가 어떻게 하기를 원하십니까?" 이렇게 마음과 영혼을 가다듬고 잠시 멈춰 하나님을 인정한다. 그것이 바로 하나님과의 관계에서 내가 할 부분이다.

혹은 하루 일과를 즐겁게 하다가 마음 상하는 말을 들을 때가 있다. 그릴 때는 홧김에 아무 말이나 불쑥 내뱉거나 그 사람을 째려 보기 전에, 먼저 잠시 멈춰 서서 마음속으로 다시 하나님 존전에 가 앉아 이렇게 기도 드린다. "하나님, 제가 무슨 말을 하기 원하십니까? 제가 어떻게 행동하기 원하십니까?" 심지어는 이렇게 여쭤 볼 때도 있다. "이런 말을 들을 때는 제가 어떤 표정을 지어야 할까요?" 이처럼 하나님을 인정한다. 그것이 내가 할 부분이다.

내가 할 부분을 하고 나면 하나님께서 개입하사 그분이 하실 부분을 하신다. 그분은 나의 길을 지도해 주신다. 그렇게 여쭤 보면 종종 내 마음속에 생각이 떠오르는데 대부분이 하나님께로부터 온 생각일 때가 많다. 이유는 간단하다. 내가 어떻게 해야 좋을지 하나님께 여쭤 보고 나의 길이 아닌 그분의 길로 행하기 원하니까, 하나님께서 내가 갈 길을 지시해 주시는 것이다. 하나님은 나의 갈 길을 가르쳐 보이시고 나를 주목하여 훈계하신다시 32:8. 내가 무엇을 하고, 어떻게 하고, 무엇을 말할지 그 방법을 알려주신다. 하나님은 자신의 약속을 신실하게 지키신다.

> 너희가 우편으로 치우치든지 좌편으로 치우치든지 네 뒤에서 말 소리가 네 귀에 들려 이르기를 이것이 정로니 너희는 이리로 행하라 할 것이며사 30:21.

좋은 것, 더 좋은 것, 가장 좋은 것 – "'좋은 것'이 '더 좋은 것'이 되고 '더 좋은 것'이 '가장 좋은 것'이 될 때까지 절대 만족하지 말라"는 말을 들었을 것이다. 나는 어떤 결정을 내리거나 선택해야 할 때 이 말을 적용하려 애쓴다. 마리아도 그렇게 했는데, 그것이 내게 도움이 된 예를 한 가지 들어 보겠다.

LA 사람이면 누구나 차 안에서 많은 시간을 보낸다. 나 역시 예외가 아니다. 차 안에서는 원하는 것을 할 수 없다. 그래서 전에는 라디오에서 나오는 경음악을 들으며 운전했다. 꽤 양호한 선택이었다. 그러나 좀더 생각하니 고전 음악이 더 좋을 것 같아 고전 음악을 듣기 시작했다. 그런 다음 마음을 고양시켜 주는 기독교 음악을 듣기로 했다. 그러다가 "더 좋은" 단계로 설교 테이프 – 하나님의 말씀을 가르치는 테이프 – 를 들었다. 그 다음에 성경 테이프를 듣기 시작했다. 그러다가 하루는 차 안의 오디오 시스템을 모두 꺼버리고, 내게 가장 좋은 선택처럼 보이는 성경 말씀을 암기하기로 했다. 이처럼 나는 – 적어도 내게는 – "좋은 것"에서 "더 좋은 것"으로, "더 좋은 것"에서 "가장 좋은 것"으로 바꿔 나갔다.

초신자 때, 어느 나이 든 여성도가 선택에 관해 하는 말을 들었다. 그녀는 매일 남편이 출근하면 즉시 마리아와 같은 선택을 한다고 했다. 즉 뭐든 마음대로 할 수 있지만 – TV를 볼 수도, 신문을 읽을 수도 있지만 – 성경을 읽으며 경건의 시간을 가졌다고 한다. 정말 하나님이 기뻐하시는 여성이었다 – "좋은 것", "더 좋은 것", "가장 좋은 것" 중에 가장 좋은 것을 선택한 하나님이 기뻐하시는 여성이었다.

우리 역시 이러한 도전을 받고 있다. 하나님과 하나님의 길을 택할 때, 하나님에 대한 우리의 헌신이 더욱더 깊어질 것이다.

항상 하나님을 경외하라 – 좋아하는 말씀 중에 이런 구절이 있다. "고운 것도 거짓되고 아름다운 것도 헛되나 오직 여호와를 경외하는 여자는 칭찬을 받을 것이라" 잠 31:30. 하나님이 기뻐하시는 여성이 되려면 반드시 하나님을 경외해야 한다.

앤 오틀런드는 하나님을 향한 경외심을 이렇게 표현했다. "나는 하나님을 두려워하는 마음, 즉 하나님에 대한 경외심을 갖고 있다. ……나는 매일 더욱더 경건해지고 싶은 간절한 소원을 갖는다. ……그것은 '여호와에 대한 경외심'으로, 혹시 인생을 망치게 될 어떤 죄라도 짓지 않을까 조심하며 두려워하는 마음이라 할 수 있다."[1]

나는 네비게이토 선교회의 캐롤 메이홀도 잘못된 선택으로 하나님의 가장 좋은 것을 놓칠까 몹시 조심하는 마음에 두 번씩이나 이렇게 말하는 것을 들었다.

"나는 매일 두려움을 갖고 삽니다. 물론 건전한 두려움이지요. 하나님께서 나를 향해 갖고 계신 것을 놓치지 않을까 하는 두려움입니다. 또 하나님께서 내가 갖기 원하시는 모든 것에 신중히 생각해 보는 것이기도 합니다. 하나님께서 내 인생에 개입하시도록 시간을 내어 드리지 않음으로, 그분이 내게 주시려는 부요함 중에 하나라도 잃어버리는 일이 없기를 바랍니다. 하나님의 말씀을 듣지 않음으로 그분의 부요함을 빼앗기고 싶지 않습니다. 또 일상적인 일이나 당장 해야 하는 일로 하나님과의 관계를 발전시키지 못함으로 그 부요함을 빼앗기고 싶지도 않습니다."[2]

하나님을 경외하는가? 그렇다면 하나님께서 당신 안에서, 당신을 위해, 당신을 통해 무엇을 하시기 원하는가?

2. 하나님께 매일 자신을 헌신하라

하나님에 대한 헌신은 우리가 매일 새롭게 헌신할 때 더욱 강해진다. 매일 아침, 진심에서 우러나오는 기도로(적어서 할 수도 있고 조용히 할 수도 있다), 당신 자신과 당신이 가진 모든 것을 하나님께 드림으로 하나님과의 하루를 새롭게 시작해 보라.

어느 성도가 말했듯 "순복하는 삶"[3]으로 하나님 제단에 모든 것을 바치라. 당신의 생명을, 몸을, 건강을 있는 모습 그대로(병들었으면 병든 대

---

1) Ray and Anne Ortlund, *The Best Half of Life*(Glendale, CA: Regal Books, 1976), p. 88.
2) Carole Mayhall, *From the Heart of a Woman*(Colorado Springs: NavPress, 1976), pp. 10-11.
3) Oswald J. Smith, *The Man God Uses*(London: Marshall, Morgan & Scott, 1925), pp. 52-57.

로), 남편을, 자녀 한 사람 한 사람을, 가정을, 소유물을 하나님께 드리라. 당신이 받은 모든 축복을 하나님께 맡기는 습관을 기르라. 이 모든 것은 우리의 것이 아니지 않은가! 모두 하나님의 것이다. 이처럼 매일 헌신의 기도를 드릴 때, 우리의 권리라고 생각했던 것들을 떨쳐 버릴 수 있다. "모든 것을 쥐되 가벼이 쥐라. 아무것도 꼭 쥐지는 말라"는 격언처럼 말이다. 앤드류 머리의 말이 도움이 될 것이다. "하나님은 전적으로 그분께 양도된 삶에 온전한 책임을 지신다."4) 하나님께 매일 헌신하라.

내가 가장 사랑하는 헌신 기도는 중국내지선교회 선교사 베티 스탬의 기도다. 그녀와 그녀의 남편은 어린 아기를 홀로 남겨 둔 채 참수형을 당하러 거리로 끌려 나갔다. 다음은 그녀가 매일 드린 기도이다.

> 주여, 저의 모든 계획과 목적, 모든 소원과 소망을 포기하고 제 인생을 향한 주의 뜻을 받아들입니다. 저 자신과 저의 시간과 저의 모든 것을 전적으로 주께 드립니다. 그것은 모두 영원토록 주의 것입니다. 저를 주의 성령으로 충만케 해주소서. 주의 성령으로 인치소서. 주님 뜻대로 저를 사용하사 주께서 원하시는 곳으로 보내소서. 이제와 영원토록 어떤 희생을 치러도 좋으니 저의 삶에서 주의 뜻이 온전히 이루어지게 하소서.5)

물론 그녀는 주님을 위해 엄청난 희생을 치렀다. 이 전적인 헌신으로 베티 스탬은 그녀의 사역과 남편과 아기는 물론이요 자기 생명까지 잃었다. 그러나 그 헌신이야말로 하나님의 자녀인 우리가 하나님께 드려 마땅한 헌신이 아니겠는가! 롬 8:17

---

4) Andrew Murray, bookmark.
5) Betty Scott Stam, 출처 미상.

3. 뜨거운 마음을 가지라

요한계시록의 말씀을 읽을 때마다 내 마음 상태는 어떤지 생각해 본다.

내가 네 행위를 아노니 네가 차지도 아니하고 더웁지도 아니하도다 네가 차든지 더웁든지 하기를 원하노라 네가 이같이 미지근하여 더웁지도 아니하고 차지도 아니하니 내 입에서 너를 토하여 내치리라 계 3:15-16.

하나님이 가장 싫어하시는 마음 상태는 어떤 것인가? 다음과 같은 오싹한 사실에 대해 생각해 보자.

먼저 마음이 차갑다는 것은 하나님을 의식하지도 경외하지도 않을 뿐 아니라 하나님에 대해 전혀 마음이 동하지 않는다는 뜻이다. 하나님의 것들에 대해 아무런 감정이 없는 마음, 그 마음이 어떨지 한번 상상해 보라.

다음은 미지근한 마음이다. 약간 온기가 있는 마음으로 무관심하다는 뜻이다. 하나님에 대해 무관심한 마음을 한번 상상해 보라.

세 번째 마음은 뜨거운 마음으로 바로 우리가 갖고 싶어하는 마음이다. 뜨거운 열정을 갖는 것, 적극적 활동, 적극적 감정, 적극적 열심을 특징으로 하는 열렬하고 신나는 마음. 바로 하나님께 헌신된 자의 마음이다.

이처럼 뜨거운 마음을 가진 사람과 함께한 적이 있는가? 우리는 만찬 모임에서 마이크에게 하나님의 은혜에 대해 말해 달라고 부탁했다. 마이크는 앞으로 나가 간절히 기도했다. 자신의 구원에 대해, 어둠의 나라에서 빛의 나라로 옮겨진 것에 대해, 전에 잃어버린 바 되었다가 이제 하나님에 의해 발견된 것에 대해, 전에는 볼 수 없었으나 이제는 보게 된 것에 대해 감사 기도를 드렸다. 한마디 한마디가 간절하고 뜨거웠다. 그가 기도드리는 동안 나는 식욕을 잃었다. 영혼의 음식을 발견했기 때문이다.

하나님을 향한 우리 마음은 부글부글 끓는 솥단지처럼 강렬한 감정과 열정(하나님께서 주신)으로 가득 차야 한다. 솥단지가 끓으면 누구든지 알 수 있다. 부글부글 끓는 소리를 내며 김이 나오는 동시에 강렬한 열의 자극으로 뚜껑이 들썩들썩 움직이기 때문이다. 너무 뜨거워 만질 수도 없다. 솥단지 안의 열기가 뚜껑까지 뜨겁게 하기 때문이다. 이처럼 안이 뜨거우면 겉도 뜨거워진다. 마찬가지로 우리도 하나님에 대해 뜨겁고 열렬해야 한다. 그러면 하나님께서 그 불을 더 뜨겁게 해주실 것이다.

당신과 내가 이런 사람이 되길 원한다. 우리 삶에 임하는 예수님의 임재가 변화를 일으키기 원한다. 우리 마음이 주님의 선하심에 대한 찬양으로 넘치기 원한다. 우리 입술로 주께서 우리를 위해 하신 그 크신 일에 대해 말하기 원한다눅 1:49. 주께서 하신 이적들을 말하기 원한다시 96:3. "여호와께 구속함을 받은 자는 이같이 말할지어다"시 107:2.

하나님이 기뻐하시는 여성이 되기 위하여

당신은 어떤가? 뜨거운가, 차가운가, 뜨겁지도 차지도 않은가? 예수 그리스도를 통해 하나님과 영원한 관계를 맺고 마음을 하나님께 드렸다면, 하나님의 자녀라 불리는 놀라운 특권으로 하나님께 감사하라! 현재 하나님과 어떤 관계인지, 하나님을 떠난 삶을 살고 있다면 죄를 고백하고 예수님을 구주로 영접하라. 그리스도를 영접하여 그분 안에서 새로운 피조물이 되라고후 5:17. 그리고 이렇게 기도하라.

"하나님, 저는 하나님의 자녀가 되고 싶습니다. 하나님이 기뻐하시는 여성이 되고 싶습니다. 그 동안 지은 죄를 인정하며 용서를 구합니다. 예수 그리스도께서 저의 죄를 위해 십자가에 달려 돌아가신 것에 감사드리며, 주님을 구주로 영접해 들입니다."

이제 당신은 하나님께서 당신 안에 헌신의 마음이 자라게 하실 수 있는 자리에 서 있다. 이 책은 당신의 마음을 하나님께 향하도록 도와줄 것이다. 우리의 목표는 오직 하나, 하나님의 뜻 외에는 아무 뜻도 갖지 않는 것이다. 지금 이 시간 하나님을 향한 당신 마음이 더욱더 뜨거워질 수 있게 해 달라고 하나님께 기도드리라!

CHAPTER 2

하나님 말씀 안에 거하는 마음

그(너)는 물가에 심기운 나무가 그 뿌리를 강변에 뻗치고
더위가 올지라도 두려워……아니함 같으리라
예레미야 17:8

성경은 "심을 때"가 있다고 하는데전 3:2, 남편 짐에게도 그때가 왔다. 1994년 이곳에 큰 지진이 났을 때, 이웃 집들과 우리 집(진원지에서 불과 5km) 사이의 경계 울타리가 다 무너져 내렸다.

일년 후에 울타리를 다시 세우긴 했으나 이전 것에 비해 너무 밋밋하고 을씨년스러워 보였다. 이전의 울타리는 오래 되어 색이 은은한데다 장미꽃과 담쟁이덩굴로 뒤덮여 정말 멋있었다. 마치 우리 집과 잔디밭, 테라스를 양팔로 감싸 안은 듯한 모습에 보는 사람마다 그 아름다운 풍경에 넋을 잃었다. 그런데 이제 그것을 처음부터 다시 시작해야 한다. 정말 심어야 할 때가 온 것이다.

남편은 담쟁이덩굴처럼 울타리를 타고 뻗어가는 열세 그루의 무화과 묘목을 심었다. 그 묘목들이 자라 새 울타리를 아름답게 장식할 것이다. 그 묘목 중 열두 그루는 옆으로 죽죽 뻗어 나가더니 마침내 벽을 부드럽게 감싸 안았다. 그런데 나머지 한 그루는 말라 죽고 말았다.

어느 금요일 오후 남편은 퇴근하면서 새 묘목을 한 그루 사 왔다. 옷을 갈아입은 후, 죽은 나무를 파내고 새 묘목을 심기 위해 삽을 꺼내 들고 죽은 덩굴이 있는 곳으로 갔다. 그런데 놀랍게도 손으로 당기자 죽은 나무가 저절로 뽑히는 것이었다. 뿌리가 전혀 없었다. 나무가 자라기 위해 땅 위에서 받아야 할 여건들을 모두 다 제대로 받았지만, 땅 밑에 있어야 할 것이 없었던 것이다. 필요한 양분과 수분을 섭취하는 데 필수적인 뿌리를 갖고 있지 않았던 것이다.

이것은 영적 진리를 보여 준다. 하나님께서 우리 마음속에 믿음이 자라가게 하실 때 우리의 뿌리를 잘 길러야 한다는 것이다. 나무의 건강은 뿌리에 달렸다. 뿌리가 무성한 나무는 강건하게 자랄 것이요 뿌리가 없는 나무는 힘이 없어 약해질 것이다. 뿌리가 무성한 나무는 싱싱하게 자라지만 뿌리가 없는 나무는 죽고 말 것이다. 이처럼 무엇이든—정원에 심겨 있는 나무든 하나님께 헌신된 우리의 마음이든—건강은 우리 눈에 보이지 않는 땅 밑의 상태를 반영해 준다.

하나님의 말씀으로부터 생수를 취하라

하나님이 최우선 순위가 되기를 원하는가? 그렇다면 하나님 안에 뿌리를 깊이 내려야 한다. 눈에 보이지 않는 땅 밑에 뿌리를 내리는 나무처럼, 당신과 나도—사람들이 보지 않는 곳에서 하나님과 홀로 있으며—하나님께서 그의 자녀에게 약속하신 부요한 삶요 10:10을 사는 데 필요한 양분을 빨아들여야 한다. 늘 하나님 가까이서 살아야 한다. 아니, 하나님 안에 숨어 살아야 한다. 우리는 그리스도 안에서 좀더 깊이 있는 삶을 살기 원한다. 그렇다면 여기서 뿌리에 관한 몇 가지 사실들을 살펴보자.

뿌리는 눈에 보이지 않는다

나무들이 그렇듯, 당신의 영적 뿌리 역시 사람들 눈에 보이지 않는 땅속에 숨겨져 있다. 사람들이 보지 않는 곳에서 하나님과 즐기는 은밀한 삶과 관련되어 있다. 빙산의 일각이라는 말을 들어본 적 있는가? 바로 그 말이, 밑에 숨겨져 눈에 보이지 않는 것이 얼마나 중요한지 잘 말해 준다.

알래스카(그때 남편과 나는 그곳에서 가르치고 있었다)에서의 일이다. 한 어부가 남편을 자기 배로 데리고 가더니 독수리, 갈매기, 물개, 바다표범, 고래 등을 보여 준 후, 빙산 주변을 조심스럽게 돌며 이런 말을 했다. 현명한 어부라면 빙산은 칠분의 일만 표면 위로 나타나고 나머지는 물 밑에 있어 보이지 않으므로 빙산에 너무 가까이 가지 않는다고 말이다. 이처럼 빙산은 거대한 빙산의 일각에 지나지 않는, 눈에 보이는 그 작은 부분만으로도 모든 어부의 마음에 두려움과 경외심을 일으킨다.

우리 삶도 이렇게 되기를 원한다. 그래서 다른 사람들이 우리 생활에서 보는 것, 즉 눈에 띄는 부분만 보고도 이런 두려움과 경이를 갖게 되기를 바란다. 하나님과 우리 사이에 은밀히 이루어지는 인격적인 관계로 사람들이 우리 안에서 강건함을 볼 수 있기 원한다. 우리가 겉에 드러난 삶의 밑부분, 즉 그 뿌리를 신실하게 기를 때, 사람들이 우리 안에서 역사하시는 하나님을 알아보고 놀랄 것이다.

자칫하면 이 순서를 거꾸로 생각할 수도 있다. 즉 중요한 것은 더 많은 사람과 함께 시간을 보내는 것이라고 생각하기 쉽다. 사실 우리는 늘 사람들과 함께 있다. 직장에서 동료들과, 캠퍼스에서 학생들과, 성경 공부 모임에서 그룹원들과, 집에서 가족들과, 제자훈련 모임에서 그룹원들과, 친교 모임에서 다른 사람들과 함께 있다.

그러나 사실은 이것이 진리다. 즉 "하루 중—혹은 전생애 중—더 많은 부분을 은밀히 경건의 시간을 갖고, 자신의 삶을 반성하고, 기도하며, (연구하고), 계획하고, 준비할 때, 사람들 눈에 보이는 당신 삶의 부분이 훨씬 더 큰 영향력과 능력과 효력을 발하게 될 것이다."[1]

그리스도인 지도자의 말처럼 사람들과 늘 함께 있는 한 사람들에게 사역할 수 없다. 다른 사람에 대한 사역의 효과는 사람을 떠나 하나님과 함께 보내는 시간에 비례한다.

효과적으로 주님을 섬기기 원한다면 현명하게 시간을 분배해야 한다. 삶에서 사람들 눈에 띄지 않는 부분을 발전시키려면 시간이 필요한데, 그 시간을 내려면 한정된 시간을 어떻게 쓸지 잘 선택해야 한다. 나는 이 선택에 도움이 되는 말을 적어 갖고 다닌다.

"우리는 잘못되고 죄악된 것들뿐 아니라 유쾌하고 유익하고 선하지만 우리가 해야 할 주된 일과 큰 의무에 지장이 되는 것들에도 '아니오'라고 말해야만 한다."[2] (당신의 삶에서 "유쾌하고 유익하며 선한 것들" 가운데 '아니오'라고 말해야 할 것들은 무엇인가?)

주님을 효과적으로 섬기려면 홀로 있을 줄 알아야 한다. 헨리 드럼먼드는 『사랑, 세상에서 가장 위대한 것』 생명의말씀사 역간에서 이렇게 말했다.

"은사는 고독 속에서 자란다. 기도의 은사, 믿음의 은사, 묵상의 은사, 보이지 않는 것을 볼 줄 아는 은사는 홀로 거할 때 자란다."[3]

하나님은 그 뿌리를 하나님 안에 깊이 내리게 하시려고 우리를 이 세상으로부터 불러내신다.

뿌리는 흡수한다

홀로 말씀을 연구하고 기도하는 가운데 하나님과 함께 있으면 무슨 일

---

1) Ray and Anne Ortlund, *The Best Half of Life* (Glendale, CA: Regal Books, 1976), p. 79.
2) C. A. Stoddards, 출처 미상.
3) Henry Drummond, *The Greatest Thing in the World* (Old Tappan, NJ: Fleming H. Revell Company, 1977), p. 42.

이 발생하는가? 흡수한다. 양식을 먹고 자란다. 영적 건강과 성장이 보증된다. 그리스도와 함께 시간을 보내면 주께서 힘을 주시고, 그분의 길을 따르도록 격려해 주신다.

나는 하나님과 함께하는 이 시간을 "위대한 교환 시간"이라 부른다. 세상에서 떠나 사람들 눈에서 멀어져, 나의 곤한 심령을 주님의 강하심과 바꾼다. 나의 연약함을 주님의 능력과 바꾼다. 나의 흑암을 주님의 광채와, 나의 문제점들을 주님의 해결 방안과, 나의 무거운 짐을 주님의 가벼운 멍에와 바꾼다. 나의 의문점들을 주님의 해답과, 나의 부족한 이해를 주님의 이해와, 나의 의심을 주님의 확신과, 나의 무가치함을 주님의 위대하심과, 일시적인 것을 영원한 것과, 불가능한 것을 가능한 것과 바꾼다.

우리 교회는 해마다 여성도 수련회를 갖는데, 거기서 이 위대한 교환의 실체를 목격했다. 내 친구요 룸메이트였던 카렌이 500명 가량의 여성이 참석한 수련회를 주관했는데, 그녀는 무슨 도전이든 은혜스럽게 잘 감당했으며 위기가 발생할 때마다 행정의 천재인 양 척척 극복해 냈다. 그런데 가만히 보니 어떤 모임이 시작될 때마다, 모든 일이 순조롭게 진행되기를 바라는 수련회 리더들이 두려움을 느낄 때마다 카렌이 어디론가 사라지는 것이었다. 신경이 곤두선 리더들이 헐레벌떡 달려와 가쁜 숨을 몰아쉬며 "카렌, 어디 있어요? 문제가 있는데!"라고 한다. 그런데 카렌을 찾을 길이 없었다. 참 알다가도 모를 일이었다.

한번은 카렌이 성경책과 수련회 서류철을 들고 수련회가 열리던 건물 숙소 쪽 복도로 가고 있었다. 그녀는 그 다음 모임 준비를 다 마친 상태였다. 그 모임의 계획과 스케줄 및 광고도 이미 다 훑어보았다. 그러나 그녀는 한 가지가 더 필요했다. 하나님과 단 둘이만 조용히 있는 시간이었다. 하나님의 말씀 중 몇 구절을 묵상한 후, 기도로 그 모든 모임을 온전히 하나님 손에 넘겨 드릴 시간이 필요했다.

카렌이 그 시간을 통해 하나님께로부터 힘을 받은 후 다시 나타났을 때, 그곳에 있는 다른 사람들과 너무 대조적으로 보였다. 다른 성도들에게서 염려와 근심이 보일 때, 카렌에게는 하나님의 온전한 평강이 나타났다. 다른 사람들이 안달하고 걱정할 때, 카렌은 지금까지 모든 것이 잘되어 왔으며 앞으로도 잘될 것을 아는 데서 오는 침착함을 보였다. 사람들이 스트레스에 눌려 있을 때 카렌 안에 있는 하나님의 강건하심이 초자연적 힘으로 강렬한 빛을 발했다. 사람을 떠나 하나님과 함께 시간을 보내며 자신의 필요를 하나님의 공급과 교환한 것이다.

뿌리는 저장한다

뿌리는 우리가 필요로 하는 생수의 저수지 역할을 한다. 예레미야 17:7-8에 보면 여호와를 의지하는 사람은 "물가에 심기운 나무가 그 뿌리를 강변에 뻗치는"8절 것과 같을 것이라고 되어 있다. 이처럼 믿고 의지하는 영혼, 그 뿌리로 생수를 모으는 영혼은 다음 자질을 나타낼 것이다.

첫째, 오랫동안 가물어도 타는 더위를 두려워하지 않고, 청청한 나뭇잎으로 더위를 견딜 것이다8절. 불 같은 시험이 아무리 길지라도, 하나님의 말씀으로 생수를 받아 저장해 놓은 저수지가 있어 시험을 견뎌낼 것이다.

둘째, 가문 해에도 충실히 과실을 맺을 것이다8절. 하나님께 받은 양분을 저축해 놓았기 때문에, 생명나무처럼 과실을 맺되 때로는 철이 지나서까지 과실을 맺을 것이다시 1:3.

정기적으로 말씀에서 양분을 섭취하면, 하나님께서 우리 안에 소망과 강건함의 저수지를 만들어 주신다. 그래서 힘들고 어려운 때가 와도 말라버리거나 죽지 않을 것이다. 힘이 빠져 주저앉는 일도, 지쳐 기진하는 일도 없을 것이다. 오히려 저 밑에 있는 저수지에서 우리가 필요로 하는 것을 끌어낼 것이다. 이렇게 해서 "힘을 얻고 더 얻게" 될 것이다시 84:7.

시어머님의 병환 중에 그것을 체험했다. 어머님의 입원은 나의 인내심을 시험하는 위기였다. 당시 어머님의 유일한 자녀인 남편은 해외에 나가 있었는데 도저히 연락할 길이 없었다. 그래서 혼자 이런저런 요구들을 감당하다 보니 경건의 시간을 가질 틈이 전혀 없었다. 침상 곁에서 어머님 병간호를 하며 내가 할 수 있었던 것은 나의 저수지로 내려가 필요한 양분을 흡수하는 것이었다. 그 외에는 다른 방법이 없었다.

그런데 거기서 무엇을 발견했을까? 하나님의 은혜가 얼마나 놀라운지! 수년간 암송해 둔 성경 구절들이 그 속에 있었다. 나는 그 성경 구절들을 통해 힘을 얻었다. 전에 하나님과 홀로 있으며 묵상했던 시편 말씀들로부터 영적 힘을 얻었다. 그리고 기도를 통해 하나님의 능력에 접했을 때, 모든 지각에 뛰어난 하나님의 평강이 나의 마음을 지키시는 것을 체험했다 빌 4:7. 또 주께서 보여 주신 모범과 필요한 것을 말씀으로부터 끌어낸 수많은 성경 인물들로 인해 기운을 얻었다. 이처럼 힘들고 어려울 때는 그 뿌리를 하나님의 진리 속에 깊이 내린 저수지가 절대적으로 필요하다.

뿌리는 받쳐 주기 위해 존재한다

뿌리가 잘 발달되어 있지 않으면 겉만 무성해진다. 즉 땅 위로 보이는 나뭇잎은 무성한데 땅 밑에서 그것을 받쳐 주는 것이 전혀 없다. 이처럼 우리 안에 밑으로 얼기설기 뻗어 있는 강한 뿌리가 없으면, 나뭇잎만 무성해져 삶이 균형을 잃고 넘어지게 될 것이다. 막대기로 묶어 똑바로 세워 주기도 하지만 바람이 불면 넘어지고 말 것이다. 그러나 뿌리가 확고히 뻗어 있으면 어떤 바람이 불어도 넘어지지 않는다.

그렇다. 주 안에서 강건하려면 받쳐 주는 확고한 뿌리가 있어야 한다. 옛날 군함이나 상선商船에 달 돛대용 나무들을 어떻게 길렀는지 아는가? 배를 만든 사람들은 우선 꼭대기에 있는 나무를 돛대용 나무로 골랐다고 한다. 그런 다음 그 나무 주변의 모든 나무, 즉 바람으로부터 그 나무를 보호해 줄 주변 나무들을 다 잘라 버렸다고 한다. 이렇게 해서 수년에 걸쳐 거센 비바람을 맞으며 자란 그 나무는 갈수록 더욱더 단단해져 마침내 배의 돛대감이 되었다고 한다.[4] 우리 역시 견고한 뿌리를 내리면, 인생에서 맞게 되는 어떤 압력에도 불구하고 꿋꿋이 설 힘을 얻을 것이다.

그렇지만 어떻게

어떻게 하나님 마음에 다가갈 수 있을까? 하나님께서 꿋꿋이 설 수 있는 여인으로 자라가게 하실 때, 우리가 할 수 있는 일은 무엇일까?

1. 하나님께 나아가는 습관을 기르라

믿음이 자라는 데 필요한 양분은 오직 말씀을 정기적으로 묵상할 때만 섭취할 수 있다. 그러나 하나님께 나아가는 습관을 기르는 일은 매우 어렵다. 나 역시 체험으로 안다. 무슨 이유인지 모르지만 아무튼 '나중에', '조금 있다가', '오늘 하루만' 등의 핑계를 대며 시간을 거르는 경향이 있었다.

집안일 좀 하고, 전화 몇 통화하고, 부엌의 지저분한 것들 좀 정리하고, 방바닥에 널려 있는 옷들 좀 집어 걸고, 화장실 세면대도 닦아야지. '그래, 이런 것 좀 한 다음에 경건의 시간을 갖자'고 생각하며 하루를 시작하기가 아주 쉽다. 그런 일부터 부지런히 하다 보면 어느 새 하루가 지나고 나의 인생에서 가장 중요한 하나님과의 관계를 발전시키는 시간을 전혀 내지 못하고 만다. 그래서 아주 단호한 자세로 하나님과의 시간을 스케줄에

---

[4] Jim Downing, *Meditation, The Bible Tells You How* (Colorado Springs: NavPress, 1976), pp. 15–16.

넣고 그 시간을 습관적으로 가질 것을 목표로 삼았다. 내가 그 시간을 갖고 싶다고 느끼든 느끼지 않든, 그것이 내 시간을 가장 잘 활용하는 것처럼 보이든 보이지 않든, 아무튼 하나님께 가까이하는 시간을 매일 갖는 습관을 갖기로 했다.

당신에게 오늘 아침 경건의 시간에 대해 말해 보라고 한다면 뭐라고 답하겠는가? 이것은 네비게이토 선교회 창시자 도슨 트로트맨이 선교 사역 지원자들에게 물었던 질문이다. 그는 닷새 동안 해외 선교 지원자들을 면담한 적이 있는데, 지원자 한 사람 한 사람에게 30분씩 할애하며 그들의 경건 생활에 대해 물었다고 한다. 애석하게도 29명의 지원자 중 오직 한 사람만이, 자기는 매일 경건의 시간을 가지며 그때가 바로 하나님께로부터 새 힘을 얻고 인도를 받는 시간이라고 답했다고 한다. 평생 동안 하나님 섬길 계획을 하고 있는 그들의 경건 생활을 조사하는 동안 트로트맨은 한 가지 사실을 발견했다고 한다. 그들이 여호와를 알게 된 이래, 그때까지 꾸준히 경건 생활을 해본 적이 전혀 없다는 사실을![5]

하나님께 나아가는 습관을 기르면 우리의 삶이 하나님께서 원하시는 경건 생활로 변화되는 데 결정적인 도움이 된다.

2. 하나님께 나아갈 시간을 스케줄에 넣으라

여성은 삶에서 일어나는 여러 가지 일, 예를 들어 결혼식이나 모임, 수양회 등을 계획하여 스케줄을 짠다. 경건의 시간이 갖는 영적 가치를 고려할 때, 경건의 시간도 계획해서 반드시 스케줄을 짜야 하지 않겠는가! 자신에게 가장 이상적인 경건의 시간을 생각해 보라. 어떻게 하면 그 시간을 정말 알찬 시간으로 만들까?

---

5) Robert D. Foster, *The Navigator* (Colorado Springs: NavPres, 1983), pp. 110–111.

언제? 나의 모토는 경건의 시간을 전혀 갖지 않는 것보다 잠깐이라도 갖는 것이 더 낫다는 것이다. 하나님과 함께하는 시간을 짜는 데 "나쁜" 시간이 있다면, 그 시간을 아예 갖지 않는 것이다. 따라서 자기 스케줄에 맞는 시간을 택해 경건의 시간을 갖도록 하라.

자녀를 양육하는 엄마들은 한밤중에 그 시간을 갖기도 한다. 직장 여성들 중에는 점심 시간에 차에 앉아서 혹은 자기가 일하는 책상에서 그 시간을 갖는 사람들도 있다. 시어머님은 밤에 침대에서 그 시간을 가지셨다. 몸이 너무 아파 잠이 안 올 때, 하나님의 말씀을 묵상하면 평안히 쉴 수 있었기 때문이다. 중국 선교사 허드슨 테일러는 친구에게 이렇게 말했다고 한다. "나는 중국에서 언제나 해뜨기 전에 일어나 기도한다."[6] 어떻게 그렇게 할 수 있었을까? 그 친구에 의하면 "그는 아무 방해 없이 조용히 기도하기 위해 매일 아침 해뜨기 전에 일어났는데, 피곤할 때는 기도한 후에 다시 잠을 잤다"고 한다.[7]

당신에게 가장 좋은 시간은 언제인가? 일단 그 시간을 정하고 나면 중요한 첫 발을 내디딘 셈이다.

어디서? 지금은 침대 옆에서 기도하지만, 수년 동안 식탁에서 기도했다. 그러다가 무슨 이유에선지 거실로 옮겨 소파와 탁자에서 기도하기 시작했다. 또 여름에는 테라스에 나가 기도한다. 이런 말을 하는 이유는 하나님과 함께 보내는 시간은 어디서 그분을 만나든 상관없다는 뜻이다.

친구 중에는 하나님과 단 둘이 있기 위해 책상을 따로 마련하는 사람도 있다. 그런가 하면 오래된 찬장이나 붙박이장을 개조해 하나님 만나는 장소로 사용도 하고, 철물 가게에서 문짝을 하나 사 나지막한 서류 캐비닛

---

[6] J. C. Pollock, *Hudson Taylor and Maria* (Grand Rapids, MI: Zondervan Publishing House, 1975), p. 169.
[7] J. C. Pollock, *Hudson Taylor and Maria*, p. 169.

두 개를 그 밑에 놓고 책상처럼 만들어 사용하라고 제안한 사람도 있다.[8] 벽장을 자신의 "기도장"으로 사용하는 여성도 있다.

결론적으로, 어디든 좋으니 주님과 단 둘이 만날 당신의 장소를 만들라. 그 외에 독서에 좋은 전등이나 형광등, 메모지, 기도 노트, 화장지를 준비하고, 찬송가와 찬양 및 설교 테이프를 위한 녹음기도 좋다. 또 성구 암송집, 경건 일기, 성경 읽기표, 경건 서적, 참고 서적 등도 필요할지 모른다. 아무튼 필요한 것들을 갖춰 놓으라.

하나님이 기뻐하시는 여성이 되기 원하는 이들이여, 하나님과 단 둘이 있으며 그분에게 마음을 집중하기 위해 할 수 있는 모든 일을 하라. 어느 지혜로운 성도가 이런 말을 했다.

"성도는 누구나 다 하나님과 홀로 있을 시간을 가질 수 있으며 또한 가져야만 한다. 나 혼자 하나님을 다 차지한다고 생각해 보라. 또 하나님께서 나를 몽땅 가지신다고 한번 상상해 보라. 얼마나 놀라운 일인가!"[9]

3. 하나님이 기뻐하시는 여성이 될 것을 꿈꾸라

헌신의 마음을 기를 때는 동기가 중요하며, 동기 자극에는 꿈이 큰 도움이 된다. 매일의 삶이 얼마나 중요하며 주님과의 동행이 얼마나 긴박한 것인지 깨닫기 위한 자극제로 자신이 일년 후, 영적으로 어떤 여인이 되고 싶은지 그 모습을 꿈꾸어 보라. 그런 다음 그 꿈이 이루어지게 하라.

당신은 일년 후에 삶의 약한 부분을 고치고 승리할 수 있다는 사실을 아는가? 일년이면 성경 전체를 다 읽을 수도 있고 선교지를 위해 준비할 수

---

8) Anne Ortlund, *The Disciplines of the Beautiful Woman* (Waco, TX: Word, Incorporated, 1977), p. 103.
9) Mrs. Charles E. Cowman, *Streams in the Desert* Vol. 1 (Grand Rapids, MI: Zondervan Publishing House, 1965), p. 330.

도 있다. 나이 든 여성도로부터 제자훈련을 받을 수도 있고 나이 어린 성도를 제자훈련시킬 수도 있다딛 2:3-5. 상담훈련 과정을 마칠 수도 있고 전도훈련을 받을 수도 있다. 단기 성경학교도 마칠 수 있고, 많은 성경 구절을 암송할 수도 있다. 외우는 분량은 본인이 택하라. 도슨 트로트맨은 회심한 후 매일 성구 한 절씩 암송하기를 3년간 계속했다고 한다. 자그마치 천 구절을 암기한 셈이다.[10] 또 훌륭한 기독 서적 열두 권을 읽을 수 있다. 무엇이든 좋으니 이것들을 꿈꾸고 이루기 위해 실천하라!

그 다음 10년 후, 영적으로 어떤 여인이 되고 싶은지 그려 보라. 이 책 여백에 현재의 당신 나이를 기록하고 그 밑에 10년 후의 나이를 적으라. 그 10년 동안 무슨 일이 일어날지 상상해 보라. 그러면 그 기간 중에 일어날 일들에 정말로 하나님이 필요하다는 사실을 깨닫게 될 것이다.

자신이 짓는 죄를 극복하고 영적 성장을 위해 하나님의 도우심이 필요할 것이다. 또 아내의 역할이나, 독신이거나, 과부가 됐을 때 하나님의 도우심이 필요할 것이다. 엄마 노릇 하는 데 하나님의 도우심이 필요할 것이고, 하나님을 닮은 딸, 며느리, 시어머니의 역할에도 하나님의 도우심이 필요할 것이다. 다른 사람을 섬기는 일에, 노부모를 보살피는 데, 자신이 노년으로 접어들 때, 임종시에도 하나님의 도우심이 필요할 것이다.

이런 여성이 될 수 있다고 믿는가? 물론이다. 하나님의 은혜와 능력으로 얼마든지 이런 여성이 될 수 있다. 하나님께서 도와주실 것이다. 그러나 당신 편에서도 노력해야 할 것이다.

"무릇 지킬 만한 것보다 더욱 네 마음을 지키라 생명의 근원이 이에서 남이니라"잠 4:23고 한 말씀처럼, 마음을 정하는 것은 자기 자신이다. 무엇을 하고 안 할지는 자신이 결정한다. 계속 자랄 것인지 그대로 있을 것인

---

10) Robert D. Foster, *The Navigator*, pp, 64-65.

지도 당신이 결정한다. 성장 속도를 결정하는 것도 바로 당신 자신이다. 즉 그저 되는 대로 아무렇게나 성장할 것인지, "반짝" 성장했다가 한참 쉬는 식으로 성장할 것인지, 하루 5분율로 성장할 것인지, 하루 30분율로 성장할 것인는 당신이 결정한다. 버섯 같은(밤에 활짝 폈다가 바람이 조금 불거나 열을 조금 받으면 즉시 오그라드는) 신자가 되고 싶은지, 해가 갈수록 점점 강해지며 바람이 부나 더위가 오나 계속 자라는 상수리나무가 되고 싶은지 당신이 정하는 것이다.

남편이 마스터즈 신학교에서 공부하는 신학생들에게 계속 도전하는 말처럼 "하나님은 당신이 가고 싶은 만큼 데려 가실 것이요, 원하는 속도만큼 빠르게 데리고 갈 것이다." 자신이 꿈꾸는 여인이 되기 위해 얼마나 멀리 또 얼마나 빨리 가고 싶은가?

하나님이 기뻐하시는 여성이 되기 위하여

하나님의 말씀은 측량할 수 없을 정도로 귀하다롬 11:33. 우리는 하나님의 말씀으로 거듭나서벧전 1:23 하나님의 말씀으로 성장한다벧전 2:2. 말씀은 우리 발의 등이 되어 우리 길을 환히 비춰 준다시 119:105. 따라서 매일매일 하나님 말씀에 나아가는 것은 가장 중요한 일이다. 우리가 몸의 양식보다 영의 양식인 말씀을 더욱 사랑하게 될 정도로 자라면 기쁨은 말로 다할 수 없이 클 것이다욥 23:12.

한 작곡가는 해마다 적어도 600시간을 작곡하는 일에 바쳤다고 한다. 그는 자신의 전 생애를 선한 일에 바쳤다. 그러나 그것은 한시적이요 영원한 가치는 없는 일이다. 만일 당신이 하나님 말씀을 통해 하나님께 가까이 나아가는 일에 매일 시간을 바친다면, 삶을 변화시키는 영원한 가치가 있는 일에 시간을 바친다면 어떤 변화가 일어날지 상상해 보라! 엄청난 변화가 일어날 것이다. 그러므로 말씀을 묵상하는 데 더 많은 시간을 보냄으로써 하나님 마음에 좀더 가까이 다가서겠다는 결심을 하라.

CHAPTER **3**

기도에 드려진 마음

내가 산을 향하여 눈을 들리라 나의 도움이 어디서 올꼬
나의 도움이 천지를 지으신 여호와에게서로다
시편 121:1-2

나는 그날을 지금도 생생히 기억한다. 거듭난 지 십년째 되던 날(영적 나이 열 살)로 내게는 아주 중요한 전환점이 된 날이었다.

두 딸을 학교에, 남편을 직장에 태워다 준 후, 집에 돌아와 벽시계 소리만 째깍째깍 들리는 조용한 거실의 낡은 내 책상에 앉았다. 지난 10년간 하나님의 딸로 아버지 앞에 그렇게 앉아 편히 쉬며 지낼 수 있었던 것을 생각하며 기쁜 마음에 지난날들을 회상해 보았다. 힘든 때도 간간이 있었지만, 모든 상황에서 하나님의 크신 긍휼과 지혜를 맛보고 하나님의 인도와 보살피심을 분명히 체험한 기간이었다.

그러다가 하나님 없이 지낸 때가 문득 기억나며 온몸이 떨렸다. 너무 감격한 나머지 두 눈에서 감사와 기쁨의 눈물이 흘렀다. 온통 감사로 넘쳐 있던 나는 눈물을 닦고 심호흡을 하며 기도드렸다.

"주님, 제 삶에서 그리스도인으로서 부족한 부분이 무엇입니까? 이제

새로운 십년을 다시 시작해야 하는데 이 기간에 집중적으로 해야 할 일이 무엇이라고 생각하십니까?"

그때 하나님은 내 마음에 기도 생활을 생각나게 하심으로 그 질문에 즉시 답해 주셨다.

그 동안 나는 기도하려고 무던히 애썼다. 그러나 고작 이삼 일 정도였다. 하나님 만나는 시간과 성경 읽기 시간을 따로 떼어놓은 다음, 그 시간이 되면 으레 머리를 숙이고 몇 마디 중얼거리는 것이 전부였다. 대체로 "하나님, 오늘 저희 가정과 저를 축복해 주십시오."라는 내용이었다. 하나님은 그 이상의 기도를 원하셨지만 더 이상 기도할 수 없었다.

그런데 영적으로 열 살 되던 그날, 딸 캐서린이 넉 달 전 어머니날 선물로 준 작은 노트를 집어 들었다. 어떤 용도로 써야 할지 생각이 나지 않았기 때문에 그때까지 탁자 위에 놓여 있었다. 갑자기 용도가 떠올랐다. 마음에 가득 찬 새로운 각오와 소원을 첫 페이지에 이렇게 적어 넣었다.

"이제부터 십년간 의미 있는 기도 생활을 작정하고 그 일에 헌신한다."

이 글은 단순한 글에 지나지 않는다. 기도하는 가운데 마음의 소원을 적은 단순한 글이다. 하지만 그날 적은 이 단순한 글과 작은 노트가 하나님이 기뻐하시는 여성이 되려는 나의 모험에 놀라운 디딤돌이 되어 주었다. 기도 생활에 대한 새로운 헌신으로 나의 전생활-내 삶의 모든 부분, 삶의 모든 사람, 삶에서 추구하는 모든 것-이 활기를 찾아 완전히 달라지기 시작했다.

기도의 놀라운 특권을 배우기로 결심했을 때, 사실 그 시간이 마지못해 하는 고역과 같은 시간이 될 것이라 생각했었다. 그러나 의미 있는 기도 생활로 발전시키기 위해 기도하기 시작하자 많은 축복을 받기 시작했다. "받은 복을 세어 보아라"는 찬송가 가사처럼, 받은 축복을 세어 보겠다.

축복 1. 하나님과의 관계가 더욱더 깊어진다

기도가 하나님과의 관계를 깊게 해준다는 말을 듣긴 했어도 실제로 체험해 본 적은 한번도 없었다. 그런데 매일 정기적으로 기도 시간을 갖기 시작하자 하나님과의 관계가 더욱 깊어지는 것을 체험했다.

기도는 믿음을 키워 준다
전에 들은 권면에 따라 실천하며 이 사실을 직접 체험했다. 한번은 학부형들이 댈러스 신학교의 하워드 헨드릭스 박사에게 이런 질문을 했다.

"어떻게 하면 아이들에게 믿음을 가르칠까요?"

이 질문에 헨드릭스 박사는 이렇게 답했다.

"자녀들에게 기도 목록을 작성하게 하십시오."

그래서 나도 그렇게 하기 시작했다. 마치 어린애처럼 노트에 기도 제목을 적어 하나님께 매일 기도드리기 시작했다. 그 결과 처음으로 하나님께서 그 제목 하나하나에 응답하시는 것을 체험했다. 어찌나 놀랍든지!

기도는 우리 짐을 내려놓을 장소를 제공해 준다
살다 보면 문제에 부딪히고 슬픈 일을 당하게 된다요 16:33. 그런데 모든 염려와 짐을 하나님께 맡기라는 말씀벧전 5:7 외에는 해결 방법을 전혀 몰랐다. 그래서 이 충고로 무장한 나는 팔을 걷어붙이고 모든 염려를 기도로 하나님께 맡기기 시작했다. 그러자 곧 이렇게 기도하며 하루를 시작하는 것이 아주 자연스럽게 되었다. 기도 후에는 무거운 짐에서 해방되어 가벼운 마음으로 일어날 수 있었다. 많은 책을 쓴 기도의 용사 코리 텐 붐은 짐을 잔뜩 실은 낙타를 예로 들어 이 특권을 잘 설명한다.

"낙타가 짐을 내려놓기 위해 주인 앞에 무릎 꿇듯이, 주인 되신 하나님 앞에 무릎 꿇으라. 그러면 하나님께서 당신의 짐을 가져 가실 것이다."1)

기도는 하나님이 항상 가까이 계심을 가르쳐 준다

1994년의 지진 이후 그 여파로 수천 번의 충격이 일어나는 동안 내가 수없이 암송했던 말씀이 있다. 시편 46:1이다. "하나님은 우리의 피난처시요 힘이시니 환난 중에 만날 큰 도움a very present help이시라."

하나님은 항상 우리 가까이 계신다. 우리가 기도하면 할수록 이 사실을 더욱 실감할 수 있다. 나 역시 기도함으로 그분의 편재하심이 사실임을, 항상 나와 당신을 포함한 그분의 백성과 함께 계신다는 사실을 깨닫기 시작했다. 또 오스왈드 챔버스의 다음 말이 사실이라는 것도 알게 되었다. "기도의 목적은 하나님께서 모든 여건에 언제든지 동등하게 임재하신다는 사실을 계시하기 위한 것이다."2) 기도의 마음을 함양하는 것이야말로 하나님의 임재를 체험하는 확실한 길이다.

기도는 우리가 당황하지 않도록 훈련시켜 준다

예수님은 항상 기도하고 낙망치 말아야 한다고 가르치셨다눅 18:1. 매일 정기적인 기도 시간을 통해 필요한 모든 것을 하나님께 말씀드리기 시작하며 기도의 습관을 기르게 되었다. 문제만 발생하면 허둥대는 대신, 즉시 기도 스위치를 켜서 하나님의 능력으로 차분해질 수 있었다.

기도는 삶을 변화시킨다

"기도가 일을 변화시킨다"는 말을 들어본 적 있는가? 정기적인 기도 생

---

1) Corrie Ten Boom, *Don't Wrestle, Just Nestle*(Old Tappan, NJ: Revell, 1978), p. 79.
2) Oswald Chambers, *Christian Disciplines*(Grand Rapids, MI: Discovery House Publishers, 1995), p. 117.

활을 통해 나 자신이 변하는 체험을 한 나는 이렇게 바꾸는 것이 더 정확하다고 생각한다. "기도는 우리를 변화시킨다." 남편이 가르치는 마스터즈 신학교 학생들도 이것을 깨달았다. 신학교의 필수 과목 중에 기도에 관한 것이 있는데, 그 과목의 과제물이 매일 한 시간씩 한 학기 동안 기도하는 것이다. 나중에 그 신학교에서 3년간 공부한 것에 대해 평가할 때, 거의 모든 학생이 그 과목이 자기들 삶을 변화시켰다고 말한다는 것이다.

축복 2. 더 순전해진다

기도는 삶을 변화시킨다. 그런데 아주 중요한 변화는 우리를 더욱더 순전하게 만든다는 것이다. 순전함은 영적 성장의 한 과정이다. 기도 시간에 진지하게 죄를 고백할 때, 삶에서 하나님이 기뻐하시지 않는 것들이 제거되며 그로 인해 영적 성장이 빨라진다. 이것이 바로 내가 기도 제목들을 적으면서 기도하기 시작했을 때 일어난 일이다.

험담은 내게 심각한 문제였다. 하나님께서 특별히 여자들에게 험담참소하지 말라고 하신 사실딤전 3:11; 딛 2:3을 알고 있음에도 나는 험담을 했다. 나는 불순종하고 있다는 사실과 하나님이 나의 험담을 기뻐하시지 않는다는 사실을 의식하고는 실제적 방안을 마련하기 시작했다. 예를 들어 전화기에 "이 말은 진실하고 친절하며 도움이 되는가?"라고 적은 메모지를 붙여 놓고 내 말에 대한 지침으로 삼았다. 심지어 험담하지 않게 해 달라고 매일 기도까지 드렸다. 그런데도 여전히 험담을 하는 것이다.

험담에 대해 기도할 뿐 아니라 험담할 때마다 죄로 고백하자 진짜 변화가 일어나기 시작했다. 그러다가 하루는—내가 죄 고백하는 일에 대해 진지하게 생각한 지 한 달 정도 후—극도의 좌절감에 빠지고 말았다. 번번이 그 죄를 다시 짓는 나에게 질려 버렸으며, 그로 인해 주님을 불쾌하게 할 뿐 아니라 허구한 날 그 죄 고백에 지쳐 버린 것이다. 좀더 근본적인 수술을 받기 위해 하나님께 나 자신을 순복시키기로 했다.마 5:29-30.

나는 하나님께 험담을 완전히 제거해 달라고 기도드렸다. 그러자 성령께서 친히 개입하셔서 내게 능력을 입혀 험담을 점점 줄여 가게 해주셨다. 그 후로 그 죄를 전혀 짓지 않는다는 뜻은 물론 아니다. 지금도 때때로 그 죄를 다시 범한다. 그래도 그날이 내게는 아주 중요한 전환점이었다. 순전해짐의 역사, 즉 내 삶에서 주요한 죄를 제거하는 일요일 3:3이 부분적으로 일어난 것이다. 어떻게 그럴 수 있었느냐고 묻고 싶은가? 기도 가운데 정기적으로 나의 죄를 직면했기 때문이다. 그로 인해 하나님께 그 죄를 고백하였고 깨끗해졌다.

축복 3. 자신 있게 의사 결정을 할 수 있다

의사 결정을 할 때 어떻게 하는가? 기도하는 법을 배우기 전에 어떻게 결정을 내렸는지 예를 들어 보겠다. 어쩌면 당신도 나와 같을지 모른다. 아침 9시에 전화벨이 울리고 한 여성도가 자기 교회에 와서 말씀을 전해 줄 수 있겠느냐고 묻는다. 아침 9시면 식사를 하고 갑상선 약을 먹은 후, 커피 한 잔 마시고 조깅도 마친 후라, 활력이 넘칠 때다. 그래서 아무 생각 없이 불쑥 "그러죠. 언제 가면 좋을까요?"라고 대답하곤 했다. 하지만 오후 4시에 전화가 걸려와 비슷한 요청을 해온다. 그때는 이미 지친 때다. 그래서 "절대 못 가겠는데요."(말은 부드럽지만 속으로는 이렇게 생각하고 있다)라고 대답하곤 했다.

왜 이렇게 달라질까? 한마디로 내 기분이 기준이었다. 아침에 활력이 넘칠 때는 "예, 가지요."라고 답하지만, 오후 늦게 지쳐 있을 때는 "못 가겠는데요."라고 답하는 것이다. 이처럼 나의 결정은 순간의 기분에 달려 있었다. 즉 영적 결정보다 육적 결정을 내린 것이다.

그런데 그 작은 기도 노트에 내가 내려야 할 모든 결정을 적기 시작하자 기준이 바뀌었다. 우선 나 자신에게 한 원칙을 정했는데, 기도하지 않고는 어떤 결정도 내리지 않겠다는 것이었다. 그래서 무슨 일이든 먼저 기도해 볼 시간을 달라고 청했다. 중요한 결정일수록 더 많은 시간을 요청했다. 만일 기도할 시간이 없으면 대체로 "아니오."라고 대답했다. 내 결정이 정말 하나님께서 나를 위해 선택하신 결정인지 확실히 알고 싶었기 때문이다. 모든 것에 이 방법을 적용하기 시작했다. 내려야 할 결정을 모두 기록해서 하나님께 하나하나 기도로 아뢰었다.

기도하지 않고는 어떤 결정도 내리지 않겠다는 원리 때문에, 하나님과 먼저 의논하기 전에는 어떤 일에도 서둘러 약속하지 않게 되었다갈 1:10. 또 "예"라고 했다가 나중에 번복하는 일도 없어졌다. 또 다른 유익은 대답한 것에 대해 반신반의하는 일이 없어진 것이다. 즉 "예"라고 대답한 것을 해야 할 날이 가까워져도 더 이상 두려워하거나 원망하지 않게 되었다. "왜 이것을 하겠다고 했지? 대체 무슨 생각에서 이렇게 답했을까? '예'라고 하지 않았으면 좋았을텐데?"라는 등의 생각을 하지 않게 되었다. 대신 분명한 확신을 체험하고 그 일들에 하나님께서 과연 무엇을 행하실지 기대하며 흥미진진해진다.

하나님이 기뻐하시는 여성은 자신의 뜻이 아닌 하나님의 뜻을 행하기로 결단한 여인이다행 13:22. 그런데 기도하지 않고는 어떤 결정도 내리지 않겠다는 원리가 바로 나를 도와 이것을 할 수 있게 해준 것이다.

축복 4. 사람들과의 관계가 더 좋아진다

당연히 기도─특별히 가장 가까운 사람들을 위해 하는 기도─는 우리가 사랑하는 사람들과의 관계를 더욱 가깝게 만들어 준다. 하나님이 기뻐하시는 여성이 되고자 할 때, 전반적으로 다른 사람들과의 관계를 향상시켜 준다. 어떻게 그렇게 될 수 있을까? 내가 정기적으로 기도하기 시작했을 때 발견한 원리들이 답변이 될 것이다.

- 자신과 다른 사람을 동시에 생각할 수 없다
  기도로 개인적인 필요를 하나님께 맡기면, 기도를 끝내고 일어설 때 모든 초점을 밖으로 맞출 수 있다. 즉 자기 자신을 잊고 다른 사람에게 초점을 맞출 수 있다.

- 위해서 기도해 주는 사람을 미워할 수 없다
  예수님은 원수를 위해 기도해 주라고 가르치셨다마 5:44. 우리가 그렇게 할 때 하나님께서 우리 마음을 변화시키신다.

- 위해서 기도해 주는 사람을 등한시할 수 없다
  자신을 바쳐 다른 사람을 위해 기도할 때, 그들 삶에도 관여하게 된다.

이 밖에도 이기심이 없어지고, 악한 뜻이 녹아지며, 등한시하는 것이 없어진다. 누군가를 위해 기도할 때 일어나는 이러한 결과들은 결국 그 사람과 우리의 관계를 향상시켜 준다.

축복 5. 모든 처지에 만족할 줄 알게 된다

신학생 아내로 10년을 지내다 보니 만족하는 부분에서 많은 도전을 받았다. 이 부분에서 가장 큰 도전은 물론 경제적인 것이다. 페인트 칠이 거의 다 벗겨지고 거실 천장이 푹 내려앉은 조그만 집에서 살았는데 남편 수입은 전부 학비, 방세, 식료품비로 들어갔다. 그런데 하나님께서 이 모든 상황에서 나를 다루기 시작하셨다.

당시 우리 가정과 삶에 대해 마음에 소원하고 꿈꾸는 것들이 있었는데, 이 부분에서 하나님의 승리가 절대적으로 필요했다. 나는 그 필요들을 하나님께 기도하지 않을 수 없었다. 매일매일 모든 것을 하나님께 드리며 필요를 채워 달라고 기도했다. 그러는 동안 또 하나의 기도 원리를 깨닫게 되었다. '하나님께서 채워 주시지 않는 것은 우리에게 필요하지 않은 것!' 하나님은 여러 해에 걸쳐 우리 가정의 수많은 필요를 신실하게 채워 주셨다. 이렇게 해서 정직한 자에게 좋은 것을 아끼지 않으시는 하나님의 약속을 실제로 체험할 수 있었다시 84:11. 당신도 체험할 수 있다.

축복 6. 하나님 안에서 자신감을 갖게 되다

제임스 돕슨 박사의 책에 이런 글이 있다.

"믿든 말든, 낮은 자존감이야말로 설문 조사에 응한 여성 대부분이 가장 곤란을 겪는 문제입니다. 응답자 50% 이상이……이 항목에 표시했으며, 응답자 중 80%가 가장 곤란을 겪는 다섯 가지 문제 중 하나로 이것을 꼽았습니다."3)

그렇지만 이들이 정기적으로 기도한다면 내가 누렸던 그 놀라운 자신감, 하나님 안에서 누리는 자신감을 맛보게 될 것이다. 그 자신감은 우리의 자존감보다 훨씬 더 낫다.

하나님 안에서 누리는 자신감은 성령께서 우리 안에서 역사하실 때 찾아온다. 우리가 기도할 때, 하나님을 존중하는 결정들을 내릴 때, 성령께서 능력으로 덧입히사 사역을 감당할 수 있게 해주신다. 우리 마음이 하

---

3) James Dobson, *What Wives Wish Their Husbands Knew About Women*(Wheaton, IL: Tyndale House Publishers, Inc., 1977), p. 22.

나님의 선하심으로 채워질 때, 자신 있게 효과적으로 하나님의 사랑과 기쁨을 나눌 수 있다. 기도하는 여성으로서 변화시키시는 성령의 능력에 마음문을 열 때, 우리 안에서 하나님의 생명이 흘러 나와 다른 사람의 삶으로 들어갈 것이다.

또 기도하지 않고는 어떤 결정도 내리지 않겠다는 원리를 실천한 결과, 우리가 내딛는 모든 발걸음이 하나님께로부터 온 것이라는 확신을 체험한다. 우리가 기도한 사건이 다가올 때, 그것이 하나님의 뜻이라는 확신을 갖게 되고 기쁨과 기대감과 용기로 그 일을 감당할 수 있다. 찡그리며 불평하는 가운데 여호와를 섬기는 대신 기쁨으로 여호와를 섬기며시 100:2, 여호와의 뜻을 두려워하는 대신 즐거이 그분의 뜻을 행할 수 있다시 40:8.

축복 7. 기도로 사역할 수 있다

에디스 쉐퍼의 책을 읽다가 나의 삶과 기도 생활을 변화시킨 한 개념을 발견했다. 그녀는 기도가 역사를 변화시킨다는 믿기 어려운 사실에 초점을 맞춘다고 했다. "다른 사람을 위해 중보 기도할 때 그들 삶의 역사가 변한다."[4] 그녀는 바울을 예로 들며 항상 다른 이들에게 자신을 위해 기도해 달라고 했는데 그 이유로는 그가 "기도 응답으로……변화가 일어날 것을 기대했기 때문이며, 중보 기도를 중요 임무로 생각하고 진지하게 실천할 때 역사가 달라질 것을 기대했기 때문이다."라고 했다.[5]

기도에 대한 이 성숙한 이해는 두 가지로 나를 격려해 주었다.

첫째, 삶을 변화시키는 기도의 능력을 깨닫게 되었다. 이미 체험으로 기

---

4) Edith Schaeffer, *Common Sense Christian Living* (Nashville: Thomas Nelson Publishers, 1983), pp. 212–215.
5) Edith Schaeffer, *Common Sense Christian Living*, pp. 212–215.

도가 삶을 변화시킨다는 사실을 알았지만, 다른 사람의 삶까지 변화시킨다……? 전혀 새로운 개념이었다. 아니 거의 불가능해 보였다. 그러나 쉐퍼 여사의 글은 어린 그리스도인인 나도 하나님이 사용하시는 신비한 역할을 감당할 수 있다는 확신을 갖게 했다. 그녀의 글은 갓난아기 같은 내 기도도 역사를 변화시킬 수 있다는 사실을 믿게 하였다.

둘째, 기도를 하나의 사역으로 이해하게 되었다. 당시 어린 두 딸을 기르는 가정 주부로 교회에서 버림받은 존재처럼 느끼고 있었다. 내가 있을 곳이 가정임을 알면서도 여성 성경공부 같은 교회 행사에 참석하고 싶었고 참석할 수 없어 고전하고 있었다. 그런데 기도가 사역이라는 사실에 접하자 쓸모없는 존재라는 느낌을 말끔히 씻어 버렸다.

노트에 교역자 이름과 알고 있는 선교사들의 이름을 적고, 주일학교에서 나눈 기도 제목을 적었다. 그처럼 중요한 사역을 통해 하나님과 동역할 때 얼마나 기쁘고 즐겁던지!

기도할 때 누릴 수 있는 축복들을 다 기록하지 못하고 겨우 몇 가지만 기록했다. 하나님 앞에 무릎 꿇고 겸손히 기도해 보라. 기도하는 습관을 길러 보라. 여호와의 선하심을 직접 맛보아 알게 될 것이다시 34:8.

그렇지만 어떻게

어떻게 기도하는 습관을 길러 축복을 누릴 수 있을까?

- 개인 기도 생활에 기도 제목과 응답을 기도 일기에 기록하라.
- 매일 기도하는 가운데 여호와와 함께 보낼 시간을 따로 떼어놓으라. 전혀 갖지 않는 것보다 조금이라도 갖는 것이 낫다. 짧은 시간도 좋으니 기도하기 시작하라. 그런 다음 기도의 막강한 효력을 살펴보라.

- 항상 기도하고엡 6:18 가는 곳마다 함께하시는 하나님의 임재를 어디서나 즐기라수 1:9.
- 다른 이를 위해 신실하게 기도하라 – 원수를 위해서도 기도하라마 5:44.
- 능력 있는 기도 사역의 특권을 진지하게 실천하라.

하나님이 기뻐하시는 여성이 되기 위하여

어디에 있든 기도를 통해 하나님께 주파수를 맞출 수 있다. 수많은 사람을 하늘로 들어올려, 그들의 삶을 변화시켜 달라고 기도할 수 있다. 이 특권을 진지하게 생각하고 실천하기를 기도드린다.

기도가 삶을 변화시킨다고 생각하는가? 물론 기도는 당신의 삶을 변화시킨다. 하나님 앞에서 시간을 보내 보라. 당신의 믿음이 자랄 것이요, 짐을 내려놓을 장소를 발견할 것이요, 하나님이 항상 가까이 계심을 상기할 것이요, 두려움에 떨지 않고 침착할 수 있음을 알게 될 것이다. 하나님은 우리에게 그분과 대화할 방법을 제공해 주셨는데, 바로 기도다. 이 하나님의 초청을 받아들여 보라. 하나님께서 당신의 마음을 변화시키시고 삶을 변화시키실 것이다.

CHAPTER **4**

순종하는 마음

내가 이새의 아들 다윗을 만나니
내 마음에 합한 사람이라 내 뜻을 다 이루게 하리라
사도행전 13:22

    나는 두 딸이 책임 있는 여성으로 자라는 모습을 보며, 엄마로서 기쁨을 맛보았다. 이제 두 딸은 장성하여 각자의 삶을 살고 있다. 나는 그들에게 삶을 세울 충분한 기초를 주었기를 바라며 기도하고 있었다. 그런데 어느 날, 그 점에 대해 확신이 서지 않는 일이 발생했다.

    캐서린이 장차 남편이 될 폴과 데이트하기 시작하면서 저녁 시간을 주로 우리 부부와 함께 보냈다. 어느 날 저녁, 캐서린이 우리 가정의 오래된 후식 중 하나인 초콜릿 케이크를 만들었다. 남편과 나만을 위해서는 대체로 만들지 않던 후식이라, 케이크가 식을 때까지 기다릴 수 없을 정도였다.

    마침내 케이크를 각자 접시에 담아 크게 한 입씩 물었다. 그런데 기대했던 맛이 아니었다. 들어가야 할 무언가가 빠진 것 같았다. 캐서린의 기분을 상하게 하지 않으려고 "음, 맛이 좀 독특한데……", "음, 냄새 한번 좋다……", "캐서린, 고마워" 등의 말을 얼버무리듯 했다. 그러다가 마침내 내가 혹 빠뜨린 것이 없느냐고 물었다. 그러자 캐서린이 당당하게 대답했다. "네, 소금을 넣지 않았어요. 소금 넣지 않는 요리법을 배우는 중이거든요. 소금은 몸에 나쁘잖아요." 결국 케이크는 버려야 했다. 한 티스푼의 소금이 빠짐으로 맛을 버렸기 때문이다.

케이크를 만들려 해도 여러 가지 재료가 들어가야 한다. 마찬가지로 하나님이 기뻐하시는 여성이 되는 데도 여러 요소가 필요하다. 앞에서 하나님께 드려진 마음, 하나님 말씀 안에 거하는 마음, 기도에 드려진 마음에 대해 말했다. 하나님이 기뻐하시는 여성이 되는 또 한 가지 요소는 바로 순종이다. 하나님은 유순하고 협조적이며 하나님과 하나님의 명령에 반응하는 마음, 즉 순종하는 마음을 기뻐하신다.

두 종류의 마음

하나님께서는 다윗을 가리켜 "내가 이새의 아들 다윗을 만나니 내 마음에 합한 사람이라 내 뜻을 다 이루게 하리라"행 13:22고 하셨다.

선지자 사무엘은 하나님을 대변하여 하나님의 지시 사항들을 순종하지 않은 사울왕을 책망했다삼상 13장. 사울은 번번이 하나님께서 주신 권한을 넘어서는 행동을 했다. 여러 번에 걸쳐 하나님께 불순종했다. 정해진 규례에 따라 하나님께 제물을 바치려고 몹시 조심하긴 했으나 궁극적인 희생 제물, 즉 하나님께 전적으로 헌신된 마음에서 나오는 순종은 드리지 못했다삼상 15:22. 사울은 분명 하나님과 하나님의 율법에 화답하지 못했다.

결국 사무엘을 통해 두 가지 메시지를 전해 듣는다. 즉 "왕의 나라가 길지 못할 것"과 "여호와께서 그 마음에 맞는 사람을 구하셨다"는 것이다삼상 13:14. 하나님께서 사울에게 이렇게 말씀하신 것이나 다름없다.

"사울아, 너는 이제 왕으로서 끝장이다. 내가 그 동안 너의 반항적이요 화답하지 않는 마음을 오랫동안 참아 왔지만, 이제 나를 섬기기에 아주 합당한 사람을 발견했다. 네 자리를 차지할 이 사람은 내게 화답하는 마음을 가진 자요, 순종하는 마음을 가진 자요, 나의 명령을 모두 따라 행할 자요, 나의 모든 꿈을 이루고 나의 모든 뜻을 행할 자이다."

여기서 서로 대조적인 두 마음을 볼 수 있다.

- 다윗은 마음으로 기꺼이 순종한 반면, 사울은 단순히 겉으로 제물을 드리는 행위에 만족했다.
- 다윗은 하나님을 섬겼지만, 사울은 자신을 섬기고 자기 방식대로 했다.
- 다윗은 하나님의 뜻을 따르는데, 사울은 자신의 뜻에 신경 썼다.
- 다윗의 마음은 하나님 중심이었으나 사울은 자기 중심이었다.
- 비록 하나님께 항상 순종한 것은 아니지만 다윗은 궁극적으로 가장 중요한 하나님 마음에 합한 자였다. 이와 대조적으로 사울은 충동적이요 마음내킬 때만 하나님께 헌신했다.

용감하고 강한 용사로 알려진 다윗은 항상 하나님을 신뢰하며 늘 "여호와는 내 생명의 능력"시 27:1이라고 인정하며 겸손히 하나님을 의지했고, 사울은 교만하여 자신의 지혜와 판단을 믿고 자기 팔의 힘을 의지했다.

하나님은 두 왕에게 똑같이 이스라엘을 인도할 기회를 주셨다. 그러나 둘은 다른 길을 걷게 된다. 사울은 하나님께로부터 멀어지는 길을, 다윗은 하나님께 가까이 나아가는 길을 걸었다. 사울의 마음은 하나님 뜻에 화답하지 않았으나 다윗의 마음은 헌신되었다. 마치 피아노 앞에 앉아 완전히 다른 음악을 연주하는 두 사람 같다. 한 사람은 피아노에 앉아 양손가락으로 여기저기 누르며 간단한 음을 내는 사람이요, 다른 한 사람은 기량을 배우고 익혀 뛰어난 피아노 연주로 자신을 전능하신 하나님께 드림과 동시에 듣는 이들의 심령까지 고양시켜 주는 사람이다. 사울의 음악-여호와와 동행하지 못한 삶-은 충동적이요, 일시적이요, 미숙하다. 하지만 다윗은 헌신된 사랑과 온 마음을 다한 순종이라는 멜로디로 가장 순전한 멜로디를 하나님께 드렸다. 참으로 하나님 마음에 합한 마음이었다.

그렇지만 어떻게

어떻게 하면 우리도 다윗처럼 헌신할 수 있을까? 우리 안에 순종하는 마음을 키우도록 무엇을 할 수 있을까? 하나님에 대한 사랑을 일상 속에서 실천하려 할 때, 중요한 한 가지는 하나님의 뜻을 행하려는 마음이다.

하나님은 마음을 잘 지키라고 말씀하신다.

"무릇 지킬 만한 것보다 더욱 네 마음을 지키라 생명의 근원이 이에서 남이니라" 잠 4:23. 이 세상을 살 때 우리의 모든 길을 든든히 하고26절 곧게 살피라25절고 하신다. 좌로나 우로나 치우치지 말고27절 하나님께서 정하신 길로 행하라고 하시며26절, 순종의 삶의 비결은 곧 마음을 지키는 것이라고 하신다. 우리 마음을 지킬 때, 모든 것이 하나님 방식대로 처리될 것이다.[1] 하나님과 하나님의 길을 따르려는 마음은 순종하는 삶을 산다. 그리고 순종하는 삶을 살 때, 하나님의 원리대로 사는 것이 평강과 기쁨의 길임을 체험할 것이요, 그로 인해 더욱더 하나님의 길로 행할 것이다.

옳은 일을 하라

하나님은 다윗의 마음을 보시며 우리 안에서 보고자 하는 것이 거기 있음을 보셨다. 곧 하나님의 뜻을 행하려는 마음이다. 전심으로 하나님을 사랑하는 사람은 항상 조심해 살피고 기다리는 가운데 하나님이 말씀하신 모든 것, 하나님이 표현하신 모든 소원을 행할 준비를 갖추고, 말씀과 기

---

[1] Curtis Vaughan, ed., *The Old Testament Books of Poetry from 26 Translations* (Grand Rapids, MI: Zondervan Bible Publishers, 1973), pp. 478–479.

도를 통해 하나님을 바라본다. 이처럼 가르침을 받을 준비가 된 유순한 마음은 중점적으로 옳은 일을 할 것이다.

그렇지만 무엇이 옳은지 확실치 않은 상황에서는 어떻게 할까? 옳은 일을 하고 싶지만 무엇이 옳은지 확신이 서지 않을 때는 어떻게 할까?

첫째, 확신이 설 때까지, 곧 하나님의 인도를 구하기 전까지는 아무것도 하지 말라. 시간을 내서 기도하고, 생각하고, 성경을 살펴보고, 그리스도 안에서 보다 성숙한 사람들에게 조언을 구하라. 만일 확신이 서지 않는 어떤 것을 요구하면 이렇게 답하라. "좀 생각해 본 후에 알려 드리지요." 무엇이 옳은지 확실히 알기 전에는 아무것도 하지 말라.

둘째, 성경의 가르침을 따르라. 성경은 "너는 범사에 그를 인정하라 그리하면 네 길을 지도하시리라"잠 3:6고 하신다. 이것은 하나님의 약속이다. "너희 중에 누구든지 지혜가 부족하거든……하나님께 구하라 그리하면 주시리라"약 1:5는 약속도 있다. 또 야고보서 4:17에 나오는 진리에 근거해 행동하라. "이러므로 사람이 선옳은 일을 행할 줄 알고도 행치 아니하면 죄니라." 하나님의 보좌를 향해 이렇게 기도하라.

"하나님, 저는 죄를 짓고 싶지 않습니다. 그러니 무엇이 옳고 무엇이 선한지 알려 주십시오!" 당신 마음에 옳은 일을 하고 있다는 확신이 생기도록 하나님께서 그분의 길로 인도하시게 하라. 요점은 무엇이든 의심이 들 때는 하지 말라는 것이다롬 14:23. 의심이 가는 일은 이미 고려 대상에서 제외된 것이다.

옳지 않은 일을 그치라

하나님 마음에 위배되는 일을 생각하거나 행한다고 여겨지면, 즉시 멈추라! 그 행위가 무엇이든 즉시 멈추라. 남의 험담이라면 즉시 그치고, 무가치한 생각이라면 그 생각을 즉시 중단하라빌 4:8. 분이 일어나거든 분을 발하기 전에 중단하라. 덕이 되지 않는 말을 했거든 또다시 그런 말을 하기 전에 중단하라. 어떤 것에 "예"라고 했지만 그 결정에 대해 평강이 없거든 취소하라. 전혀 계획에 없던 상황에 휘말려 들거든 즉시 그 상황에서 빠져 나오라!

이런 일들에 어떻게 반응하느냐 하는 것이 마음의 중심을 보여 준다. 그 죄가 더 이상 무르익기 전에 중단하면, 당신의 마음이 곧바로 하나님을 향해 돌아서게 되고 하나님의 길로 돌아올 수 있다. 그러므로 하나님을 부르라. 그 유혹이 무엇이든, 그 위험한 길이 무엇이든 하나님께서 당신에게 힘을 주실 것이다히 2:18.

잘못한 것은 무엇이든 고백하라

그리스도의 십자가 고난 때문에 우리는 죄 용서함을 받는다. 그러나 우리는 여전히 죄를 짓는다. 그래서 하나님 말씀에 위배되는 일을 했을 때 "이것은 잘못된 것이다. 이것은 죄다. 나는 이것을 해서는 안 된다"는 사실을 인정한다. 결국 "만일 우리가 죄 없다 하면 스스로 속이고 또 진리가 우리 속에 있지 아니할 것이다"요일 1:8.

따라서 죄는 "죄"라 부르고, 그렇게 함으로써 내 마음이 죄를 깨닫게 하시는 하나님의 영에 화답하도록 훈련시킨다. 이같이 우리 죄를 자백하면, 하나님은 "미쁘시고 의로우사 우리 죄를 사하시며 모든 불의에서 우리를 깨끗케 하실 것이다"요일 1:9. 죄는 빨리 자백할수록 좋다. 자백했으면 그 죄를 버리라! 하나님은 "자기의 죄를 숨기는 자는 형통치 못하나 죄를 자복하고 버리는 자는 불쌍히 여김을 받으리라"잠 28:13고 경고하신다.

한 농부가 성직자에게 말했다.
"제가 이웃집에서 건초더미를 훔쳤습니다."
"그래, 얼마나 훔쳤는가?"

"반 트럭 정도 훔쳤는데 아예 한 트럭을 만들까 합니다. 그래서 오늘 밤 나머지 반을 더 훔치려고 합니다."

절대 따르지 말아야 할 농부의 예다.

잘못한 것이 있으면 관계를 바로잡으라

죄의 자백은 하나님 앞에서 잘못된 것을 바로잡는다. 다른 사람의 마음을 상하게 했거나 손해를 입혔다면 그와 잘못된 것을 바로잡아야 한다. 적당한 때에 그에 대한 잘못을 인정하고 용서를 구해야 한다.

성가대에서 노래하기 시작한 첫날, 사과할 일을 저질렀다. 그날 아침 한 온화한 여성도가 내게 미소 지으며 "새로 오신 사람guy, 남자이지요?"라고 묻는 것이다. 그 말을 듣자 즉시 "아닌데요. 새로 온 여자girl예요."라고 쏘아붙였다. 즉시 잘못했다는 것을 알았다. 그러나 예배 중이고 찬양하는 중이어서 어찌할 도리가 없었다. 보배로운 예수님에 관한 감격적인 찬송가를 불렀는데, 죄책감 때문에 신나게 부르지 못했다. 마침내 예배가 끝나고 성가대실로 돌아오자 즉시 "기분 많이 상하셨지요? 친절하게 말씀했는데 쏘아붙여서 죄송합니다. 용서해 주세요." 하고 사과했다.

용서를 구하고 잘못을 바로잡은 후에는 앞을 향해 계속 나아가라

사탄은 우리가 불순종함으로 하나님을 섬기지 못할 때 몹시 기뻐한다. 잘못했다는 사실을 알았을 때 죄책감에 빠져 하나님 따르는 일을 계속하지 못하고 그냥 빠져 있기가 아주 쉽다. 물론 우리는 죄가 용서받았음을 안다. 우리가 잘못한 생각이나 행동을 중단하고 죄를 인정한 다음, 그 죄를 자백하고 그 생각이나 행동들을 버리고 잘못된 상황도 바로잡았다. 그런데도 여전히 자신에게 이렇게 말한다. "그런 짓을 하다니, 정말 무가치한 존재야. 하나님을 섬기기에는 너무 부적합한 인간이야."

그렇다면 하나님 말씀에 나오는 또 다른 진리를 붙들 필요가 있다. 그 진리에 의지하여 우리에게 묻어 있는 먼지를 털어내고 새로운 마음으로 하나님의 길로 돌아가야 한다. 하나님은 격려의 말씀을 해주심으로 우리가 "……뒤에 있는 것은 잊어버리고 앞에 있는 것을 잡으려고 푯대를 향하여 그리스도 예수 안에서 하나님이 위에서 부르신 부름의 상을 위하여 좇아"빌 3:13-14 가게 하신다.

그러므로 하나님께 죄를 자백했으면 그것을 잊고 앞으로 나아가야 한다. 물론 우리가 배운 교훈들을 기억해야 한다. 그러나 앞으로 나아가라는 하나님의 명령에 순종할 때, 순종하는 마음을 기를 수 있다.

하나님이 기뻐하시는 여성이 되기 위하여

순종은 하나님의 뜻을 행하는 데 기본적인 디딤돌이다. 순종을 확실하게 배워야 나중에 하나님이 하시는 말씀에 화답할 수 있다. 따라서 지금 당신의 마음이 전적으로 하나님 손에 있는지 보라. 당신의 뜻을 굴복시키고 그것을 십자가 밑에 갖다 놓았는가? 하나님께서 당신 마음속에서 기꺼이 순종하려는 자세를 찾을 수 있으신가?

하나님은 순종하고자 하는 마음, 그분의 뜻을 행하고자 하는 마음을 가진 자를 찾는다고 하셨다. 당신의 마음도 그런가? 하나님의 소원이 당신의 소원인가? 하나님을 가까이 따르는 마음인가?시 63:8 그 뒤를 바짝 좇고 있는가?[2]

진심으로 잘못을 자백하고 순종의 길로 돌아서야 할 행동이 있다면, 지금 그 행위를 중단하고 불순종을 인정하라. 그리고 죄를 자백한 후 그 행위를 버리기로 결단하고 평강과 기쁨이 따르는 하나님의 길로 돌아가라.

---

2) Curtis Vaughan, ed., *The Old Testament Books of Poetry from 26 Translations*, p. 277.

A woman after God's own heart

PART **2**

정말 중요한 것을
아는 여성

내가 그를 위하여 돕는 배필을 지으리라

창세기 2:18

남·편·과·의·관·계·에·서

CHAPTER 5

섬기는 마음

내가 그를 위하여 돕는 배필을 지으리라
창세기 2:18

우리는 1964년 11월에 첫 데이트를 하고, 그 다음해 발렌타인 데이에 약혼식을 하고, 1965년 6월 1일 여름 방학 첫째 주말에 결혼식을 올렸다. 벌써 31년 전 일이다. "정말 멋지고 복되며 행복한 31년 전 일이다."라고 말할 수 있다면 얼마나 좋을까? 그러나 그렇지 않았다. 짐과 나는 하나님 없는 결혼 생활을 시작했다. 우리의 결혼 생활이 그만큼 힘들었다는 것을 의미한다. 우리는 처음부터 말다툼하고 싸우면서 상대의 기운을 뺐다. 결혼 생활에서 충족감을 누리지 못한 우리는 이런저런 명분이나 지적 추구에 몰두하고 취미 생활을 즐기고 친구들과 교제하는 일에 삶을 쏟았다. 두 자녀를 낳았으나 공허감을 채워 주지 못했다. 하나님의 은혜로 기독교 가정으로 변화될 때까지 8년간은 실망과 좌절로 점철된 생활이었다.

각자의 인생을 예수 그리스도께 드리자 마음속에 엄청난 변화가 일어났다. 그렇지만 그리스도께서 어떻게 우리의 결혼 생활을 변화시키실 것인가? 새 생명을 부여받았지만 결혼 생활에 내재해 있는 그 팽팽한 긴장 상태는 어떻게 할 것인가?

나는 아내요 엄마로서 하나님을 기쁘시게 하는 여인이 되는 것에 대해 많이 배워야 했다. 그런데 감사하게도 예수님을 영접한 후, 일년간 성경 전체를 읽을 수 있는 스케줄이 적힌 달력을 갖게 되었다. 1974년 1월 1일부터 그에 따라 성경을 읽기 시작했다. 읽다가 여자인 나를 향해 말씀하는 구절이 나오면 분홍색 형광펜으로 표시를 했다.

하나님은 바로 그날부터 나의 삶을 전적으로 변화시키는 사역을 시작하셨다. 1974년 1월 1일, 성경을 처음으로 읽은 그날에 그리스도인 아내로서 나의 첫 번째 임무에 대해 읽었다. 그것은 내가 남편을 섬겨야 한다는 것이었다. 나는 "사람의 독처하는 것이 좋지 못하니 내가 그를 위하여 돕는 배필을 지으리라"창 2:18는 구절에 분홍색 표시를 했다.

섬기라는 소명을 받다

하나님이 기뻐하시는 여성은 기혼이든 미혼이든 자신 안에 섬기는 마음을 키우는 여인이다. "섬김을 받으려 함이 아니라 도리어 섬기러"마 20:28 오신 예수님의 발자취를 따르려면 평생 동안 섬기는 자세로 살아야 한다. 그 섬기는 일은 가정에서부터 시작된다. 가족을 섬김으로, 기혼 여성은 남편을 섬김으로 시작된다. 하나님은 남편을 돕는 자로 아내를 만드셨다. 이렇게 남편을 돕는 임무를 받은 사실을 이해함으로 경건한 여인이 되어가는 긴 여정의 첫걸음을 내디뎠다.

창세기 2:18의 "돕는 배필"은 무엇을 의미할까? 남편의 성경 연구 서적을 읽으며, 배필은 "남자가 짊어진 책임을 함께 나누는 자", "남편의 모든 것을 이해하고 사랑하는 자", "그와 전심으로 협력하여 하나님의 뜻을 이

루어 가는 자"를 의미한다는 사실을 배웠다.[1]

앤 오틀런드는 남편과 한 팀이 되면 부부간에 어떤 경쟁의식도 없어진다는 사실을 지적했다. 그녀는 부부간의 동역 관계에 대해 말하며 뒤에서 충성되이 남편을 지원해 주는 아내상을 묘사했다. "나는 남편과 같은 수준에 이르려고 열을 내며 경쟁할 생각이 전혀 없다. 오히려 뒤에서 그를 격려해 주고 싶다."[2]

솔직히 말해 나 역시 "돕는 배필"의 역할을 더 잘하게 되었을 때 보다 나은 아내, 보다 나은 그리스도인이 되었다. 내가 남편을 돕는 임무를 부여받았다는 사실을 깨달은 것이 이처럼 내 눈을 활짝 뜨게 해주었다. 하나님의 계획에 의하면, 남편과 경쟁할 것이 아니라 오히려 충실하게 그를 지지해 주어야 한다. 남편이 승리자가 되고 나는 그 승리가 가능하도록 옆에서 도와주어야 한다.

아이젠하워 대통령 부인인 메이미 아이젠하워에 대해 읽으면서 "돕는 자"에 대해 더 많은 통찰을 얻게 되었다. 줄리 아이젠하워의 말에 의하면, "메이미는 남편에 대한 정서적 지원을 자기 역할로 보았다. ……그녀는 자신을 높이는 것에는 전혀 관심이 없었고, 남편 뒤에서 '남편이 곧 나의 일이요 경력이다career'라고 자랑스럽게 선포한 여인이었다."[3]

하나님께서 섬김의 중요성을 가르쳐 주셨을 때, 특히 남편을 돕는 자로서의 내 역할에 대해 알려 주셨을 때, 나는 헌신하는 기도를 적었다. 그렇게 몇 발자국 뒤로 물러섰다. 마음으로 남편이 앞에 있고, 나는 뒤에서 그를 돕는 사실을 분명히 하기 위함이었다.

그날부터 남편을 섬기는 삶이 시작되었고, 지금까지 계속하고 있다. 물

---

[1] Charles F. Pfeiffer and Everett F. Harrison, eds., *The Wycliffe Bible Commentary*(Chicago: Moody Press, 1973), p. 5.
[2] Ray and Anne Ortlund, *The Best Half of Life*(Glendale, CA: Regal Books, 1976), p. 97.
[3] Julie Nixon Eisenhower, *Special People*(New York: Ballantine Books, 1977), p. 199.

론 나도 할 일이 무척 많다. 그러나 매일의 내 첫째 목적과 역할은 남편을 돕고, 책임을 나누어 지며, 그에게 나를 맞추고, 전심으로 협조하여 우리 두 사람을 향한 하나님의 뜻을 수행하는 것이다. 내가 이 마음, 이 섬기는 정신으로 다른 사람－특히 남편－을 나보다 낫게 여기며빌 2:3 섬기자, 그리스도를 더욱 닮아가고 남 섬기는 일에 더욱 헌신하는 데 많은 도움이 되었다.

그렇지만 어떻게

어떻게 하면 섬기는 마음을 계발하며, 어떻게 하면 섬기는 일에 그리스도를 닮는 마음을 가질 수 있을까? 아내인 당신 마음에 남편 돕는 마음이 자라가도록, 당신이 할 수 있는 일은 무엇일까? 다음 제안을 생각해 보자.

남편을 돕기로 결심하라

남편을 돕는 자가 될 것인가, 돕지 않는 자가 될 것인가? 남편을 당신의 일이요 경력으로 삼을 것인가, 삼지 않을 것인가? 오직 당신만이 이 결정을 할 수 있다. 일단 결정했으면 하나님께 헌신 내지는 약속의 기도문을 쓰는 것도 좋을 것이다. 그 기도문에는 남편과 한 팀이 되고, 그를 돕는 일을 일과 경력으로 삼기로 한 당신의 결심이 반영되어야 한다.

하나님 마음에 합한 어느 여인은 과거의 잘못을 깨끗이 청산함으로 남편을 돕기로 한 자신의 약속을 시작했다. 그녀의 기도문은 다음과 같다. "나는 여호와께 또 남편에게 용서를 구해야 한다는 사실을 알았다. 그리고 하나님의 말씀을 우리 결혼 생활에 적용할 필요가 있다는 사실도 알았다." 이런 사실을 깨달음으로 그녀는 섬기려는 마음을 키우기 시작했다.

남편에게 초점을 맞추라

하나님은 아내들이 정력과 노력의 초점을 남편에게 맞추기 원하신다. 즉 남편의 임무, 남편의 목표, 남편의 책임에 초점을 맞추기 원하신다. 우리의 죄성은 "내가 먼저!"라고 부르짖기 때문에 이것이 몹시 어려울 수 있다. 그러나 하나님은 우리가 남편에게 "당신 먼저!"라고 하기 원하신다. 따라서 정기적으로 "누가 첫째인가?" 하고 물어보라.

내가 실제로 쓰는 방법은 매일 남편에게 두 가지 질문을 한다.

"당신을 위해 오늘은 무슨 일을 해드릴까요?"

"당신이 시간 활용을 잘할 수 있도록 오늘 내가 도울 일은 뭐예요?"

이렇게 물으면 남편이 큰일(시간이 많이 들어가는 일)을 요구할까 내심 걱정할지 모른다. 그러나 내가 처음으로 남편한테 두 가지 질문을 했을 때, 그는 고작 떨어진 양복 단추를 달아 달라고 했다. 그것이 전부였다. 그래서 바늘과 실을 꺼내 즉시 단추를 달아 주었다. 이렇게 해서 남편을 나의 첫째 우선 순위로 삼는 첫 번째 테스트는 아주 쉽게 통과된 셈이다.

때로는 남편이 큰 요구를 해올 때도 있다. 지난 주에는 예비군인 남편이 다섯 달간 독일에 가서 현역 복무할 준비를 했기 때문에 "더 큰" 요구를 해왔다.

모두 몸으로 뛰어야 하는 일들이었다. ……출생 증명서와 결혼 증명서 떼기, 치과에 갔다 오는 일, 혈액형 조사 및 저당증서 처리 문제, 여권 받는 일, 남편이 독일로 떠나기 전에 집 수리하는 일, 그가 할 일을 체계적으로 정리하는 일, 전자우편 설정 등 정말 눈코 뜰 새 없이 바빴다―게다가 쓰고 있는 책의 마감일까지 임박하여 이 모든 일을 해야 했다.

비록 남편이 두 질문에 내가 좋아하지 않는 대답을 할지라도 남편이 최고 우선 순위가 되기 원하며, 남편 자신이 자기가 최고 우선 순위임을 알기 원한다. 아무튼 남편을 돕는 것이 내가 하나님께로부터 받은 임무가 아닌가!

그리고 오늘 이 시간 남편이 없을지라도 당신은 여전히 다른 사람들을 돕고 섬기는 일에 집중함으로 섬기는 마음을 길러 갈 수 있다. 기혼이든 미혼이든 당신의 삶에 함께하는 사람들을 섬기는 일이야말로 하나님을 기쁘게 해드리는 일이요 또한 그리스도를 이 세상에 보여 주는 일이다.

어떤 일을 할 때, "남편에게 도움이 될까, 방해가 될까?" 하고 물어보라. 간단한 예를 들어 보겠다.

남편이 출장을 가야 하는데, 당신은 못마땅해서 투덜댄다. 그것이 남편에게 도움이 될지 장애가 될지 자문해 보라. 단순한 질문이지만 이것을 통해 우리가 결혼 생활에서 어떻게 하고 있는지 알아볼 수 있다.

내가 존경하는 사람 중 하나가 빌리 그레이엄의 아내 루스 그레이엄이다. 남편이 신학교에 다니면서 교회 전임 사역자가 되어 우리 교회 선교부 목사님과 자주 여행하게 되었을 때, 나는 그레이엄 여사에 관해 쓴 책은 모두 읽었다. 특히 그녀의 남편이 워낙 유명해서 일년 중 거의 열 달간 집을 비우기 때문에, 그녀로부터 홀로 있는 것에 대해 많이 배웠다. 그녀는 아주 현명하게 말했다.

"남편이 곁에 없을 때 그 사실에 대해 가능한 신경 쓰지 말고, 남편이 곁에 있을 때 그 시간을 최대한 활용해 좋은 시간 갖는 법을 배워야 한다."[4]

나처럼 돕는 자의 처지에 있는 여성이 한 말이어서 더욱 격려가 되었다. 남편이 떠날 준비를 할 때마다 보다 나은 배필이 될 수 있었고, 뾰로통하니 핀잔을 주고 싶은 욕망을 가라앉힐 수 있었다.

---

4) Julie Nixon Eisenhower, *Special People*, p. 80.

돕는 일은 고상한 임무다. 보상 또한 말할 수 없이 크다. 이 임무를 잘 감당하면 남편과 우리가 섬기는 모든 사람이 다 유익을 얻지만 우리 또한 유익을 얻는다. 그리고 그것을 통해 그리스도께서 친히 하신 섬기는 법을 배울 수 있다. 섬김은 성숙한 그리스도인의 표지다. 그것은 죽기까지 섬기셨던 그리스도의 표지이기도 하다빌 2:7.

당신은 남편을 얼마나 잘 섬기는가? 남편을 한 팀으로 생각하는가? 남편과 경쟁하지 않으며, 그를 한 팀의 일원으로 보는가? 마음과 힘을 다해 남편을 돕는가?

당신을 향한 하나님의 계획, 즉 남편을 방해하지 말고 도우라는 하나님의 계획을 따르기로 헌신했는가? 당신과 내가 남편의 안녕과 복지를 증진시킬 때, 우리의 그 섬김이 곧 하나님을 영화롭게 한다.

CHAPTER **6**

복종하는 마음

아내들이여 자기 남편에게 복종하기를 주께 하듯 하라
에베소서 5:22

돕는 자로 살기 시작한 이래 지금까지 성경을 꾸준히 읽어 왔다. 그것을 통해 아내의 역할에 대해 많은 것을 배우고, 하나님께서 원하시는 여인이 되는 데 필요한 자질을 발견했다. 내 성경에 분홍색으로 표시된 곳을 보면, 얼마나 더 훈련받아야 하는지 알 수 있다. "돕는 자" 다음으로 발견한 것은 남편에게 복종해야 할 임무를 부여받고 있다는 것이다.

당시 초신자였던 내게 복종은 생소한 개념이었다. 그래서 조금 연구한 결과, 성경에서 말하는 "복종"은 주로 군사 용어로 어떤 사람 수하에 자신을 둔다는 뜻임을 알았다. 다른 사람의 판단에 일을 맡기고 그의 견해나 권위를 존중하여 그에게 순복함으로[1] 복종하며 사는 자세를 말한다.[2]

---

[1] W. E. Vine, *An Expository Dictionary of New Testament Words*(Old Tappan, NJ: Fleming H. Revell Company, 1966), p. 86.
[2] *Webster's New Collegiate Dictionary*(Springfield, MA: G. & C. Merriam Co., Publishers, 1961), p. 845.

앞서 말했듯이 이 개념은 아주 생소한 것으로 마음이 영 내키지 않았다. 그래도 계속해서 그 부분을 연구하고(하나님이 기뻐하시는 여성이요 아내가 되기 위해 기도하는 가운데), 성경을 통해 하나님께서 그의 딸들에게서 보기 원하시는 복종의 마음에 대해 통찰을 얻게 되었다.

복종에 관한 사실들

먼저 그리스도인―여자뿐 아니라 남자 역시―의 생활양식이 바로 복종하는 생활이다. 우리는 "서로 복종하라"는 소명을 받았다엡 5:21. 우리를 향한 하나님의 소원은 서로 존중하고 섬기며 자신을 상대방에게 순복시키는 것이다. 이기심을 버리고 다른 사람을 존중하고 낮게 여길 때, 그것이 바로 그리스도의 성품을 반영하는 것이다. 기꺼이 복종하려는 마음, 다른 사람을 존중하여 자신을 그에게 복종시키기로 헌신한 마음이야말로 하나님의 백성, 하나님의 딸, 하나님의 교회가 가져야 할 마음이다.

결혼에 관한 한 하나님은 질서를 위해 남편이 인도하고 아내가 따르도록 정하셨다. 하나님께서는 "남자의 머리는 그리스도요 여자의 머리는 남자요 그리스도의 머리는 하나님이시라"고전 11:3고 말씀하셨다.

너무 놀라지는 말라. 남편이 머리가 된다는 것은 어떤 일의 결정 과정에서 분명한 결정을 내리기 위해 아내들이 현명한 의견을 제시하거나잠 31:26 질문마저 할 수 없다는 뜻은 아니다. 다만 최종 결정은 남편이 내린다는 뜻이다. 작가 엘리자베스 엘리어트는 어릴 때 가정에서 아버지가 했던 권위에 대해 이렇게 말한다. "아버지가 우리 가정의 머리라는 것은, 고래고래 소리 지르며 명령하거나 권위를 행사하여 아내를 지배하고 아내의 복종을 요구했다는 뜻이 아니다. 아버지가 최종 책임자였다는 뜻이다."3)

결국 남편은 가정의 머리로서 내린 결정들에 대해 하나님께 해명해야 하고, 우리는 그 지도력에 어떻게 복종했는지 하나님께 해명해야 한다. 남편들은 하나님께 자기들이 어떻게 인도했는지 대답하게 될 것이요, 우리는 그 인도에 어떻게 따랐는지 하나님께 대답해야 할 것이다. 이 둘 중 어떤 책임을 더 지고 싶은가?

남편에게 인도하고, 아내에게 따르라고 하신 하나님의 가르침은 질서뿐 아니라 아름다움도 낳는다. 어릴 때 박물관에서 박제된 염소를 본 적이 있다. 그 염소는 머리가 두 개였다. 얼마나 비정상적이요 기괴하며 괴물처럼 보였던지! 사람들 모두 호기심에서 그것을 바라보았다. 두 머리를 가진 결혼 생활 역시 이와 같을 것이다. 완전한 예술가인 하나님은 결혼에 남편이라는 머리 하나만 주심으로써 그것이 아름답고 자연스럽게 기능을 발하도록 설계하셨다.

복종하겠다는 결심

내가 성경에 표시한 또 하나의 구절은 복종에 대한 책임은 내게 있다는 사실을 보여 주었다. "아내들이여 자기 남편에게 복종하기를 주께 하듯 하라" 엡 5:22.[4] 복종하고 안 하고는 아내에게 달렸다. 즉 남편에게 복종할지 안할지 아내가 결정한다. 아무도 대신할 수 없고 아무도 강제할 수 없다. 남편도, 교회도, 목회자도, 상담자도 그녀를 복종시킬 수 없다. 오직 아내 자신이 결정해야 한다.

나는 우리같이 평범한 네 여성에 관한 글을 읽고 충격을 받았다. 그들은

---

3) Elisabeth Elliot, *The Shaping of a Christian Family* (Nashville: Thomas Nelson Publishers, 1992), p. 75.
4) Curtis Vaughan, ed., *The New Testament from 26 Translations* (Grand Rapids, MI: Zondervan Publishing House, 1967), p. 888.

성경 공부를 위해 일주일에 한 번씩 만났는데 한번은 고린도전서 11:3 말씀, 즉 결혼 생활에서 남편이 머리라는 말씀을 읽게 되었다. 방금 살펴본 구절이다. "각 남자의 머리는 그리스도요 여자의 머리는 남자요 그리스도의 머리는 하나님이시라." 하나님의 말씀에 직면한 그들은 결정해야 했다. 성경 공부 인도자는 그 구절을 크게 읽은 후, 잠깐 멈췄다가 또다시 읽었다. 그런데 그 네 명의 여성은 모두 자신이 머리였다. 그들 자신도 그것을 알고 있었다…….

한 명이 모기만한 소리로 "사도 바울이 머리됨과 복종에 관해 말한 곳이 이 구절 말고 또 있나요?"라고 물었다. 그들은 성구 색인을 들춰 보고 바울이 쓴 다른 구절도 찾아 읽었다골 3:18; 엡 5:22 이하; 딤전 2:11 이하. 그런 다음 이 주제에 관해 토론했다. 마침내 성경 공부 인도자가 "자, 이제 어떻게 할까요?"라고 묻자, 누군가 "이 말씀대로 해야지요."라고 대답했다.

그런데 기적이 일어났다. 일년이 채 못 되어, 네 여성 모두가 결혼 생활에 일어난 일을 서로에게, 그들이 아는 다른 모든 여성에게 신나게 말하기 시작했다. 네 명의 남편이 가장의 지도력을 되찾았고, ……그리고 네 여성은 자신들의 결혼에서 이전에 느끼지 못했던 깊은 행복감—기쁨—을 느꼈다. 바로 '이것이 결혼 생활'이라는 깊은 행복감을 맛본 것이다.

전혀 생각지 않았던 놀라운 결과를 보게 된 그들은 어느 날 더욱 놀라운 사실을 깨달았다. 그들의 남편은 가장권을 요구한 적이 한번도 없었으며 또 요구하지도 않았을 것이라는 사실이다. 그것은 오직 아내가 자원해서 남편에게 줄 수 있는 선물이었다.[5]

복종하는 자세로 남편에게 가장권을 선사하고 있는가? 결혼을 위한 하나님의 계획을 따를 때 오는 그 깊은 행복감을 체험하고 있는가?

---

[5] Sheldon Vanauken, *Under the Mercy*(San Francisco: Ignatius Press, 1985), pp. 194–195.

누구에게 순종해야 할까

에베소서 5:22을 보면 "누구"에게 순종해야 하는지 분명히 나와 있다.

아내들이여 자기 남편에게 복종하라.

존경하고 숭배하는 사람들에게 복종하는 것이 아니라 자기 남편에게 복종하라는 것이다. 이것은 아주 중요하다.

불신 남편을 둔 여성도가 찾아와 상담을 청했다. 그녀는 다니던 직장을 그만두고 기독교 사역에 몸담기 위한 준비로 4년제 성경대학에 들어가고 싶다고 했다. 그녀가 자신의 간절한 소원을 말한 후에, 나는 이렇게 물었다. "남편은 뭐라고 하나요?" 그러자 즉시 "물론 그이는 내가 성경대학에 가는 것을 원치 않아요."라고 했다. "그런데 왜 그렇게 하려고 하지요? 하나님께서 이미 그 질문에 답해 주셨는데!"라고 반문했다.

결혼에 대한 하나님의 계획은 아내가 남편을 존중하고 남편에게 복종하는 것이다. 그녀의 말이, 자신의 꿈에 대해 교회 목사님과 그리스도인인 자기 고용주에게 말했더니 두 사람 다 그렇게 하라고 했다는 것이다.

그녀는 다른 사람의 의견을 존중할 준비는 되어 있었으나 남편의 의견은 전혀 상관치 않았던 것이다. 하지만 성경은 분명히 말씀하고 있다. 교회 지도자나 우리가 존중하는 사람, 심지어 우리 아버지가 아니라 바로 우리 남편에게 복종하라고 말이다.

우리는 때로 "남편이 하나님과 동행하지 않으니까 남편에게 복종할 필요는 없어."라든가, "남편은 불신자니까 복종할 필요가 없어."라고 말하며 하나님의 계획을 무시하려는 유혹에 빠진다. 사도 바울은 이 같은 처지에 있는 여성들, 즉 불신자 남편이나 불순종하는 그리스도인 남편을 둔 여성들을 위한 말씀을 기록하고 있다.

아내된 자들아 이와 같이 자기 남편에게 순복하라 이는 혹 도를 순종치 않는 자라도 (아내가 하는) 말로 말미암지 않고 그 아내의 행위로 말미암아 구원을 얻게 하려 함이니 벧전 3:1.

다시 말해 남편이 신자든 불신자든, 하나님께 순종하든 순종하지 않든, 우리가 남편에게 복종할 때, 그 복종이 우리 입으로 하는 천 마디 말보다 더 능력 있는 설교가 된다는 것이다.

그런데 남편의 충고를 따르는 데 한 가지 예외가 있다. 남편이 하나님 말씀에 어긋나는 것을 하라고 요구할 때는 복종치 말아야 한다. 예를 들어 남편이 법에 어긋나는 일이나 부도덕한 일을 하라고 요구하면, 당신이 믿고 따르는 목회자에게 찾아가 조언을 구하고 그 조언대로 하라.

어떻게 복종할까

에베소서 5:22은 복종의 대상뿐 아니라 방법도 분명히 가르치고 있다. "아내들이여 자기 남편에게 복종하기를 주께 하듯 하라."

내 경우에 남편에게 복종한다고 생각하는 대신 주님께 복종한다고 생각하면, 복종하기 힘든 마음이 서서히 사라진다. 그래서 마음속으로 남편을 옆으로 비키게 한 다음 주님 얼굴을 직접 뵙는 나 자신의 모습을 그려 본다. 그러면 "어떻게" 순종할 것인지가 아주 간단하고 수월해진다. 즉 나의 이 복종은 남편과 아무 상관이 없다. 모든 것이 주님과 상관 있다.

우리는 (남편에게 복종하는 일을 포함해서) 무슨 일을 하든지 마음을 다하여 주께 하듯 하고 사람에게 하듯 하지 말아야 한다 골 3:23. 남편을 존중하고 남편에게 복종하는 데 이 말씀을 적용한 것이 얼마나 큰 축복이었는지 모른다.

어느 정도까지 복종해야 할까

남편에게 어느 정도까지 복종해야 하나? 어떤 문제에, 어떤 결정에, 어떤 상황에서 복종해야 하는가? 한마디로 모든 것에 다 복종해야 한다.

> ……아내들도 범사에 그 남편에게 복종할지니라 엡 5:24.

성경은 분명 "범사에" 순종하라고 한다. "그래, 그렇지만……"라든가 "그러나 만일 ……면 어떻게 하지……"라고 말하고 싶은 유혹이 들 때마다, "범사에"라는 말을 기억하라. 이것은 작은 일이나 큰 일이나 똑같이 해당된다. 한 가지 예를 들어 보겠다.

1994년 캘리포니아 지진의 큰 충격파 이후, 깨진 램프를 새로 갈기 위해 남편과 램프 가게에 들렀다. 우리 예산으로 살 수 있는 유리로 된 램프를 하나 발견하고는 몹시 기뻐하며 그것을 사 들고 집에 왔다. 그런데 막상 상자를 열어 본 나는 너무 실망했다. 램프 색깔이 바랜 듯한 희미한 연두 빛과 핑크 빛이어서, 벽지 색이 숲 속의 나무들처럼 진녹색인 우리 서재에는 전혀 어울리지 않았다.

남편은 괜찮다며 램프를 바꿀 이유가 전혀 없다고 했다. 속이 몹시 상했지만 아무 대꾸도 하지 않았다. 다만 이것도 주께 하듯……범사에……말 한마디 없이……남편에게 복종할 수 있는 또 하나의 기회라고 생각하며 꾹 참았다.

물론 그 램프 사건은 아주 작은 일에 지나지 않는다. 그러나 이런 작은 일들이 "범사에" 남편에게 복종의 훈련을 시작하는 좋은 기회이다. 보다 큰 일에서는 나중에 살펴보기로 하고, 이 시점에서는 이런 작은 일에서 남편에게 복종할 수 있는 은혜를 달라고 하나님께 구하라.

복종할 수 있는 힘

아내들이 남편에게 복종하지 않는 주된 이유를 알고 있는가? 하나님께서는 두려움 때문이라고 하신다. 우리는 남편이 우리 방식대로 하지 않고 자기 방식대로 하면 어떤 일이 일어날지 몰라 두려워한다. 남편에게 복종하라고 하신 하나님의 부르심의 근저에는 훨씬 더 깊은 보다 근본적인 소명이 분명히 깔려 있다. 그것은 하나님을 믿는 믿음의 삶을 살라는 부르심이다. "전에 하나님께 소망을 두었던 (성경의) 거룩한 부녀들도 이와 같이 자기 남편에게 순복함으로 자기를 단장하였나니" 만일 우리가 "선을 행하고 아무 두려운 일에도 놀라지 않으면" 우리도 그들처럼 될 수 있다벧전 3:5-6.

두려움의 반대는 믿음이다막 4:40. 그런데 믿음이 복종과 무슨 상관인가? 하나님께서 남편을 통해 우리 삶에 직접 역사하신다는 사실은 믿음으로 말미암는다. 하나님께서 남편의 결정과 그 결과를 알고 계신다.

만일 하나님께서 그런 결정을 하도록 인도하시지 않았다면, 나중에 잘못되었을 때 다른 길을 열어 주실 것이라고 믿고 남편에게 복종하는 것은 하나님의 주권을 믿을 때만 가능하다. 두려움을 떨쳐 버리고 복종할 수 있는 힘도 하나님을 믿을 때 가능하다. 남편에게 온전히 순복하고 싶다면, 제자들이 그랬듯 당신도 믿음을 더해 달라고 하나님께 구하라눅 17:5. 하나님을 믿을 때 남편에게 순복할 힘이 생긴다.

복종의 동기

남편에게 순복하라는 부르심이 내 마음에 뿌리를 내리기 시작할 때, 내 마음 깊이 와 닿았던 성경 말씀이 있다.

"젊은 여자들을 교훈하되……자기 남편에게 복종하게 하라 이는 하나님의 말씀이 훼방을 받지 않게 하려 함이니라"딛 2:4-5. 이 말씀을 깊이 묵상할 때, 남편에게 복종하는 것은 이 세상 차원을 넘어 영적이라는 사실을 깨달았다. 그것은 내가 남편에게 복종하고 싶어하지 않는 데 대한 세상적, 이기적, 육체적인 모든 구실을 훨씬 뛰어넘는 것이었다.

남편에 대한 나의 복종은 남편과 아무 상관없으며, 사실은 모든 것이 하나님과 상관된다는 생각이 다시 분명해졌다. 하나님께서 복종을 정하시고, 복종을 명하셨으며, 복종할 수 있는 믿음을 내게 주셨다. 그리고 내가 그렇게 할 때 하나님께서 영광을 받으시는 것이다. 남편에 대한 나의 순종은 나를 바라보는 모든 이들에게 하나님의 말씀과 그의 길이 옳다는 것을 간증하는 것이다. 복종하라는 이 부르심은 정말 높은 부르심이다.

그렇지만 어떻게

남편에게 어떻게 복종해야 할까? 내가 실천한 몇 단계를 적어 보았다.

남편을 존중하기로 마음먹으라

변화는 결정을 요구한다. 남편에게 복종하는 것도 마찬가지다. 우리는 남편에게 순복하기로 결정해야 한다. 순복을 실천하기로 마음먹고, 이런 식으로 하나님과 남편을 존중하겠다고 결단해야 한다.

남편을 존중할 것을 기억하라

순복은 기본적으로 존중하는 마음에서 나온다. 하나님은 "아내도 그 남편을 경외하라respect"엡 5:33고 하신다. 하나님은 우리에게 존중하고 싶은 감정을 가지라고 말씀하시지 않았다. 존중을 보이라고, 존중을 행동으로 나타내라고 말씀하셨다. 남편을 얼마나 존중하는지 측정할 좋은 방법은 내가 남편을 그리스도께 대우하듯 대우하는가 자문해 보는 것이다.

평소에 남편을 얼마나 존중하는지 일상에서의 작은 예를 통해 알 수 있다. 남편에게 무엇을 해 달라고 부탁하는가, 아니면 무엇을 하라고 말하는가? 남편이 말을 할 때, 하던 일을 멈추고 그를 보며 그의 말을 귀담아 듣는가? 또한 남편에 대해 말할 때 존경심을 가지는가?

남편의 언행에 대해 긍정적 반응을 보이라

나는 남편에게 순복하는 것이 정말 어려웠다. 나는 1960년대, 그러니까 모든 권위에 반항하던 시기에 학교를 다녔고, 1970년대에는 여성해방운동가로 활동했다. 그래서 그리스도인이 되었을 때, 하나님께 그리고 교회에서 만난 여성도들에게 배울 것이 정말 많았다.

오랜 습관은 쉽게 고쳐지지 않는 법이다. 나는 무슨 일에나 남편에게 완강히 반대하고 싸웠다. 예를 들어, 자동차를 운전할 때면 어느 쪽 라인으로 들어서야 할지 티격태격하고, 주일 아침 교회에 가는 길에 도너츠를 사느니 마느니 말다툼하고, 자녀를 양육할 때 내 방식이 옳다 네 방식이 옳다 하며 다퉜다. 심지어는 남편 사역을 어떻게 해야 할지에 대해서까지 번번이 말다툼을 했다. 우리의 다툼은 끝이 없었다. 물론 나는 성경이 말씀하는 것을 알았다. 그래도 여전히 남편에게 순복할 수 없었다.

그런데 남편에게 긍정적으로 반응하는 습관을 기르면서부터 난관을 돌파할 수 있었다. 즉 남편이 말하거나 행하는 모든 일에 긍정적 반응을 보이기로 나 자신을 훈련시켰다. 그렇다. 정말 힘들게 나 자신을 훈련시켰다. 그 훈련 과정은 두 단계로 이루어졌다.

제1단계 : 아무것도 말하지 말라!

혹시 자기 남편을 존중하지 않는 여성을 본 적이 있는가? 그런 여자는 사람들 앞에서 남편에게 잔소리를 하는가 하면 남편의 흠을 들추어내고 남편의 견해에 찬성하지 않는다. 사사건건 남편과 다투면서 남편을 고치려 든다. 예를 들면 "아니야, 여보. 그것은 8년 전이 아니라 7년 전이야."라는 식이다. 그렇지 않으면 남편이 말하는 도중에 말을 끊어 버리고 자기 말을 하거나, 남편이 말할 때 끼어들어 참견을 하거나, 심한 경우에는 아예 남편 대신 자신이 말을 끝맺어 버린다.

그것에 비하면 아무 말도 하지 않는 것이야말로 큰 개선이라 할 수 있다. 아무 말도 하지 않는 것은 순복을 향한 큰 걸음이기도 하다. 긍정적 반응을 보이기 위해 입을 다문 채 아무 말도 하지 않으면 된다. 그렇게 되기까지 상당한 시간이 걸리긴 했으나, 마침내 내 입으로 항상 무언가를 말해야 할 필요가 없다는 사실을 깨닫게 되었다. 항상 내 견해를 표현할 필요는 없다. 특히 남편이 결정을 내린 후에는 더욱 그렇다. 나중에 가서 후회할 말을 뭐하러 하는가?

제2단계 : 긍정적인 말로 반응하라!

제1단계에서 아무 말도 하지 않는 훈련을 잘한 다음, 제2단계로 넘어갔다. 즉 긍정적인 말로 반응하기 시작했는데, 주로 "그래요, 좋아요!"라는 말을 사용했다. 그것도 아주 부드럽고 상냥한 목소리로 확실하게 강조하며 말했다. 이 긍정적인 말을 사용하기 시작한 나는 사사로운 일에도 늘 "그래요, 좋아요!"라고 말하기 시작했다. 내 친구 딕시도 이 말을 사용하기로 했고, 그 결과 그녀의 가정에서 어떤 일이 일어났는지 아는가?

딕시의 남편은 북적대는 염가 매장인 "프라이스 클럽"에 가는 것을 아주 좋아했다. 그래서 저녁 식사 후면 종종 "프라이스 클럽에 가자!"고 말하곤 했다. 물론 세 자녀―그중 하나는 어린 아기였다―의 엄마인 딕시는, 특히 학교 다니는 자녀에게 숙제가 있는 날 저녁에는, 남편이 온 가족을 이끌고 프라이스 클럽에 가는 것에 강하게 반대할 수도 있었다. 그러나 그녀는 그렇게 하지 않았을 뿐 아니라 어린 자녀들 앞에서 남편의 권위에 절대 도전하지 않았다. 오히려 얼굴에 미소를 지으며 "그래요!"라고 말한 다음, 프라이스 클럽에 가기 위해 아이들을 차에 태웠다.

그로부터 여러 해가 지난 후, 추수감사절에 온 가족이 식탁에 둘러앉아 함께 식사할 때였다. 각자 그 동안 가족이 함께한 것들 중에 특히 좋았던 것을 말해 보라고 했더니, 이제는 어른이 된 세 자녀가 하나같이 "온 가족이 프라이스 클럽에 가는 것이었어요."라고 말하더라는 것이다. 이처럼 온 가족이 한마음이 되어 재미있게 지내고 또 그런 추억거리를 가질 수 있었던 것은 바로 딕시의 아름다운 마음씨와 그 순종의 말 한마디 때문이었다.

일단 작은 일들에 긍정적 반응을 보이기 시작하면, 보다더 큰 문제들-차 구입, 직업 바꾸는 것, 이사 같은 문제들-에 긍정적 반응을 보이기가 좀더 수월해질 뿐만 아니라 자연스러워지기까지 한다는 사실을 발견할 것이다.

하루는 새벽 5시 30분에 전화벨이 울렸다. 깜짝 놀라 받으니 우리 교회 선교부 담당 목사와 함께 싱가포르에 가 있던 남편에게서 걸려온 것이다. 그런데 남편은 "여보, 어떻게 지내?"라든가 "아이들은 어때? 당신이 정말 보고 싶다. 정말 사랑해."라고 말하는 대신, 밑도 끝도 없이 "여보, 싱가포르에 와서 사역하는 것에 대해 어떻게 생각해?"라고 묻는 것이었다. 그런데 내 입에서 서슴없이 "좋아요."라는 말이 나오는 것이었다. 그런 다음에야 "거기 어디예요?"라고 물었다.

어쩌면 너무 이른 새벽이라, 남편이 너무 그리워서 아니면 너무 놀라서 얼떨결에 그렇게 말했을지도 모르고……혹은 십년 동안 그만큼 남편에게 순복하는 부분에서 성장했기 때문이었을지도 모른다. 그 이유가 무엇이든 복종과 긍정적 반응을 보이는 것에 대한 훈련을 잘 한 셈이다. 하나님께서 내게 "좋아요."라고 말할 수 있는 은혜를 주셨다. 우리는 실제로 싱가포르에 가서 1년간 봉사했는데, 남편과 나 자신뿐 아니라 당시 10살과 11살 난 두 딸에게도 너무 좋은 경험이었다. 우리 네 사람은 그곳에서 여생을 보내고 싶어할 정도로 그곳을 사랑했다.

자신의 모든 말과 행동과 태도에 대해 "나는 지금 복종하고 있는가, 거부하고 있는가?"라고 자문해 보라.

마음속에 긴장감이 생기며 남편이 지시한 일에 대해 저항하거나 질문을 던질 때마다 이렇게 자문해 보라.

"나는 지금 남편의 지시에 복종하고 있는가, 거부하고 있는가?"

그 질문에 대한 답이 당신의 문제점이 무엇인지 지적해 줄 것이다.

하나님이 기뻐하시는 여성이 되기 위하여

남편은 평생 반려자다. 그가 어떤 사람이든 하나님께서 당신의 개인적 필요를 충족시키기 위해 하나님 계획의 일환으로 당신에게 주신 선하고 온전한 선물이다. 진심으로 남편 의견을 따르고 존중하며 복종할 때, 당신은 점점 더 그리스도인다워질 것이다. 하나님이 기뻐하시는 여성으로, 남편에 대한 복종은 하나님을 경외하는 한 방법이다. 복종이라는 개념을 인간적 차원에서 영적 차원으로 바꿔 보라. 주님의 얼굴을 바라보라. 그 다음에 주께 하듯 남편에게 복종하라. 남편이 없을 경우, 하나님은 각자에게 그분의 자녀를 주시어, 다른 사람 존중하는 마음을 발전시킬 수많은 기회를 주신다. 하나님을 경외하는 마음으로 삶에서 만나는 모든 사람을 존경하라롬 12:10. 다른 사람을 낫게 여기며 존중할 때, 하나님께서 영광받으시며 자신의 삶도 아름다워진다.

남·편·과·의·관·계·에·서

CHAPTER 7

사랑하는 마음 (1)

젊은 여자들을 교훈하되 그 남편과 자녀를 사랑하며
디도서 2:4

하나님은 아내가 되는 가장 놀라운 통찰을 마지막까지 감추어 두셨다. 신약을 거의 다 읽을 때까지도 이 사실을 거의 몰랐다. 디도서에 이르러서야 비로소 마음에 하나님 다음으로 남편을 두어야 한다는 사실을 알았다. 하나님께서 나이 든 여자들— 젊은 여자들에게 하나님이 기뻐하시는 여성이 되는 법에 대해 가르칠 의무가 있는 여자들—에게 주신 이 교훈을 보면 그것이 분명히 암시되어 있다. 결혼한 여인이 익혀야 할 첫째 일은 자기 남편을 사랑하는 것이다.

진정한 실천적 사랑

디도서 2:4 말씀을 읽으면서 '물론 남편을 사랑해!' 라고 생각했다. 그래도 하나님께서 말씀하시는 것을 분명히 알기 위해 서재로 갔다. 그 결과 또 다른 임무를 발견했다.

하나님은 우리의 결함이나 부족함에 상관없이 당신과 나를 무조건적으로 사랑하신다아가페. 그리고 아내들은 무조건적으로 남편을 사랑하게 되어 있다. 하나님께서 디도서 2:4에서 남편을 "사랑하라"고 말씀하실 때 사용한 단어는 친구간의 사랑을 의미하는 필레오phileo다 — 남편을 소중히 여기고 즐기며 좋아하는 그런 사랑이다. 즉 우리는 남편을 귀히 여기고 남편과 함께 우정을 발전시켜야 한다.[1] 남편을 가장 친한 친구로 보고 어느 누구보다도 그와 함께 더 있고 싶어해야 한다.

그렇지만 어떻게

어떻게 하면 사랑의 마음을, "죽음이 우리를 갈라놓을 때까지" 실제적인 방법으로 남편을 돕고 받드는 마음을 기를 수 있을까?

인간 관계에서 남편과의 관계를 가장 중요하게 생각하라

남편과의 관계는 다른 어떤 관계, 즉 부모나 친구, 좋은 이웃이나 형제자매, 가장 친한 친구, 심지어 자녀들과의 관계보다 더 중요한 관계가 되어야 한다. 우선 순위에 바로 이 순서가 반영되어야 한다.

질 브리스코와 그녀의 결혼한 딸 주디 골츠가 쓴 책을 읽으며 이런 유의 결정에 대해 많은 것을 배웠다. 질은 딸이 결혼하기 전에 딸에게 이렇게 말했다고 한다. 일단 결혼하면 무슨 일이든 친정집으로 달려올 수 없으며 또 어떤 것에서든 더 이상 친정 부모에게 의지하면 안 된다고.

딸 주디의 글을 보자.

"제가 막 결혼했을 때, 무슨 문제나 좋은 일이 생기면 거의 자동적으로

---

1) Gene Getz, *The Measure of a Woman*(Glendale, CA: Gospel Light Publications, 1977, 『여자들도 이와 같이』 – 생명의말씀사 역간), pp. 75-76.

전화기를 들었지요. 그렇지만 엄마 집 전화번호를 다 돌리기 전에, 제 행동이 잘못되었음을 깨달았어요. 그래서 전화기를 내려놓고 먼저 남편한테 제가 전화하려던 내용을 알려 주었지요."

주디는 이런 말도 하고 있다.

"엄마, 남편과 제가 신혼 초에 싸움을 하고 울며 전화 드렸던 일 기억나세요? 그때 엄마는 제일 먼저 '주디야, 네가 나한테 전화하는 것을 네 남편이 아니?'라고 물으셨지요."[2]

엄마는 딸에게 결혼한 이상 엄마 중심의 관계를 끊고 남편 중심의 관계를 맺어야 한다는 사실을 보여 주기 위해 뒤로 물러섰다. 나는 이 엄마에게 "브라보!"라고 해주고 싶다. 하나님은 우리가 부모를 "떠나" 배우자와 "연합"해야 한다고 말씀하셨다 창 2:24. 부모가 자녀의 결혼 생활에 개입하면 – 하나님의 명령과 우선 순위가 지켜지지 않으면 – 문제가 발생한다.

성경교사 앤 오틀런드는, 부부는 배우자와 부모간의 관계에 대해 상세히 적힌 동의서에 서명할 것을 고려해 보라고 제안했다.

그 동의서 내용은 다음과 같다.

"나는 더 이상 부모에게 복종할 책임이 없다. 나는 배우자와 기쁘게 그리고 단단하게 연합하기 위해 부모의 권위로부터 자유하다."[3]

우리 교회의 한 목사는 결혼 예식을 집행할 때, 부모들에게 기본적으로 새로 결혼한 부부의 결혼 생활에 "간섭하지 않겠다"는 서원을 하게 한다.

결혼한 젊은 여성을 상담할 때마다, 나는 친정 엄마나 시어머니에게 요리법, 공예, 관심사들, 성경, 영적 성장 등에 대해서는 다 말씀드려도 되지만 자기 남편에 대해서는 누구에게도 – 친정 엄마든 시어머니든 – 말하지

---

[2] Jill Briscoe, *Space to Breathe, Room to Grow* (Wheaton, IL: Victor Books, 1985), pp. 184–187.
[3] Anne Ortlund, *Building a Great Marriage* (Old Tappan, NJ: Fleming H. Revell Company, 1984), p. 146.

말라고 단호히 충고한다.

특히 부모가 예고 없이 불쑥 찾을 때는 남편 중심의 관계를 유지하기 어렵다. 따라서 지혜가 필요하다. 제일 중요한 남편에게 먼저 묻지 않고는 양가 부모 누구와도 일을 계획하지 않겠다고 결심하라. 그리고 부모나 다른 사람의 기대를 잘 다루도록 하라. 어느 경우든 항상 남편과 먼저 상의하라. 남편이 제일 우선이라는 사실을 잊지 말라. 다른 사람 역시 이 사실을 알아야 한다.

모든 인간 관계에서 남편을 최우선 순위에 두라

이 관계에는 자녀들과의 관계도 포함된다. 심리학자 두 사람이 이런 말을 했다. "많은 결혼 생활이 궤도에서 벗어나는 것은 자녀들에게 지나치게 투자하는 반면, 결혼 생활에는 인색하게 투자하는 데서 발생한다."[4]

나 자신도 종종 읽으며 스스로를 돌아보는, 실화 한 토막을 소개한다.

"이제는 너무 늦었다"

오늘의 편지 내용은 좀 침울한 것이다. 남편보다 자녀들을 더 중요시했던 어느 여인의 슬픈 이야기 한 토막을 들려주고자 한다.

이 남자는 지난 2년간 특히 더 외로웠다. 아내가 막내딸과 그야말로 찰싹 붙어 다녔기 때문이다. 그녀는 마치 자기 인생이 거기에 다 달려 있기라도 하듯이 필사적으로 자녀들에게 매달려 산 엄마였다. 그러다가 올해 막내딸이 대학에 들어가면서 결국 그 딸과 떨어지게 되었다. ······이제 남편과 가까워질 수 있을까 하여 자기 남편에게로 돌아서고 있는데······.

두 사람이 가깝게 지낸 때가 과연 언제였던가? 기억조차 할 수 없을 정도

---

[4] Anne Ortlund, *Building a Great Marriage*, quoting Howard and Charlotte Clinebell, p. 170.

로 까마득했다. 게다가 남편은 그 동안 혼자 외롭고 쓸쓸하게 지내며 받은 쓰라린 상처를 도저히 잊을 수 없었다. 아내의 삶에서 늘 뒷전으로 물러나 있어야만 했던 오랜 세월 동안 그는 사실 혼자 산 것이나 진배없다. ······물론 혼자 산 것은 아니지만 말이다. 그러나······오랜 세월 동안 아내는 그의 반응은 전혀 기대하지 않고 명령하거나 질책했을 뿐, 그와 함께 대화를 나눈 적이 거의 없었다. ······두 사람이 서로 친구처럼 살며 우정을 키워 왔다면 지금 얼마나 재미있게 살겠는가!

자녀들이 태어나면 외톨이가 되는 남자들이 많다. 그렇게 외톨이로 오랫동안 지내다가 재미있는 부부 생활을 다시 시작한다는 것은 여간 어렵지 않다. 그 동안 혼자 지내며 너무 많은 일이 일어났기 때문이다. 그래서 "이제는 너무 늦었다"고 말하는 편이 더 쉬워 보일 정도로······.

그러니 지혜롭게 우선 순위를 계속 점검하도록 하라. ······당신은 엄마이자 아내이다. 지혜로운 아내는 자신이 아내로 시작해서 아내로 끝날 것이라는 사실을 잊지 않는다.[5]

"나는 지금 남편을 망쳐 놓고 있지 않은가?" 자문하라. 당신이 남편을 정말 사랑하는지 알 수 있는 질문이다. 남편에게 우정어린 사랑을 쏟아부어 줄 아홉 가지 좋은 방법이 있다. 다음 장8장까지 이어서 살펴보겠다.

1. 남편을 위해 매일 기도하라

"의인의 간구는 역사하는 힘이 많다"약 5:16. 의로운 아내가 남편을 위해 하는 기도 역시 역사하는 힘이 많다. 남편을 위해 정기적으로 능력 있는 기도를 하기 위해 기도 노트에 남편을 위한 칸을 따로 만들라. 그의 이름을 맨 위에 적고 그 밑에 그의 삶 가운데 하나님께 간절히 말씀드려 주고

---

[5] Charlie Shedd, *Talk to Me* (Old Tappan, NJ: Fleming H. Revell Company, 1976), pp. 65–66.

싶은 부분을 적으라. 그의 영적 은사, 사역, 직업상 프로젝트나 마감일, 가정과 교회에서의 영적 성장, 매일의 스케줄 같은 것들이다.

남편이 그리스도인이 아닐 경우, 우선 남편을 구원해 달라고 구해야 한다. 하나님께서 친히 하신 진리의 말씀에 의지해 기도하라. 가령 하나님은 "아무도 멸망하기를 원치 않으신다"벧후 3:9, 하나님은 "모든 사람이 구원을 받으며 진리를 아는 데 이르기를 원하신다"딤전 2:4는 진리의 말씀을 붙잡고 기도하라. 남편을 구원하는 것은 하나님께서 하실 일이요, 당신은 남편에게 계속 사랑으로 순복하는 가운데 열심히 기도하는 것이다벧전 3:1-6.

이처럼 마음과 시간을 투자하여 기도하다 보면, 언젠가 남편과의 쟁론이 줄어들고 당신 마음이 남편을 향해 부드러워지는 것을 발견할 것이다. 당신이 기도하는 사람을 미워하거나 등한시하는 것은 불가능하다.

예수님은 "네 보물이 있는 그곳에는 네 마음도 있느니라"마 6:21고 말씀하셨다. 기도로 남편에게 초점을 맞추면, 자연히 마음과 생각과 행동도 남편에게 맞추어지게 될 것이다.

2. 남편을 위해 매일 계획하라

저절로 이루어지는 일은 아무것도 없다. 좋은 결혼 생활 역시 저절로 이루어지지 않는다. 우리는 남편을 사랑으로 돕고 지원하는 아내가 되기 원한다. 이런 사랑은 계획할 때만 가능하다. 성경도 말씀하지 않는가? "부지런한 자의 경영은 풍부함에 이를 것이나"잠 21:5.[6] 당신과 남편을 지켜 보는 세상에, 당신 최우선 순위에 남편이 있음을 보여 주는 데 도움이 될 만한 계획을 적어 보았다.

---

[6] Curtus Vaughan, ed., *The Old Testament Books of Poetry from 26 Translations* (Grand Rapids, MI: Zondervan Bible Publishers, 1973), p. 572.

특별한 친절 행위를 계획하라 – 매일 아침 이렇게 여쭤 본다. "하나님, 오늘 남편을 돕고, 그를 기운나게 해주며, 자신이 특별한 존재라고 느끼게 해주고, 그의 짐을 가볍게 해줄 제가 할 수 있는 것이 무엇일까요?" 대답 속에는 떨어진 단추 달아 주기, 심부름 해주기, 낡은 양말을 새 양말로 갈아 주기 등이 포함될 수 있다. 하나님의 인도하심을 받도록 하라.

특별 식사를 계획하라 – 특별 식사란 남편이 좋아하는 식사를 말한다. 내 친구로부터 온 편지를 통해 한 가지 교훈을 배워 보자.

하루는 식탁에 앉아 그 동안 모아둔 요리법 카드를 정리하고 있었어. 계속 사용할 요리 카드는 식탁 한쪽에 수북이 쌓아놓고 사용하지 않을 카드는 쓰레기통에 버리면서 말이야. 그런데 남편이 들어오더니 글쎄 내가 버린 요리 카드를 도로 다 꺼내 다시 들춰보기 시작하는 거야! 그래서 가족에게 더 이상 만들어 주지 않기로 했던 "쇠고기와 감자" 요리 카드가 다시 요리철 속에 들어갔고, 나는 지금 일주일에 하루 저녁은 그 요리를 만들고 있어.

남편과 단둘이만 지내는 특별 시간을 계획하라 – 이 시간은 반드시 미리 계획해야 한다. 우리 부부는 아이들이 어릴 때 둘만의 시간을 마련하기 위해 한 달 생활비를 긴축 절약했다. 그래서 일주일에 두 시간씩 아기 보는 사람을 구해 두 딸을 맡겼다. 그날은 둘이 길 건너 맥도날드로 가서 커피 두 잔을 시켜 놓고 두 시간 내내 서로 마음속에 있는 것을 이야기했다. 이처럼 큰 돈 들이지 않고도 데이트할 수 있었다. 아이들이 자라며 가정 밖 활동을 많이 하게 되자, 남편과 나는 둘이서만 있을 수 있는 시간이면 어떤 시간이든 다 활용하자는 정책을 썼다. 그런 특별한 기회를 활용하지 않으면 둘이서 사랑을 나눌 기회를 놓치기 쉽기 때문이다.

단둘만의 식사 시간을 계획하라 – 다시 말하지만 계획이 중요하다. 이 점에 있어서는 이웃에 사는 테리가 아주 좋은 본보기일 것이다.

그녀는 매주 목요일이면 세 아들을 위해 핫도그를 만들어 주었는데, 아이들은 일주일 내내 "그날"을 잔뜩 기대했다. 정말 눈이 빠지도록 기다릴 정도였다. 마침내 목요일 4시 30분이 되어 핫도그가 나오면, 그 애들은 걸신들린 사람처럼 부스러기 하나 남기지 않고 다 먹어 치웠다. 어찌나 맛있게 먹었는지, 너무 신이 나서 엄마가 옷을 벗겨 욕조에 집어 넣는 것도 신경쓰지 않을 정도였다. 이렇게 해서 아이들을 목욕시키고, 6시 30분이 되면 책을 읽어 준 다음 함께 기도해 주고 잠자리에 들게 한다. 그런 다음에는 린넨 테이블보를 꺼내 식탁을 덮고 냅킨과 아름다운 접시, 은수저, 유리잔들을 꺼내 식탁을 차린다. 그리고 벽난로에 장작을 넣어 불을 지핀 다음, 오븐에 있는 찜 냄비 요리를 꺼내어 식탁에 올린다. 그런 다음, 양초에 불을 붙이고 다른 불은 다 꺼서 분위기를 잡는다. 모든 것이 완벽하게 준비되었다. 이렇게 남편과 단둘만의 오붓한 식사 시간이 시작된다.

자녀들의 취침 시간을 일찍 잡으라 – 매일 밤 어린 자녀들을 일찌감치 잠자리에 들게 하라. 어린 자녀들 때문에 부부의 오붓한 시간을 빼앗기는 일이 없도록 하라. 이것은 자녀의 방해를 받지 않고 남편과 시간을 가질 수 있는 아주 실제적인 방법이다.

부부가 함께 잠자리에 들도록 하라 – 올빼미처럼 밤에 활동하고 늦게 자는 사람이 새벽같이 일어나는 사람과 결혼할 수도 있다. 그 경우, 될 수 있는 한 남편 스케줄에 자신의 스케줄을 맞추라. 그렇게 하는 것이 남편과 한 팀을 이루는 데 도움이 되며, 매일 아침 일하러 나가는 남편을 도울 기회도 많아질 것이다. 또 온 가족이 같은 스케줄에 따라 움직이는 데도, 부부 생활에도 도움이 될 것이다. 다시 말하지만 계획을 세우는 것이 중요하다.

이 장을 시작하며 말한 것처럼, 우리는 남편을 가장 절친한 친구로 보고 남편과의 우정을 키워 가야 한다. 그것은 계획을 세울 때 가능하다. 노력과 수고가 드는 일이지만 사랑하는 마음으로 한번 해보라. 그 보상이 클 것이다.

하나님이 기뻐하시는 여성이 되기 위하여

이 시간 당신의 제일 친한 친구인 남편을 위해 잠시 기도하지 않겠는가? 마음속에 남편에 대한 사랑을 주신 하나님께 감사하고 그 사랑을 남편과 나눌 수 있게 해 달라고 간구하라. 기도를 마친 후에는, 남편에게 우정의 메시지를 전해 주기 위해 오늘 특별히 무엇을 할 것인지 계획해 보라.

다음 장에서는 당신의 사랑을 남편에게 아낌없이 부어 줄 수 있는 방법에 대해 더 많이 배울 것이다.

CHAPTER **8**

사랑하는 마음 (2)

젊은 여자들을 교훈하되 그 남편과 자녀를 사랑하며
디도서 2:4

남편에게 우정어린 사랑을 보여 주기 위해 할 수 있는 일이 무엇일까? 앞장에서 9가지 제안을 했는데, 그 나머지를 살펴보겠다. 남편을 위해 조용히 기도하는 가운데 당신의 사랑을 보여 줄 방법에 대해 생각해 보라.

3. 매일 남편의 귀가를 준비하라

남편의 귀가를 준비할 때, 남편은 당신의 사랑을 느낄 뿐 아니라 그가 당신 삶에서 아주 중요한 존재라는 사실도 깨달을 것이다.

집안을 정돈하라 – 남편의 귀가 시간이 되면 빨리 집안을 정돈하라. 자녀들과 함께 아이들의 장난감도 치우라. 물론 완벽한 인상을 줄 정도로 깔끔하게 치우라는 것은 아니다. 남편이 돌아왔을 때 질서정연하고 깨끗한 인상을 받을 수 있도록 간단히 정돈하라는 것이다. 친구들 중에는 향기 좋은 양초를 켜 놓고, 정원에서 꽃도 몇 송이 꺾어다 꽂아 놓고, 은은한 음악과 벽난로에 불을 지피고, 김이 모락모락 나는 요리를 하는 이들이 많다. 가장이 돌아왔을 때, 얼마나 기분이 좋겠는가! 남편은 '내가 집에 돌아온 것을 우리 가족이 정말 기뻐하는구나!' 라는 메시지를 받을 것이다.

외모를 단장하라 – 집에 손님이 온다고 가정해 보라. 화장을 하고 옷도 단정하게 입지 않겠는가? 당신 인간관계에서 제1순위인 남편은 사실 어떤 손님보다 더 중요하다. 따라서 최고의 대접을 받아야 한다. 머리를 단정히 빗고 화장을 고치고 옷도 바꿔 입으라. 아침에 조깅하느라 입었던 운동복을 그대로 입고 맞이하지 않도록 하라. 환한 색으로 색조 화장도 하고 립스틱을 살짝 바른 후, 향수도 약간 뿌리라. 잠언 27:9에 향이 사람의 마음을 즐겁게 한다고 하지 않았는가! 아무튼 당신의 삶에서 가장 중요한 사람이 이제 곧 집 안으로 들어설 것이다.

자녀들 역시 준비시키라. 에디스 쉐퍼는 『가정이란 무엇인가』에서 이렇게 말한다. "지저분해 보이는 아이들은 사람의 마음을 심란하게 만든다. 온 가족이 경우에 합당한 옷을 입으면 서로 상대방을 다르게 대우하게 될 것이다……."[1] 남편의 귀가 시간에 아이들이 더러운 얼굴에 헝클어진 머리, 코가 줄줄 흘러내리는 모습으로 있지 않도록 말끔히 씻겨라!

어떻게 맞이할지 준비하라 – 남편의 귀가 시간을 대충 알 것이다. 그 시간이 되면 그를 포근하게 맞이할 준비를 하라. 밖이 어두우면 현관 불을 켜 놓는 것 등이다. 우리 집에서는 내가 창문 앞에 서서 밖을 내다보다가 남편 차가 보이면 아이들에게 "아빠 오셨다!" 하고 외친다. 그러면 신바람 난 두 딸이 달려 나가고 나도 함께 문 앞으로 가서 그를 맞이한다.

어떤 말로 맞이할지도 준비하라. 좀더 마음에 와 닿는 인사말로 맞이할 수 있다. 성경에도 "의인의 마음은 대답할 말을 깊이 생각"하고 잠 15:28 "선

---

[1] Edith Schaeffer, *What Is a Family?*(Old Tappan, NJ: Fleming H. Revell Company, 1975, 『가정이란 무엇인가?』 – 생명의말씀사 역간), p. 87.

한 말은 그것마음을 즐겁게 하느니라" 잠 12:25는 말씀이 있지 않은가? 남편이 귀가했을 때, "왜 이렇게 늦었어요?" "왜 전화도 못해요?" "우유는 사왔어요?" 등의 말을 하지 말라. 그 시간은 이런 말을 할 때가 아니다. 또 하루 동안 겪은 힘들었던 일을 늘어놓을 때도 아니다. 그냥 하나님께 무슨 말을 해야 좋을지 여쭤 보라. 남편을 기쁘게 맞이하는 긍정적인 말, 당신이 아닌 남편에 초점을 맞춘 말을 하라. 남편이 귀가했을 때 하는 당신의 첫마디가 그날 저녁의 분위기를 결정할 수 있음을 명심하라.

자녀들도 어떻게 인사드릴지 준비시키라. TV는 반드시 끄도록 하라. 자녀들이 너무 어려서 아빠가 돌아와 온 가족이 함께 저녁 식사 때까지 기다리는 것이 무리면, 간단하게 무엇을 먼저 먹이라.

식탁을 다 차려 놓으라 — 남편이 귀가하면 즉시 식사할 수 있도록 다 준비해 두라. 식탁을 차려 놓는 것은 곧 식사를 하게 될 것이라는 약속이다.

"왕이 성 안에 계신다!" — 군주국에서는 왕이 궁중에 있을 때 황실기를 높이 달아 놓는다. 성 안에서는 일하는 사람들이 분주하게 왔다갔다하는 소리가 들린다. 이런 자세로 남편을 맞이하라. 물론 자녀들과 함께 말이다. 그렇게 할 때 당신의 왕인 남편이 집에 도착하면 그를 사랑하고 소중히 맞이하는 데 도움이 될 것이다.

"이제부터 파티가 시작된다!" — 헐리우드의 멜 브룩스와 앤 밴크로프트가 30년 결혼 생활에 대한 인터뷰를 했다. 앤 밴크로프트는 남편의 귀가에 대해 이렇게 말했다. 매일 저녁 그녀는 자신이 좋아하는 의자에 앉아 남편을 기다린다. 곧 남편의 차 소리가 들리고, 시동 끄는 소리와 차 문 닫는 소리가 난다. 남편이 열쇠로 문을 따는 소리가 들리면, 그녀는 이렇게 생각한다고 한다. '자, 이제부터 파티가 시작되는구나!'

우리도 남편의 귀가 시간을 하루 중 가장 좋은 시간으로, 파티가 시작되는 때라고 생각하며 남편을 맞이하면 좋을 것이다.

방문객들은 모두 돌아가게 하라 – 남편 귀가 시간 전에 집에 찾아온 사람들은 모두 돌아가게 하라. 다른 집의 엄마와 아이들로 시끌벅적한 가운데 남편을 맞이하지 않도록 하라. 남편이 그 성의 왕이지 않은가!

전화기에 매달려 있지 말라 – 남편이 집에 돌아왔을 때 전화기에 매달려 있지 않도록 하라. 그렇게 하면 최소한 한 사람의 마음을 상하게 할 수 있다. 전화기를 들고 통화하면서 남편에게 찡긋 인사를 하거나 간단히 손을 흔들어 보임으로 남편의 마음을 상하게 하거나, 아니면 "그만 끊어야겠어요. 남편이 돌아왔어요."라며 갑자기 전화를 끊어 버림으로 상대방 마음을 상하게 할 수 있다. 남편의 귀가 시간을 대충 아니까 그 시간에는 전화를 걸지도 받지도 말라.

아내인 우리가 하나님에 대한 사랑과 남편에 대한 사랑으로 가득 차 있을 때, 남편의 귀가를 준비하고 사랑을 쏟아 부을 준비를 할 수 있다. 남편이 집에 들어설 때, 당신 마음에 부어 주신 그 하나님의 사랑롬 5:5을 남편에게 흠뻑 쏟으라. 마르틴 루터가 말했듯이, "아내들이여, 남편이 집에 돌아오는 것을 기뻐하게 만들라."

다음에 나오는 사람처럼 남편을 대접하거나 맞이하는 일이 없도록 하라.

귀가 시간

일을 마치고 집에 돌아왔을 때, 유일하게 나를 반겨 주는 이가 누구인지 아십니까? 바로 우리 집 강아지입니다. 강아지는 나를 보고 정말 기뻐하며 반겨 주지요…….

나는 항상 뒷문으로 들어갑니다. 아내가 그 시간에 부엌에서 식사 준비를 하기 때문입니다. ……그녀는 내가 오는 것을 보면 항상 깜짝 놀라는 표정으로 "벌써 돌아오셨어요?"라고 말하지요. ……마치 내가 오지 못할 곳에 오기라도 한 듯이 말입니다.

전에는 애들한테 "너희들, 오늘 어떻게 지냈니?"라고 묻기도 했지만 이제는 그나마도 하지 않습니다. 왜냐하면 애들은 TV에 정신이 팔려서 내 말이 오히려 방해가 될 테니까요…….

그래서 이제는 강아지를 안고 안뜰로 나갑니다. 아주 자연스럽게, 아무 일 없다는 듯이 말입니다. 그러나 실은 그렇지 않습니다. 허전하고 외롭지요. 식구들이 나를 필요로 하는 유일한 이유는 돈을 벌어다 주고, 집에 손볼 것이 있으면 해결해 주기 때문이라는 느낌을 종종 받습니다. 만일 돈을 벌어다 주고 집에 고장나는 것이 없다면, 일주일 내내 내가 어디 가 있어도 아무도 내가 집에 없다는 사실을 알아채지 못할 것입니다.[2]

아내가 남편보다 늦게 귀가하는 경우도 있다. 그때는 남편의 귀가를 위해 어떻게 준비할까?

귀가 시간 동안 준비하라 – 머리를 빗고 립스틱도 살짝 바르라. 남편의 기분을 상쾌하게 해줄 인사말을 생각해 보라. 저녁 식사 메뉴를 스트레스 받지 않고 간단하게 준비할 것으로 계획하라. 함께할 시간을 위해 에너지를 아끼라. 좀 피곤하더라도 양초에 불을 켜고 벽난로에 불을 지피며 콧노래도 부를 수 있을 것이다.

귀가 동안 내내 기도하라 – 가장 중요한 준비는 기도다. 그날의 일과 만난 사람들은 뒤로 한 채, 기도 가운데 마음을 가정과 소중한 남편에게 향

---

[2] Jack and Carole Mayhal, *Marriage Takes More Than Love*(Colorado Springs: NavPress, 1978), p. 154. Quoting Kay K. Arvin, *One Plus One Equals One*(Nashville: Broadman Press, 1969), pp. 37–38.

하라. 당신이 할 인사말과 식사 시간, 저녁에 가족과 보낼 시간을 위해 기도하라. 육신이 피곤치 않게 하며, 남편의 도움에 대한 기대는 아예 말라. 도와주면 하나님께 몇 번이라도 감사드리지만 아무것도 바라지 말고 오직 줄 준비만 하라. 사랑하는 남편이 제1순위임을 인정하고 그를 섬길 때 하나님의 기쁨을 달라고 기도하라.

눅 6:35

4. 남편을 기쁘게 해주라

남편이 가정의 왕이라면, 그를 기쁘게 하는 일을 즐거워할 것이다. 그를 기쁘게 한다는 것은 그가 좋아하는 것, 싫어하는 것에 세심한 주의를 기울인다는 뜻이다. 이것은 많은 노력 없이도 할 수 있는 일이다.

게일의 남편은 스포츠광이다. 매주 토요일이면 으레 TV 스포츠 방송을 시청한다. 이것 때문에 몇 년을 다투다가 결국 남편이 그토록 "좋아하는" 방송을 같이 보기로 했다. 월드 시리즈가 열리기 한 주 전에 LA 다저스 팀 티셔츠와 야구 모자를 2개씩 샀다. 토요일 경기 시간이 가까워지자, TV 앞 마룻바닥에 붉은 색과 흰색 체크 무늬 담요를 깔고, 남편과 둘이 그 티셔츠에 모자를 쓰고 핫도그 간식까지, 그날 두 사람은 정말 재미있게 그 경기를 관람했다고 한다.

한 친구에게는 남편을 기쁘게 하는 것이 좀더 많은 노력을 요했다. 그녀의 남편은 소방대원인데, 농부들처럼 아침 식사를 푸짐하게 먹고 "싶어했다." 아침에 일하러 나가기 전 베이컨과 계란, 해시 브라운, 토스트 등으로 준비된 아침을 먹고 싶어했다. 그녀는 남편이 5시에 일하러 가기 전에 새벽 4시에 일어났다. 한국의 많은 어머니들은 지금도 그렇게 한다.

당신 남편이 좋아하고 싫어하는 것은 무엇인가? 그것에 긍정적 반응을 보이기 위해 당신은 무엇을 하는가?

5. 남편과 함께할 수 있는 시간을 놓치지 말라

남편이 귀가하면 애들을 맡기고 날쌔게 쇼핑하러 가는 대신 남편과 함께 시간을 보내라. 그것이 남편을 중요하게 여기는 것이다.

어떤 여성은 이렇게 말했다. "지난 주에는 남편에게 우선 순위를 두기 위해 쇼핑 스케줄을 약간 바꿔 보았다. 남편이 두 살바기 아들을 돌봐 줄 저녁 시간에 일주일 식료품을 사러 가고는 했었다. 혼자 장을 보면 시간을 절약할 수 있기 때문이다. 그러다가 이것이 남편의 시간을 잘 활용하는 것이 아닐지도 모른다는 생각에 지난 주에는 낮에 쇼핑을 갔다. 그랬더니 시간도 별로 걸리지 않았고 남편도 고마워하는 것 같았다."

남편이 집에 있을 때는 나도 집에 있는다는 원칙을 고수하라. 내 친구 데비는 공교롭게도 남편이 집에 있는 날과 성경 공부 가는 날이 겹쳐 하나를 택해야 했다. 기도한 후에 남편과 함께 집에 있기로 했다. 자신의 인간관계 제1순위인 남편과의 관계를 선택한(아주 잘한 선택이다) 그녀는 수요일 아침 성경 공부 모임에 전혀 참석하지 못했다.

저녁에 남편과 함께 집에 있는 것 또한 중요하다. 저녁 시간에 이런저런 좋은 일들로 바쁘게 지내느라 막상 가장 좋은 것 — 남편과 함께 보내는 시간 — 은 즐기지 못하기 쉽다. 남편이 매일 밤 어디 있는지 모른다고 한 어느 여성은 하룻밤 집에 있어 보더니 남편이 바로 집에 있더라고 했다.[3]

루스 그레이엄 여사는 남편과 함께하는 시간이 얼마나 중요한지 아는 아내다. 그녀의 방문 인터뷰 기사다. "빌리 그레이엄이 집에 있을 때면 모든 것이 그의 스케줄에 맞춰진다. 그녀는 어떤 스케줄도 짜놓지 않고, …… 오히려 남편을 중심으로 신중하게 스케줄을 짠다……."[4] 이웃 사람은 이

---

3) Anne Ortlund, *Building a Great Marriage*(Old Tappan, NJ: Fleming H. Revell Company, 1984), p. 157.

4) Julie Nixon Eisenhower, *Special People*(New York: Ballantine Books, 1977), pp. 52–53.

렇게 말한다. "빌리가 집에 오면 루스는 돌아다니지 않는다. 그래서 친구들은 빌리를 성가신 사람이라고 부른다."[5]

6. 성생활을 통해 남편을 사랑하라

고린도전서 7:3-5을 읽어 보라. 결혼 생활의 기본 원리는 배우자에게 "애정을 표현하라"는 것이다. 아가서는 부부의 육체적 사랑을 상세히 묘사하며, 잠언 5:19은 남편이 아내의 품을 족하게 여기고 그 사랑을 항상 연모해야 한다고 말한다.

아직 초신자일 때 한 세미나에 참석했는데, 거기서 부부간의 육체적 사랑에 관한 하나님의 견해를 배웠다. 어찌나 감동을 받았는지(또 죄책감도 들어서) 집으로 곧장 달려가 남편한테 앞으로 평생 동안 언제든지 나와 성관계를 가져도 좋다고 했다. 좀 지나친 반응이었는지도 모른다. 그러나 하나님 말씀대로 행하고 싶었으며 남편도 그 메시지를 분명히 받았다.

7. 남편에게 긍정적으로 반응하라

앞에서 긍정적인 반응의 말-"그래요!" "좋아요!" "괜찮아요!" "오케이!" "그렇게 해요!" "좋은 생각이에요!" "물론이지요!" 등-사용에 대해 살펴보았다(모든 말에 감탄 부호가 달린 것을 주목하라). 가정에서 남편에게 부정적 태도로 응하거나 반대 또는 훈계하려는 대신 이처럼 부드러운 말로 받아들인다고 생각해 보라. 얼마나 긴장감이 줄겠는가!

부드러운 말로 대답하면 대화와 질문이 가능한 온화한 분위기가 된다. "언제 그것을 할까?" "어떻게 지불하지?" "아이들에게 무슨 의미를 줄까?" 등의 질문할 수 있는 여지를 준다.

남편에게 보이는 반응을 샌드위치라고 하자.

---

[5] Betty Frist, *My Neighbors, The Billy Grahams* (Nashville: Broadman Press, 1983), p. 31.

샌드위치 맨 위에 놓인 빵은 당신의 첫 번째 반응인 "그래요!"라는 긍정적 반응이다. 위 아래 빵조각 사이에 있는 고기, 양상추, 토마토 등은 당신이 던지는 질문들이다. 즉 앞에서 말한 질문들이다. 밑에 놓이는 빵조각은 당신의 복종을 의미한다. 내가 만든 "샌드위치"를 예로 들어 보자.

그날 아침 헤어드라이어로 젖은 머리를 말리고 있었다. 그런데 남편이 무엇을 찾아 달라는 것이다. 내게 떠오른 첫 번째(육적인) 생각은 '이 소리 안 들려요? 나 지금 머리 말리고 있어요!' 라는 것이다. 좀 덜 이기적이고 나은 생각은 '그래요! 머리 다 말리고 즉시 도와줄게요' 라는 것이다. 그러나 하나님께서 가장 덜 이기적인 최선의 생각을 주셔서 즉시 헤어드라이어를 끄고 "그래요!"라고 했다.

그런 다음 이렇게 물었다(이 질문이 바로 두 빵 사이에 있는 것들이다). "지금 당장 찾아야 되는 거예요, 아니면 머리 말릴 때까지 좀 기다릴 수 있어요?" 비록 그렇게 묻긴 했으나 남편이 뭐라고 하든 따를 준비가 되어 있었다(맨 밑에 있는 복종이라는 빵 조각이다). 나는 남편과 대화하기 위해 헤어드라이어를 즉시 껐고, 그것은 기꺼이 그를 섬기려는 나의 마음 자세를 가리키는 것이다. 물론 남편은 머리를 먼저 말려도 된다고 했다. 중요한 것은 남편이 뭐라든 그대로 하려는 내 마음의 준비 태세다.

이처럼 단순하지만 긍정적 반응을 보일 때, 다투거나 감정이 상하거나 언짢은 말을 할 필요가 없다. 하루를 훨씬 더 좋게 시작할 수 있다.

8. 남편을 칭찬해 주라

나는 "절대"라는 말을 잘 사용하지 않지만, 그 말을 사용하는 중요한 경우가 하나 있다. 남편에 대해 어느 누구에게도 부정적으로나 비판적으로 "절대" 말하지 않는 것이다. 그 대신 한 경건한 여성도의 지혜로운 충고를 실천하려 애쓴다. 미소를 지으며 온화한 목소리로 그녀는 말했다.

"여성도 여러분, 사람들 앞에서 남편을 축복할 기회를 절대 놓치지 마십시오." (나는 "남편에게 직접 축복하는 일 역시 잊지 말라."는 말도 첨부하겠다.) 자기도 모르는 새에 남편을 비판적으로 말하거든 즉시 입을 다물고 다음 세 가지를 행하라.

- 마음을 살피라. "미움은 다툼을 일으켜도 사랑은 모든 허물을 가리우느니라"잠 10:12. 당신 마음에 무언가 옳지 못한 것이 있다. "사랑하는 마음은 다른 사람의 허물과 실수를 은밀히 덮어 주고……사랑은 험담하지 않기 때문이다."[6]

- 보다 나은 방법을 택하라. 남편에게 심각한 문제가 있거든 그를 깎아내리지 말고 보다 나은 길을 택하라. 그를 위해 기도해 주고, 반드시 말해야 할 경우에는 기도로 준비한 다음 남편을 세워 줄 부드럽고 온화한 어조로 말하라엡 4:29; 잠 16:21–24. 또 상담할 때는 남편에 대한 당신의 상한 감정을 터뜨리는 시간이 아니라 자신을 위해 도움받는 시간으로 생각하라. 문제를 적절히 다루기 위해 도움받는 시간임을 기억하라.

- 목표를 세우라. 남편에 대해 비판적으로 말하는 대신 기회 있을 때마다 그를 축복하기로 결심하라.

사람들 앞이나 남편과 단둘이 있을 때, 남편을 축복하라. 그것은 당신 마음에 남편을 위한 사랑의 씨를 심는 방법이다.

9. 항상 기도하라

다시 원점이다. 우리는 기도로 시작해 기도로 끝을 맺는다. 하나님이 기

---

[6] William MacDonald, *Enjoying the Proverbs*(Kansas City, KS: Walterick Publishers, 1982), p. 56.

뻐하시는 여성은 기도하는 여인이다. 그러면 언제 기도하는 것이 좋을까?

- 아침에 말하기 전
- 남편이 집에 있을 때는 언제든지
- 남편이 집에 돌아오기 전
- 저녁 내내
- 전화 받으러 갈 때 (전화 건 사람이 남편일 수도 있다)
- 집에 도착했는데 이미 남편이 와 있을 경우

하루 종일 기회가 있을 때마다 하나님께서 원하시는 여인, 남편을 돕고 사랑하는 아내가 될 수 있게 해 달라고 구하라.

하나님이 기뻐하시는 여성이 되기 위하여

기혼 여성의 삶에서 가장 중요한 인간관계는 남편과의 관계다. 따라서 그 관계에 가장 많은 주의를 기울여야 한다.

7, 8장에서 성경과 다른 책들, 나 자신의 체험 및 다른 아내들의 체험, 심지어 남편들의 견해로부터 얻은 실제적인 아이디어를 제시해 보았다.

요약하면, 남편을 사랑하는 아내는 기도하고 계획하며 준비하는 아내요, 남편을 기쁘게 해주고 남편과 함께하는 시간을 놓치지 않으며, 성생활을 통해 그를 사랑하며 긍정적 반응을 보이는 아내다. 그리고 좀더 기도하는 아내다.

이 제안 모두를 실천에 옮겨 보라. 그러면 당신 남편이 말로만 사랑한다고 하는 것보다 훨씬 더 강력하게 당신의 사랑을 느낄 것이다. 사랑하는 마음은 계획을 세우는 마음이다. 여러 가지 계획을 짜서 당신 마음에 있는 그 사랑을 남편에게 보여 주라.

자·녀·와·의·관·계·에·서

CHAPTER 9

엄마 됨을 귀히 여기는 마음

…… 네 어미의 법을 떠나지 말라

잠언 1:8

"엄마의 위치보다 더 높은 위치는 없으며, 엄마의 능력보다 더 큰 능력도, 엄마가 하는 일보다 더 큰 사역도 없다."[1]

처음 그리스도인이 되었을 때 이 글을 읽지 못한 것이 얼마나 다행인지 모른다. 그때 하나님은 이 진리를 가르쳐 주시지 않았다. 가르쳐 주셨다 해도 그 진리를 완전히 무시했을 것이다.

그리스도께서 우리 가정의 중심이 되셨을 때, 우리에게는 두 딸이 있었다. 딸들은 아주 귀여웠지만 교육이나 훈련을 받는 일은 없었다. 우리 가족은 나름대로 재미있는 시간도 갖고 좋은 시간들도 나눴다. 그러나 그 애들에게 올바른 행동을 가르치기 위해 윽박지르거나 구슬릴 때는 집안 분위기가 잔뜩 긴장되었다.

게다가 어린 딸들을 두고 집을 비우는 일이 많았다. 당시 결혼 및 가정

---

1) Phil Whisenhunt, *Good News Broadcaster*, May 1971, p. 20.

상담 석사 과정에 있던 나는 상담 자격증을 따기 위해 온 시간과 정력을 쏟았다. 내 가정은 등한시하며 다른 가정 상담하는 일을 위해서 말이다. 아이들을 하루 종일 애보는 사람에게 맡기다가 조금 자란 후에는 유아원에 맡겼기 때문에, 매일 저녁 시간과 주말에만 그 비참한 시간을 보냈다. 엄마가 되는 것은 곧 사역자가 되는 것이요 엄마의 위치와 능력이 그처럼 대단하다는 개념은 완전히 생소한 개념이었다. 나는 1970년대 초 여성해방운동 메시지에 따라 살고 있었으니까 말이다.

그러나 신실하신 하나님께서 내 눈을 뜨게 하사 엄마에 대한 나의 생각을 하나님의 온전하고 지혜로운 생각으로 바꾸게 해주셨다. 그리스도인이 된 어느 날 저녁, 나는 일주일에 한 번씩 모이는 성경 공부반에 참석했다. 거기서 한번도 들어본 적이 없는 것들을 듣게 되었다. 바로 엄마의 "특권", 하나님을 위해 자녀들을 양육하는 놀라운 "책임", 자녀 양육에서의 어머니 "역할"에 관한 내용들이었다.

성경 공부 교사가 계속해서 성경을 지적해 주었다. 그때마다 엄마인 내게 해당되는 말씀에 표시를 했다. 이렇게 표시한 성경 구절들을 공부하면서 엄마 됨을 귀히 여기는 마음을 반영하는 4가지 열정을 발견했다. 그중 두 가지를 본장에서, 나머지 둘은 다음 장에서 논해 보고자 한다.

1. 하나님 말씀을 가르치는 열정

하나님이 기뻐하시는 여성은 무엇보다도 하나님 말씀에 거하고자 하는 깊은 열정을 갖는다. 그녀의 자녀들은 이 타오르는 열정의 첫열매를 받아야 한다. 성경은 어머니의 "법"과 교훈에 대해 두 번 말씀하고 있다 잠 1:8, 6:20. 그 말씀들은 엄마인 우리가 자녀들에게 하나님의 말씀을 가르칠 임무를 부여받았다는 사실을 지적한다. 우리는 자녀들을 위해 많은 것을 할 수 있다. 그러나 무엇보다 하나님 말씀을 가르치려는 열정을 가져야 한다. 하나님의 말씀토라은 구원과 영원을 위한 가치를 지니기 때문이다.

하나님은 말씀을 통해 사람들을 그분께로 이끄신다. "믿음은 들음에서 나며 들음은 그리스도(하나님)의 말씀으로 말미암았느니라"롬 10:17, "성경은 능히 너로 하여금 그리스도 예수 안에 있는 믿음으로 말미암아 구원에 이르는 지혜가 있게 하느니라"딤후 3:15고 가르친다. 게다가 하나님의 말씀은 하나님의 목적을 이루지 않고는 하나님께 돌아오는 법이 절대 없다사 55:11.

말씀의 이 같은 능력을 생각할 때, 우리는 자녀들이 반드시 알아야 할 것들 가운데 성경을 제일 첫 자리에 두어야 한다. 그리고 우리 마음에도 첫째 자리에 두어야 한다. 자녀들과 함께 그 열정을 나누려면 먼저 우리 자신이 말씀에 대한 열정을 가져야만 한다.

2. 하나님의 지혜를 가르치는 열정

자녀에게 말씀을 가르치는 소명과 밀접하게 관련된 소명은 하나님의 지혜를 가르치는 것이다. 사실 히브리어 토라의 두 번째 의미는 "지혜"인데, 이 정의 속에는 성경에 근거한 모든 원리, 모사, 전통, 찬양의 본보기, 결정을 위한 지침, 경건한 실천 등이 다 들어 있다. 이런 뜻으로 사용된 토라는 일상 생활을 위한 실제적, 영적 지혜를 가리킨다.

잠언 31:1–9을 보면, 엄마 되는 것을 귀히 여기고 자기 아들과 하나님의 지혜를 둘 다 애지중지하는 어머니상을 볼 수 있다. 여기서 그녀의 아들 르무엘은 "그 어머니가 그를 훈계한 잠언"이라고 기록하고 있다1절. 엄마 무릎에 앉아 엄마가 들려주는 지혜의 말씀을 듣고 있는, 아니 받아 적기까지 하는 어린 왕자의 모습을 한번 상상해 보라. 얼마나 훈훈하고 자애로운 풍경인가! 그는 평생 동안 그 어머니의 지혜를 기억했을 뿐 아니라, 왕이 되었을 때 그 지혜를 지침으로 삼아 백성을 다스리고 잠언 마지막에까지 기록하여 후세에 전해 주고 있다. 이처럼 그 어머니의 마음에서 나온 지혜가 그 왕의 마음을 거쳐 당신과 내 마음으로까지 전해진 것이다.

성경은 우리에게 "소금처럼 고르게" 말하라고 가르친다골 4:6. 이 구절은 엄마 역할에도 적용되는 놀라운 구절로, 자녀들에게 하나님의 지혜로 계속 간을 쳐주라는 뜻이다. 기회가 있을 때마다 우리 입에서 소금, 즉 하나님의 진리, 성경 말씀, 성경 교훈의 적용, 우리와 함께하시는 하나님의 임재, 세상을 주권적으로 다스리시는 하나님의 능력에 관한 말들이 나와야 한다는 뜻이다.

신명기 6:6-7에서 하나님은 부모들에게 이렇게 말씀하신다.

"오늘날 내가 네게 명하는 이 말씀을 너는 마음에 새기고 네 자녀에게 부지런히 가르치며 집에 앉았을 때에든지 길에 행할 때에든지 누웠을 때에든지 일어날 때에든지 이 말씀을 강론할 것이며."

이 말씀에 의하면, 부모가 먼저 말씀으로 마음을 채운 다음6절, 그 말씀을 매일 매순간 부지런히 자녀들에게 가르쳐야 한다7절.

두 딸을 말씀과 지혜로 가르쳐야 할 임무를 부여받았다는 사실을 발견했을 때, 나는 우선 나 자신을 준비시켜야 했다. 기회가 왔을 때 가르칠 수 있도록 나 자신을 준비시켜야 했다. 항상 기다리고 지켜 보는 엄마, 매일매일의 삶에서 두 딸에게 하나님에 대해 가르칠 준비가 되어 있는 엄마가 되기로 결심했다.

하나님의 진리는 저절로 전해지는 것이 아니라 그 기회를 만들어야 한다는 사실을 깨달은 빌리 그레이엄은 사역 초창기에 자필 서명을 해줄 때마다 여호와를 언급하기로, 모든 인터뷰의 방향을 복음 메시지로 하기로 결심했다. 자기 아내 루스에게 쓴 편지에서 빌리는 이렇게 말하고 있다.

"실업가들이 모이는 점심 모임에서 다른 것에 대해서는 말하지 않고 오직 복음에 대해서만 말하기로 결심했소. 이 세상 사건들이나 달콤한 자장가를 들려주는 대신 복음에 대해 말할 것이오."2)

하나님의 마음에 합한 자녀들을 기르기 원하는 엄마들 역시 "복음에 대해서만 말하기로" 결심해야 할 것이다. 아주 사소한 일까지도 하나님과 연관시켜 말하도록 결심해야 할 것이다. 자녀들이 '멋있다, 근사하다' 고 생각하든 생각하지 않든, 하나님에 대해 말해야 한다. 사람들은 자기에게 중요한 것에 대해 말한다. 그렇다면 하나님에 관해 말할 때, 우리는 하나님이 우리에게 그만큼 중요하다는 것을 전달하는 셈이다. TV를 끄면 하나님의 길에 관해 말할 더 많은 기회를 얻는데 그것 역시 결단을 요하는 일이다.

하나님의 지혜는 두 가지 방법으로 가르칠 수 있다. 하나는 지금까지 논한 것처럼 말로 강론하는 것이요, 다른 하나는 하나님과 동행함으로, 즉 실제 삶을 통해 가르치는 것이다. 여기서 동행은 말하고 행하는 것뿐 아니라 말하지 않는 것, 행하지 않는 것까지 모두 포함한다.

자녀들은 우리를 늘 관찰한다. 우리는 그들에게 무엇인가 – 긍정적인 것이든 부정적인 것이든 – 끊임없이 가르치고 있는 셈이다.

한 어린 소녀의 글을 읽어 보자.

"상담 선생님께, 저는 열 살 난 소녀입니다. 엄마를 생각하면 얼마나 창피한지 모릅니다. 엄마는 새빨간 거짓말을 잘합니다. 그리고 전화로 남의 험담도 많이 합니다. 엄마는 한 여자 분을 원수같이 생각하면서도 이야기할 때는 가장 친한 친구처럼 말합니다. 어떻게 그렇게 두 얼굴을 갖는지 이해가 가지 않습니다. 엄마는 그렇게 거짓말을 많이 하면서 저한테는 거짓말하면 하나님께 벌받는다고 합니다. 어떻게 그럴 수 있을까요?"3)

---

2) Stanley High, *Billy Graham* (New York: McGraw Hill, 1956), p. 28.
3) Abigail Van Buren, "Dear Abby," *Los Angeles Times*, date unknown.

당신은 하나님과 어떻게 동행하는가? 자녀들이 당신의 삶에서 하나님에 대해 무엇을 보는가? 당신의 삶으로 자녀들에게 무엇을 가르치는가?

그렇지만 어떻게

자녀를 아끼고 사랑하며, 하나님의 말씀과 지혜를 귀히 여기는 엄마로서, 자녀에게 그 진리를 가르치기 위해 무엇을 할 수 있을까?

몇 가지 중요한 결정을 내리라

두 딸에게 성경을 가르쳐야 할 명령을 하나님께 받았다는 사실을 발견한 후, 나는 중요한 결정을 내릴 필요가 있음을 알았다. 그 결정은 다음의 질문과 관련이 있었다.

두 딸에게 하나님의 말씀을 심어 줄 것인가?

하루의 바쁜 일과 가운데 성경 공부 시간을 따로 낼 것인가?

주님에 대해 계속 말할 것인가?

나는 이 질문들에 "예."라고 답했고, 그러기 위해 또 하나의 중요한 결정이 필요한 사실을 알았다. TV를 *끄고* 성경이나 성경 이야기책을 들기로 결심하는 것이었다.

자녀들이 어떤 연령층에 있든 우리는 그들에게 하나님과 하나님 말씀에 대해 가르쳐야 한다. 그 특권과 책임은 분명 우리의 소명 중 하나다. 이 가르침은 하나님을 위해 건설하고 있는 가정잠 14:1, 여호와를 경외하는 가정에 반드시 있어야 한다. 게다가 이 가르침은 바로 우리 자녀들이 필요로 하는 것이다. 엄마는 자녀들에게 그들이 원하는 것이 아니라 그들이 필요로 하는 것을 주어야 한다는 사실을 기억하라.

당신은 교사라는 사실을 인식하라

자녀들에게 말씀을 심어 주려는 나의 열정은 빌리 그레이엄 부부의 자녀 양육에 대해 읽으며 더욱더 깊어졌다. 엄마요 가정 주부로서 자신이 감당하고 있는 역할에 대해 말해 달라는 질문을 받았을 때, 루스 그레이엄은 이렇게 대답했다.

"제게는 엄마가 되고 가정 주부가 되는 것이야말로 세상에서 가장 훌륭하고 큰 보상이 따르는 일입니다. 세상에서 그보다 더 중요한 일은 없다고 봅니다. 그 일은 심지어 설교보다 더 중요하다고 생각합니다. 아니, 그 역할이 바로 설교라고 할 수 있을 것입니다."4)

다음 예들을 고려해 보라

하나님께로부터 막중한 임무를 부여받은 우리 엄마들은 하나님의 진리를 자녀들(혹은 손주들)이 아직 어릴 때 그 속에 심어 주어야 한다. 성경에 나오는 경건한 어머니들이 그 자녀들 마음속에 하나님의 진리의 씨앗을 심어 주지 않았다면 어떻게 되었을지 생각해 보라.

- 요게벳은 모세가 바로의 궁정에서 살게 될 때까지 겨우 삼 년이라는 짧은 기간 동안 아들을 길렀다출 2장. 그러나 이 여인은 짧은 기간 동안에 모세의 마음속에 하나님의 진리를 충분히 심어 주었다. 그 결과 모세는 후에 하나님을 위해 진지한 결정을 내릴 수 있었다히 11:24-29.

- 한나 역시 이와 비슷한 도전에 직면한 여인이다. 그녀 역시 사무엘을 겨우 삼 년간 길렀을 뿐이다삼상 1-2장. 그런데 그 짧은 기간 동안 사무엘에게 하나님의 율법을 충분히 가르쳤다. 그 결과 사무엘은 후에 하나님 백성의 능력 있는 선지자요 제사장이요 지도자가 되었다.

---

4) Stanley High, *Billy Graham*, P. 126.

당신은 자녀 마음속에 하나님의 사랑과 진리의 씨앗을 심어 주는가? 그 일은 언제든지 시작할 수 있다. 너무 이르다고 생각하거나 너무 늦었다고 생각지 말라. 전혀 심어 주지 않는 것보다는 조금이라도 심어 주는 것이 더 낫다는 사실을 명심하라. 따라서 진리를 어떻게 심어 줄 것인지 패턴을 정한 다음, 진지하고 일관성 있게 진행해 나가도록 하라.

자녀와 함께 성경을 읽고 암송하라

코리 텐 붐의 전기를 보면 지금 이 시대에도 자녀들 마음속에 하나님의 말씀을 쏟아 부어 주는 부모가 있음을 알 수 있다. 그녀의 아버지는 자녀가 어릴 때 성경을 암송하는 것이 얼마나 중요한지 깨닫게 해주었다. 자녀들은 엄마가 돌아가신 후에도 성경 구절을 많이 외워 알고 있었다. 이처럼 어릴 때 성경을 암송한 것이 후에 고난을 당할 때(제2차 세계대전 때 그들은 나치 수용소에 갇혔다) 잘 견딜 힘이 되어 주었으며, 코리를 제외한 나머지 모든 자녀가 결국에는 하나님을 믿는 신앙을 지키며 죽었다. 코리 역시 많은 성경 구절을 암송한 덕분에 살아 남을 수 있었다.

아버지는 코리에게 이렇게 말했다.

"코리야, 네가 외운 모든 말씀은 하나님께서 너를 통해 사용하실 수 있는 아주 귀중한 도구라는 사실을 잊지 말아라."5)

정말 그 말대로 하나님의 말씀은 코리를 무장시켜 주었으며, 수용소에서의 핍박과 고통을 견뎌내도록 도와주었다. 뿐만 아니라 하나님은 그녀가 암송한 말씀들을 수용소에서 복음 전도의 강력한 도구로 사용하셨고, 그 말씀으로 고난당하는 다른 죄수들에게 구원과 소망과 위로를 주었다.

매일 성경 읽기 또한 성경 암송만큼이나 중요하다. 코리의 아버지는 자

---

5) Carole C. Carlson, *Corrie Ten Boom: Her Life, Her Faith* (Old Tappan, NJ: F. H. Revell Co., 1983), p. 33.

녀들로 하여금 하나님의 말씀을 암송하는 한편, 매일 아침 식사 후에는 구약 한 장, 저녁 식사 후에는 신약 한 장씩을 읽어 주었다고 한다.

엘리자베스 엘리어트의 부모 또한 자녀에게 하나님의 진리를 가르쳐야 할 임무를 진지하게 실행했다. 엘리어트의 첫 번째 남편은 선교지에서 잔인한 죽음을 당했으며, 두 번째 남편은 암으로 오랫동안 투병하다 죽었는데, 그녀는 자신이 어릴 때 받은 훈련의 가치에 대해 이렇게 간증했다.

"나는 심한 고통과 비탄의 때를 어릴 때 가정 경건 시간에 배운 찬송가 가사와……찬송 후 아버지가 읽어 주신 성경 말씀으로 견딜 수 있었다. 아버지는 정기적으로 성경을 읽는 것이 중요하다는 사실을 알고 계셨다. 그래서 하루에 두 번씩 큰소리로 우리에게 성경을 읽어 주시곤 했다."6)

순교당한 중국 선교사 존 스탬은 어릴 때의 가정 생활에 대해 이렇게 기록하고 있다.

"하루 세 번 식탁을 차릴 때마다 각자의 성경책도 함께 식탁에 놓았다. 그리고 음식을 접시에 담기 전 먼저 기도하고 성경 한 장을 읽었는데, 각자 돌아가며 몇 구절씩 읽었다. ……그런 식으로 부모님과 우리 형제들이 매일 교제를 나눌 때 언제나 성경이 첫째 자리를 차지했다. 성경이 우리 교제의 토대요, 만남의 근거요, 모든 생각의 시금석이요 심판이었다. 성경은 우리 가족의 마음을 붙잡아 주고 우리 가족의 마음에 만족을 심어 주었다."7)

자녀들 마음속에 말씀을 심어 주라는 하나님의 부르심에 대한 비전과 열정이 생기는가? 그 부르심은 끝이 없다. 엘리자베스 엘리어트의 남편이 살해되었을 때, 그녀의 어머니는 엘리자베스에게 성경 구절을 잔뜩 적어 편지

---

6) Elisabeth Elliot, *The Shaping of a Christian Family* (Nashville: Thomas Nelson Publishers, 1992), p. 58.
7) Mrs. Howard Taylor, *John and Betty Stam: A Story of Triumph*, revised edition (Chicago: Moody Press, 1982), p. 15.

를 보냈다. 이처럼 엘리자베스가 성장하고 결혼해 엄마가 되었을 때조차, 그녀의 어머니는 딸의 마음속에 하나님의 말씀을 계속 쏟아 부어 주었다.

다른 어머니들의 예를 따르라

나는 하나님의 은혜로 그 가족 모두 하나님 말씀에 대한 열정을 가진 한 특별한 가정을 알고 있다. 그 어머니는 첫아기를 낳았을 때, 매일 밤 아기를 침대에 눕힐 때, 그 어린 아기에게 자신이 암기하고 있는 성경 구절을 들려주기로 결심했다. 그런데 내가 그 가족을 만났을 당시 대학생이었던 딸 하나가 내게 이런 말을 하는 것이었다.

"아줌마, 사실 저는 어떻게 그렇게 많은 성경 구절들을 암기하게 됐는지 몰라요. 저희 엄마가 저를 침대에 눕히실 때마다 늘 성경 구절들을 들려주셨는데 그게 제 마음속에 그대로 박힌 것 같아요!"[8]

엄마가 되는 것과 하나님의 말씀을 귀히 여기는 것, 이 두 가지를 모두 소중하게 생각한 이 엄마는 자녀들이 잘 시간이면 침대맡에서 긴 성경 구절, 심지어는 시편 전체나 성경의 각 책들을 암송해 주었다고 한다.

그녀의 아들은 대학에서 농구를 할 때, 매 경기가 시작되기 전 항상 체육관에 들어가 관중석에 누워 로마서 6장과 8장을 암송함으로써 마음을 진정시키고 하나님께 집중시켰다고 한다.

이 아들의 약혼녀가 휴일을 맞아 그의 집을 방문했는데, 이 경건한 어머니는 이미 성인이 된 자녀들 방을 돌면서 이불을 덮어 주고, 아들의 약혼녀―당시 22세였다―에게도 잠자리에 들게 하면서 성경을 암송해 주고 함께 기도해 주었다고 한다.

이 어머니의 본을 받은 또 다른 딸은 성탄을 맞아 남편과 함께 친정집에

---

8) Elisabeth Elliot, *The Shaping of a Christian Family*, pp. 205–206.

와서 선물로 베드로전서를 완벽하게 암송해 드렸더니 어머니가 너무 감격해 울었다고 한다.

　엄마인 우리는 매일 자녀들의 영혼과 마음속에 하나님의 말씀을 깊이 심어 줄 기회들을 많이 갖고 있다. 우리는 여호와의 말씀과 훈계로 그들을 양육하여 그들의 마음을 하나님께로 향하게 만들 복된 특권을 가지고 있다엡 6:4. 우리는 하나님께서 우리에게 맡기신 자녀들이 정말 보배라는 사실부터 먼저 이해해야 한다. 그런 다음 하나님의 말씀에 대한 열정을 키워 그들의 삶에 우리의 열정이 흘러 들어갈 수 있게 해야 한다.

하나님이 기뻐하시는 여성이 되기 위하여

우리에게 없는 것을 자녀에게 심어 줄 수는 없다. 당신과 나의 마음에 하나님의 말씀과 지혜에 대한 불타는 열정을 키우는 것이 중요하다. 당신은 주의 말씀을 소중히 여기고 있는가?시 119:11 매일 시간을 내어 말씀을 자신의 마음과 자녀들 마음속에 쏟아 부어 주는가? 하나님의 말씀이 당신 가정과 생활을 다스리고 있는가? 성경을 가르치고 읽고 연구하고 암송하기 위한 시간을 정기적으로 갖기 위해 구체적인 계획을 하고 있는가?

자·녀·와·의·관·계·에·서

CHAPTER 10

신실하게 기도하는 마음

내 아들아 내가 무엇을 말할꼬……서원대로 얻은 아들아 내가 무엇을 말할꼬
잠언 31:2

"목표를 정하지 않으면 어떤 목표에도 도달하지 못한다."
이 말은 내가 하나님의 말씀 안에서 방향을 발견할 때까지, 나의 자녀 양육에 꼭 들어맞는 말이다. 나는 그때까지 자녀들을 훈련시키기 위해 아무것도 하지 않았다. 그러나 방향을 발견한 후에는 전속력으로 앞을 향해 달렸다. 나는 하나님께서 주신 "설교 면허증"을 아주 진지하게 생각했다. 우리 가족은 하나님의 말씀을 열심히 읽고 그 말씀을 마음속에 쏟아 붓기 시작했다. 그래서 성경 구절들을 함께 암기했으며 두 딸은 가정 예배 시간 외에 각자 "경건의 시간"을 갖기 시작했다. 우리는 하루에도 여러 번, 성경 이야기들을 나누며 놀라운 말씀들을 사랑했다. 이처럼 우리 가정과 대화의 초점을 하나님께 맞추자 우리의 영혼과 정신 또한 고양되었다.
나는 성경에 또 표시를 했다. 이번에는 잠언 31:2 말씀이다.
"내 아들아 내가 무엇을 말할꼬 내 태에서 난 아들아 내가 무엇을 말할꼬 서원대로 얻은 아들아 내가 무엇을 말할꼬."

이 말은 한 어머니가 한 말이므로 분명 나를 위한 메시지가 있을 텐데, 도저히 감이 잡히지 않았다. 결국 이 구절은 나의 임무 중 가장 도전적인 것이었다. 그리고 그 도전은 오늘까지 계속되고 있다.

서재에 있는 책들을 모두 읽었는데도 그 뜻이 분명하지 않아, 이 구절에 담긴 메시지를 이해하기 위해 결국 신학교 도서실까지 가야만 했다.

마침내 이 구절은 엄마로서의 나의 임무를 요약해 줌과 동시에 두 가지 열정을 더 제시해 준다는 사실을 발견했다. 첫째, 이 구절은 내가 자녀를 위해 기도해야 할 임무를 하나님께 부여받았다는 사실을 말해 준다.

기도의 열정

잠언 31:2은 자녀의 선과 유익을 애타게 원하는 어머니의 심정을 잘 보여 준다. 르무엘왕은 어머니가 서원으로 얻은 아들이다. 즉 기도해서 받아 하나님께 바친 아들이다(사무엘처럼). "서원대로 얻은 아들아"라는 구절은 또한 그 아들이 그녀가 매일 드리는 서원과 기도의 대상,[1] "위해서 기도를 많이 드리는 자녀"[2]라는 사실을 말해 준다.

어느 주석가의 말처럼 "어머니의 훈련과 헌신은……자녀의 마음에 종교적 교훈을 처음으로 심어 주고, 그 자녀를 하나님 섬기는 일에 엄숙하게 바치며, 그 자녀를 위해 계속해서 성실히 기도하게 해준다. 그 자녀는 그녀의 자식일 뿐 아니라 "서원대로 얻은 아들"이다. 즉 그녀의 경건을 가장 열렬하게 쏟아 부은 아들이다."[3]

---

1) H. D. M. Spence and Joseph S. Exell, eds., *The Pulpit Commentary*, Volume 9(Grand Rapids, MI: Wm. B. Eerdmans Publishing Company, 1978), p. 595.
2) Charles Bridges, *A Modern Study in the Book of Proverbs*, revised by George F. Santa (Milford, MI: Mott Media, 1978), p. 728.
3) H. D. M. Spence and Joseph S. Exell, eds., *The Pulpit Commentary*, Volume 9, p. 607.

이처럼 열정적인 마음으로 행하는 어머니상은 얼마나 아름다운가! 그녀는 경건하게 하나님께 자녀를 구하고 그 자녀를 다시 하나님께 바친다. 그런 다음 여호와의 길로 나아가도록 자녀를 양육한다.

그런데 이 어머니의 열정은 자녀를 말로 가르치는 것에 만족하지 않고 자녀를 위해 하나님께 말씀드린다. 이처럼 엄마의 소원은 자녀에게 기본적인 교훈과 훈련을 주는 것보다 훨씬 더 높고 깊다. 그녀는 기도하는 어머니요, 자녀를 위해 효과적으로 기도할 수 있도록 하나님과 동행하고자 최대의 노력을 기울이는 어머니다. 하나님이 기뻐하시는 여성인 그녀는 하나님 존전으로 들어가 사랑하는 자녀를 위해 기도하기 위한 준비로, 먼저 자신의 삶에 있는 죄부터 다룬다. 그리고 하나님과 동행하는 삶을 살고자 조심한다.

내가 어떻게 하나님과 동행하고 매일 기도하는 삶을 살기 시작했는지 말하겠다. 그리스도인 엄마인 나 역시 자녀들이 구주의 사랑을 받아들이기를 간절히 소원했다. 나의 가장 큰 꿈은 두 딸이 그리스도인이 되는 것이었다. 그러나 그것은 오직 하나님만이 하실 수 있는 일이었다. 그래서 나는 이 간절한 소원을 가지고 하나님께 갔다.

매일 아침 나는, 두 딸이 예수님을 받아들이게 해 달라고 기도했다. 또 "내가 내 마음에 죄악을 품으면 주께서 듣지 아니하시리라"시 66:18는 말씀을 알고 있던 나는 내 죄와 결점들로 인해 나의 기도를 "듣지 않으시게 되는 일"이 없기를 간절히 바랐다. 두 딸의 구원에 방해가 되는 죄라면, 설사 죄가 순간적으로 어떤 쾌락을 갖다 준다 해도 내게는 아무 가치가 없었다. 나는 두 영혼을 원했다. 두 딸의 영원한 운명이 내게 달려 있었다.

이것이 "서원대로 얻은 아들"이라고 말할 때 가졌던 마음 자세다. 이것이 우리가 자녀들에 대해 가져야 할 마음 자세다. 우리는 경건한 삶을 살아야 한다. 우리의 경건한 삶에는 한 영혼-우리 자녀 한 영혼 한 영혼-

이 관계되어 있기 때문이다. 자녀들을 위해 효과적으로 기도할 수 있기 위해 거룩한 삶을 살려고 노력해야 한다.

두 딸을 위해 원한 것이 또 있는데, 그것은 그들이 그리스도인과 결혼하는 것이었다. 그 역시 내 권한 밖의 일이었다. 그래서 또 간절히 기도했다. 그것은 잘한 일이었다. 하나님과 동행하고자 열심히 애쓰는 어머니, 두 딸이 하나님을 알고 하나님을 따르며 그리스도인과 결혼하는 축복을 누리도록 위해서 열심히 기도하는 어머니가 되는 것이 바로 나의 역할이기 때문이다.

그렇다고 해서 두 딸을 위해 매일 기도했다는 것은 아니다. 그들이 영적으로 성장하기를 바라는 간절한 소원을 매일 마음에 품고 있었다는 것이다. 나는 매일 매순간 마음속에 두 딸을 품고 다녔다. 그리고 지금은 두 딸과 함께 사위들 그리고 미래의 손주들을 마음에 품고 다닌다.

또 나는 하루도 죄를 짓지 않고 산 적이 없다. 그러나 두 딸이 하나님과 동행하기를 간절히 바라는 소원 때문에 죄를 짓지 않고자 열심히 노력했으며 지금도 여전히 노력하고 있다. 나 자신이나 이 세상 기준이 아닌 하나님 기준에 따라 의로운 삶을 살고자 애썼으며 지금도 애쓰고 있다.

이 모든 노력들 때문에 나는 우리 자녀들을 위해 기도할 준비가 되었다. 자녀들을 하나님의 말씀과 그의 길로 훈련시키는 것 외에 그들을 위해 기도해 주는 것이야말로 당신과 내가 할 수 있는 전부다.

그렇지만 어떻게

어떻게 하면 자녀들에 대한 사랑과 자녀들을 위해 기도하는 일에 좀더 잘 헌신할 수 있을까? 어떻게 하면 우리 아들딸들을 위해 기도하라는 명령에 잘 복종할 수 있을까? 다음은 몇 가지 도움이 될 만한 지침들이다.

경건하게 살며 기도하는 어머니와 할머니들에게 배우라

본이 되는 삶을 사는 사람들을 볼 때, 용기를 얻게 되며 동시에 그들을 당신의 모델로 삼을 수 있다.

- 빌리 그레이엄의 어머니는 그가 회심한 직후 매일 그를 위한 기도 시간을 갖고, 빌리의 소명을 위해 기도했다고 한다. 빌리가 설교자, 복음전도자로서 크게 쓰임받기까지 하루도 빠지지 않고 7년간 그 기도를 계속했다고 한다. 당시 그의 어머니는 디모데후서 2:15에 근거해 빌리가 하나님께서 인정하시는 설교를 할 수 있게 해 달라고 기도했다고 한다.[4]

- 하워드 헨드릭스의 부인, 진 헨드릭스는 자기 자녀 중 한 아들을 위해 집중적으로 기도했다고 한다. 그 아들은 사춘기 후반부에 "기억 상실"기를 거쳤는데, 당시 그는 시무룩하고 침울하며 아무 말도 못하고 무슨 질문을 하면 겨우 한 음절로 대꾸했다고 한다. 진은 "그때가 내 인생에서 가장 충격적인 기간 중 하나였다."고 했다.[5] 헨드릭스 여사는 간증 가운데, 이런 상태가 계속된 반년 동안 점심 식사를 하지 않기로 하나님과 약속했다고 한다. 매일 점심을 금식하며 하나님께서 그 문제를 해결해 주실 때까지 아들을 위해 1시간씩 기도했다고 한다.

- 제임스 돕슨 박사 부부는 일주일에 하루씩 자녀들을 위해 금식하며 기도한다고 한다.

- 시카고의 무디기념교회 목사였던 해리 아이언사이드 목사 어머니는 아들의 구원을 위해 기도하는 일을 결코 쉬지 않았다. 해리 목사는 어머니가 자신을 위해 하나님께 간구한 기도 내용을 평생 기억했다. "아버지, 이 아들이 어릴 때 일찍 구원해 주십시오. 이 아들이 주님을 위해

---

[4] Stanley High, *Billy Graham* (New York: McGraw Hill, 1956), p. 71.
[5] Linda Raney Wright, *Raising Children* (Wheaton, IL: Tyndale House Publishers, Inc., 1975), p. 50.

사는 것 외의 다른 어떤 것도 소원하지 않도록 지켜 주십시오……아버지, 이 아들이 예수님을 위해 얻어맞고 수갑차고 창피당하는 것뿐 아니라 그 외의 어떤 것도 감수할 수 있게 해주시옵소서."6)

- "월드 비전"의 창립자 밥 피어스의 딸은 자기 조부모에 대해 이렇게 말하고 있다. "외할머니가 소천하신 후 2년 만에 하나님은 친할아버지와 할머니도 데려가셨다. 이 세 분은 모두 부모님을 위해 기도해 주신 기도의 용사들이셨다. 수없이 많은 위기를 기도로 물리쳐 주시고 부모님이 하는 사역을 지지해 주시고 끊임없는 기도로 부모님을 보호해 주셨다. 그 기도들이 멈추자 지옥의 세력이 모두 풀려 나온 것을 금세 느낄 수 있었다."7)

당신은 금주에 이 중 어떤 본보기를 따라 기도할 것인가?

자녀들에 대한 하나님의 비전이 무엇인지 여쭤 보라

성경의 경건한 어머니들과 그 자녀들이 성취한 것을 읽을 때, 당신 자녀들을 향한 하나님의 비전이 무엇인지 알게 될 것이다.

하나님께서 택하신 한나의 아들 사무엘은 아주 어릴 때부터 여호와를 위해 사역하기 시작했으며 성장한 후에는 이스라엘의 선지자요 제사장으로 하나님의 백성을 인도했다삼상 3:1. 엘리사벳눅 1:60은 어린 아들 마음속에 하나님에 대한 사랑을 심어 주었다. 그 아들이 자라 주 예수님의 길을 예비하는 세례 요한이 되어 이스라엘 백성의 열정을 불붙였다눅 3:4. 또 하나님께 은혜를 입은눅 1:30 마리아는 하나님의 아들, 우리 주 예수 그리스도를 자기

---

6) E. Schuyler English, *Ordained of the Lord* (Neptune, NJ: Loizeaux Brothers, 1976), p. 35.
7) Marilee Pierce Dunker, *Man of Vision: Woman of Prayer* (Nashville:Thomas Nelson Publishers, 1980), p. 166.

자녀로 사랑하고 가르치며 훈련시키는 여인으로 택함받은 복 많은 여인이다. 이 마리아의 이야기를 읽을 때면 항상 가슴이 뭉클해진다.

경건 훈련에 대한 열정

자녀들의 구원과 그들의 배우자를 위한 기도는 정말 중요하다. 그러나 기도해 주는 것에서 그쳐서는 안 된다. 자녀들에게 헌신된 삶을 본보기로 보여 주어야 하며 여호와의 길을 따르도록 훈련시켜야 한다. 많은 여자들이 처음 시작은 아주 잘한다. 즉 결혼해서 하나님께 아기를 구하고, 아기를 받으면 교회 의식에 따라 그 아기를 하나님께 바친다. 문제는 바로 그 아기 때문에 교회를 빠진다는 것이다.

하루는 우리 교회의 젊은 엄마 낸시에게서 전화가 왔는데, 바로 이런 전형적인 문제를 의논하기 위해서였다. 그녀는 주일이면 온 가족이 함께 교회에 와서 하나님께 예배드려야 한다는 사실을 알고 있었다. 그런데 아들을 교회 영아부실에 맡길 때마다 감기에 걸려 어찌해야 할지 모르겠다는 것이다.

그 문제로 이야기하는 동안 그녀가 한 가지 묘안을 냈다. 예배 시간에 아기를 데리고 들어가 뒷자리에 앉아 예배드리다가, 아기가 칭얼대면 방송을 통해 설교를 듣는 휴게실에서 예배드리고, 만일 거기서도 칭얼대면 유모차에 태워 교회 테라스를 거닐겠다고 했다. 묘안을 발견한 낸시는 온 가족이 다시 교회에 갈 수 있게 되었다며 안도의 숨을 쉬었다.

내가 말하려는 것은 교회 출석에 관한 규칙이 아니다. 그보다 예배에 충실히 참석하는 것이 자녀의 삶에 중요한 습관을 심어 줄 뿐 아니라, 그들 마음속에 다른 어떤 것으로도 줄 수 없는 그 무엇을 심어 준다는 사실을 말하고자 한다. 자녀를 출생 때부터 교회에 데려가겠다는 결심은 자녀에게 상호 돕는 한몸으로의 예배와 교제의 중요성에 대해 말해 준다히 10:25. 이 결심은 말할 수 없이 큰 수확을 거둘텐데, 그 첫 수확은 당신 자녀들이 주일에는 으레 교회에 가는 줄 알게 될 것이라는 점이다.

어린 (그리고 큰) 자녀들을 교회에 데리고 가야 할 또 다른 이유는 주일학교 때문이다. 주일학교 교사들은 하나님의 진리를 신실하게 가르칠 뿐 아니라, 가정에서 자녀들에게 가르치고 행하는 것을 지원해 주는 셈이다. 그들은 당신이 가정에서 자녀에게 가르치는 것을 강화시켜 준다. 주일학교는 하나님에 대한 당신의 헌신이 진짜인지 아닌지 보여 주는 방법이기도 하다.

그러나 그것이 쉽지 않음을 안다. 대부분의 가정에서 주일 아침 온 가족을 교회로 데려가는 것이 엄마 혹은 아내 손에 달렸다. 어떻게 온 가족이 좀더 즐거운 마음으로 교회에 가게 할 수 있을까?

일주일 내내 기대감에 부풀어 교회에 대해 말하라. 주일을 몹시 고대하고 있음을 자녀들이 알게 하라. 주일을 위해 토요일부터 준비하라. 교회에 입고 갈 옷을 미리 꺼내 놓고, 토요일 밤에 아이들 목욕도 다 시켜 놓으라. 주일 아침과 점심에 먹을 식사도 준비하고, 한 가지 아주 중요한 것은 토요일에 일찍 자면 주일 아침에 소동을 덜 피운다는 것이다.

자녀를 훈련시키는 또 다른 방법은 그들을 자주 교회에 데리고 가서 하나님의 백성과 많이 접하고 함께 참여시키는 것이다. 주일 아침예배와 주일학교 참석은 물론, 주일 저녁예배도 빼먹지 말고 참석하라. 하나님을 알고 섬기는 일을 훈련시키기 원한다면 모든 예배에 참석하게 하는 것이 아주 중요하다.

한번의 기회는 별것이 아닐 수도 있다. 그러나 이것을 모두 합쳐 보라. 평생 동안 이처럼 자주, 정기적으로 하나님 말씀 및 그 백성들과 접한다면, 그것은 곧 우리의 우선 순위가 무엇인지 우리가 누구를 섬기는지 말해 준다. 주일 아침예배만 참석지 말고, 더 자주 자녀들을 교회에 데려가라. 자녀를 경건하게 기르는 데 반드시 필요한 부분이다.

우리 부부는 두 딸이 성장할 때에 그들의 우선 순위, 즉 가정이 첫째요, 교회가 둘째요, 학교가 셋째라는 사실을 끊임없이 상기시켜 주었다. 그래서 학교에 무슨 행사가 있을 때마다 두 딸에게 이렇게 말했다.

"아주 재미있을 것 같으니 가도 좋아. 그렇지만 만일 온 가족이 해야 할 특별한 일이 생기거나 교회 행사가 학교 행사와 겹치면 가족 행사나 교회 행사에 가야 한다." 물론 남편과 나는 두 딸에게 학교 친구들도 교회 행사에 데려오라고 권했다. 그러나 우리는 가족 행사에 "좋은 것, 더 좋은 것, 가장 좋은 것" 원리를 적용시켜 두 딸을 교회에 데려감으로 가족을 첫 번째 우선 순위에 두었다.

하지만 두 딸을 교회에 데려가려면 교회까지 태워다 주어야만 했다. 대부분의 엄마들이 자녀를 학교나 체육관, 수영장이나 친구들 집까지 태워다 준다. 그런데 나는 그 모든 것 외에 교회로, 청소년 행사장으로, 다른 교인들 가정으로 두 딸을 태워다 주었다. 정말 힘든 일이었다.

금요일 밤이면 남편과 나는 두 딸을 교회 저녁 행사가 있는 스케이트장에 태워다 주고 집으로 돌아와 그 애들을 집에 데려올 시간에 자명종을 맞춰 놓고 잠자리에 든 적이 참 많다. 또 교회에서 밤새 하는 청소년 행사가 있을 경우, 그 행사가 끝나는 이튿날 아침 7시에 애들을 데려오기 위해 6시 30분에 자명종을 맞춰 놓고 잤다. 이런 것은 정말 희생을 요하는 일이다. 우리에게는 두 딸이 그냥 집에 있는 것이 훨씬 더 수월했다. 그러나 애들이 이런 행사에 참석함으로 얻게 될 결과를 생각하면 이런 불편 정도는 얼마든지 참을 수 있었다.

하나님이 기뻐하시는 여성이 되기 위하여

이 땅에 사는 동안 자녀를 위한 우리의 기도가 이룬 모든 결과를 다 알 수는 없다. 진실로 의로운 어머니의 간절하고 효과적인 기도는 역사하는 힘이 크다약 5:16.

우리 자녀들 마음속 역사는 하나님께서 하실 일이다. 그러나 하나님의 기준을 우리의 기준으로 삼고 그대로 사는 것은 우리가 해야 할 부분이다. 혹시 자신의 삶에서 하나님의 기준에 맞지 않는 부분이 있는지 찾아보라. 그것이 바로 이 책이 말하려는 것이다. 즉 하나님이 기뻐하시는 여성이 되는 것이다.

성경은 자기 자신을 살피라고 말씀한다. 당신의 마음이나 자녀 양육에서 나타나는 약한 부분을 강화시키는 일은 지금 시작해도 늦지 않다. 그것은 바로 당신과 함께, 하나님 마음에 합한 당신 마음과 함께 시작된다.

그뿐이 아니다. 자녀들이 하나님을 알고 사랑하며 섬기도록 훈련시킬 때, 하나님께서 친히 당신의 파트너가 되어 주신다. 하나님은 기꺼이 그렇게 해주실 뿐 아니라 또한 그렇게 해주실 능력이 있으시다.

자·녀·와·의·관·계·에·서

CHAPTER **11**

모성애가 넘치는 마음 (1)

젊은 여자들을 교훈하되……자녀를 사랑하며
디도서 2:4

그리스도인 엄마에 대한 하나님의 가르침을 살펴본 즉시 우리 가정에서 그것을 실천하기 시작했다. 우리 가정이 서서히 질서가 잡혀 가며 불순종이 순종으로 바뀌어 갔다. 매일 정한 스케줄에 따라 살자 가정 체계도 잡혀 가기 시작했다. 하지만 당시의 나는 자상한 엄마라기보다 강압적인 훈련 장교와 경찰관을 모아 놓은 사람 같았다. 그래서 '이것이 과연 경건한 어머니의 모습일까?' 하는 의구심이 들기 시작했다.

그런데 성경을 읽어 가며 자녀 양육에 관한 구절들을 열심히 찾고 있을 때, 하나님께서 그 해답을 디도서 2:4에서 보여 주셨다. 그 구절에는 "엄마는 자녀를 사랑하게" 되어 있다. 표면적으로는 새로운 것 같지 않지만, 나는 다시 그 말씀의 뜻을 조사해 보았다. 이 구절은 엄마들이 자상해야 하며 자녀를 사랑으로 다루어야 한다는 뜻이었다. 간단히 말해 엄마는 자녀를 사랑하는 자여야 한다는 뜻이다.[1]

---

1) Marvin R. Vincent, *Word Studies in the New Testament*, Vol. IV (Grand Rapids, MI: Wm. B. Eerdmans, Publishing Co., 1973), p. 341.

내가 엄한 훈련 교관 같은 엄마에서 모성애가 넘치는 자애로운 엄마로 변화되는 데 도움을 준 깨달음이 또 하나 있다. 앞에서 남편 사랑에 대해 배울 때 살펴본 것처럼, 헬라어에는 사랑이 여러 단어로 표현되는데 그 하나가 아가페다. 이것은 하나님께서 자녀인 우리를 향해 가지신 사랑이다. 즉 하나님은 우리 죄에도 불구하고 우리를 사랑하시며, 무조건적으로 우리를 사랑하시고, 어떤 것에도 상관없이 우리를 사랑하신다. 우리 엄마들 역시 자녀에게 이런 경건한 사랑을 베풀어야 한다.

하지만 디도서 2:4에서 모성애를 표현하는 단어는 아가페가 아니라 필레오이다. 필레오는 애정어린 사랑, 상대방을 소중히 여기는 사랑이다. 이것은 친구 같은 사랑이요, 자녀를 즐거워하고 좋아하는 사랑이다.

하나님은 부모에게 성경의 교훈과 가르침에 근거해 가정을 세우라고 하셨다. 부모가 자녀를 사랑할 뿐 아니라 좋아할 때, 그 가정은 사랑 안에서 진리가 시행되는 가정이 될 것이다. 그때에 비로소 자녀의 마음이 그 가정에 머물 것이다.

내가 자녀를 즐거워하라는 하나님의 소명을 발견했을 때, 우리 집안 분위기가 확실히 변하기 시작했다. 물론 기도와 훈련이 계속되었지만, 그와 함께 파티가 시작되었다.

내가 하나님 말씀에 순종하자 하나님께서 나를 변화시켜 주셨다. 하나님의 원리와 교훈에 전심으로 순종하자, 나는 우리 두 딸을 소중히 여기기 시작했다. 딸을 훈련시키는 것이 더 이상 의무로 느껴지지 않았다. 오히려 그 애들이 내가 함께 있고 싶은 사람, 함께 즐기며 함께 놀고 싶은 사람, 하나님께서 남편 다음으로 소중히 생각하기 원하시는 사람처럼 느껴졌다.

어떻게 하면 모성애 넘치는 사랑을 보여 줄 수 있을까? 다음에 모성애의 10가지 표지라고 할 수 있는 것을 생각해 보았다. 나는 이것들을 실천하기 위해 노력하고 있다.

1. 기도하는 마음

자녀에게 줄 수 있는 가장 큰 사랑의 선물은 그들을 위해 기도하는 것이다. 초신자일 때 다음과 같은 저자 미상의 글을 읽었는데, 수십 년이 지난 오늘까지 이 글에 담긴 메시지를 되새기고 있다.

어떤 이들은 왕족을 그 조상으로
어떤 이들은 명예 작위 수여자를 그 조상으로 갖고 있지만
내게는 그런 조상이 하나도 없다
그러나
나는 기도하는 어머니를 갖고 있다
내게는 나를 위해 기도하는 어머니가 계시다
어머니는 나를 위해 매일 여호와께 간구하신다
이처럼 나를 위해 기도하는 어머니가 계시다는 것
이것이 내게 얼마나 큰 축복인지!

어떤 이들은 세상적으로 출세하여
벌어 모은 재산을 믿는다
그러나 나의 가장 큰 재산은
나를 위해 매일 기도하시는 어머니다

물론 어머니의 기도로 내가 구원받는 것은 아니다
내가 기도할 때 비로소 구원받을 수 있다
그러나 어머니는 나를 구원하실 수 있는 그분에게
결코 실패하실 수 없는 그분에게 나를 소개해 주셨다
그렇다
내게는 나를 위해 기도하시는 어머니가 있다
어머니는 나를 위해 매일 여호와께 간구하신다
이처럼 나를 위해 기도하는 어머니가 계시다는 것

이것이 내게 얼마나 큰 축복인지!

자녀를 위한 기도로 하루를 시작할 때, 그 기도는 자녀에게 수없이 많은 방법으로 유익을 끼치게 될 것이다. 그 기도로 인해 당신은 자녀들을 더욱더 깊이 사랑하게 될 것이다.

2. 필요를 채워 주는 마음

모성애 넘치는 마음은 귀하고 소중한 가족들을 위해 생활에 필요한 것들 — 영양가 많은 식사, 깨끗한 의복, 안전한 가정 — 을 자상하게 헤아려 공급해 준다. 스케줄에 따라 가정이 돌아가게 하고, 식사 때마다 요리하고, 늘 빨래하는 일이 그렇게 신나는 일은 아니지만, 모성애 넘치는 엄마는 이 일을 해낸다.

모성애는 엄마로 하여금 자신을 잊어버리고 가족을 사랑하게 만든다. 그래서 가족이 필요로 하는 것들을 돌보게 한다. 그런 것들을 정기적으로 보살피지 않는다면, 그것은 곧 태만이다(미국법에 의하면 태만은 자녀의 신체적……필요들을 고의적으로 채워 주지 않는 것이다[2]).

자녀들이 왜 그처럼 말썽을 부리고 말대꾸를 하며 투덜대는지, 왜 훈련을 시켜도 변화되지 않는지, 많은 부모는 의아하게 생각한다. 어쩌면 그것은 엄마가 기본적인 것, 즉 시간에 맞춰 영양가 많은 식사를 제공해 주고, 몸을 깨끗이 씻겨 주며, 깨끗한 의복에 적당한 휴식과 수면을 제공해 주지 않기 때문일지도 모른다.

---

[2] Dwight Spotts, "What Is Child Abuse?", *Parents & Teenagers*, Jay Kesler, ed. (Wheaton, IL: Victor Books, 1984), p. 426.

3. 행복한 마음

우리가 늘 행복할 때, 그래서 우리 자녀와 남편이 늘 행복하다고 믿게 될 때, 우리의 가정 생활과 가족 관계는 천국 생활로 변화될 것이다. 아침에 자명종이 울려 깨어났을 때, 자녀들을 데리러 학교에 갔을 때, 자녀가 방과 후 집에 돌아올 때, 그들로 하여금 늘 행복한 사람이라는 사실을 알게 해주라. 나는 "잉태하지 못하던 여자로 집에 거하게 하사 자녀의 즐거운 어미가 되게 하시는도다"라는 시편 113:9 말씀을 읽고 줄을 그으며 행복한 습관을 들이기로 결심했다.3)

그래서 기도하기 시작했다. 정말 많이 기도했다. 어린 두 딸이 깨어나는 소리, 자기네 방으로 각자 걸어가는 소리를 들을 때 기도했다. 그리고 나중에 그 애들이 자라 학교에 다닐 때는, 방과 후 애들을 데리러 갈 때 기도했다. 나는 애들이 내가 기뻐하는 모습—온종일 학교에 있던 두 딸을 만나 그들과 함께하는 것이 내게 얼마나 기쁜 일인지—을 보기 원했다(엘리자베스 엘리어트는 어느 세미나에서 "당신의 태도 여하에 따라 가정 분위기가 달라진다."고 했는데, 나는 그것을 명심했다).

또 어떤 아들이 자기 아버지에 관해 다음과 같이 쓴 글을 읽고, 나는 "환한 표정"을 짓기로 결심했다.

아버지에게는 마치 자석처럼 나를 끌어당기는 것이 있었다. 그래서 수업이 끝나면 친구들을 따라 다른 데로 가지 않고 거의 언제나 아버지의 철물점으로 달려가곤 했다. 대체 아버지의 무엇이 나를 그토록 강하게 끌어당겼을까? 내가 좋아하는 다른 것들을 다 제쳐두고 아버지한테 그처럼 달

---

3) Curtis Vaughan, ed., *The Old Testament Books of Poetry from 26 Translations* (Grand Rapids, MI: Zondervan Bible Publishers, 1973), p. 399.

려간 이유가 무엇일까? 그것은 아버지가 나를 몹시 반겨 주었기 때문이다. 내가 아버지 철물점에 발을 들여놓으면, 즉시 아버지의 표정이 환해지는 것을 볼 수 있었다. 두 눈을 반짝이며 얼굴에 미소가 퍼진다. 얼굴 표정을 보면 나는 즉시 아버지가 나를 보고 얼마나 기뻐하시는지 알 수 있었다. 아버지의 표정은 곧 "여보시오들, 여기 우리 아들이 왔으니 좀 보시오"라고 광고라도 할 것처럼 보였다. 나는 그 반김이 좋았다. 그 당시에는 그것을 깨닫지 못했지만, 아버지의 반기는 몸짓과 표정이 바로 나로 하여금 그토록 강력하게 아버지에게로 끌리게 만든 자석이었다.

우리 대화의 93%는 말을 사용하지 않는 몸짓 또는 표정들로 이루어진다. ……따라서 당신 자녀를 볼 때마다 기쁨으로 "환해지는" 습관을 기르라. 기쁜 목소리로 말하고 환한 표정으로 대하라. 그런 환한 빛은 당신 마음속으로 자녀가 얼마나 소중한지 깨달을 때 나온다.[4] 엄마인 당신과 나는 자녀의 삶에 가장 중요한 영향을 미치는 사람이다. 그들을 볼 때 "기쁘고 환해질" 특권과 우리 마음에 있는 행복을 전해 줄 특권을 갖는다. 그리고 그 행복한 마음은 놀랄 만큼 빠른 속도로 전염된다.

4. 주는 마음

성경은 주기를 잘하라고 가르치는 구절로 가득 차 있다. 이미 여러 차례 목격했듯이 바로 그것이 구주의 생활양식이기도 했다.

인자의 온 것은 섬김을 받으려 함이 아니라 도리어 섬기려 하고 자기 목숨을 많은 사람의 대속물로 주려 함이니라 막 10:45.

---

[4] Gary Smalley, *For Better or for Best* (Grand Rapids, MI: Zondervan Publishing House, 1988), p. 95.

따라서 주는 엄마, 섬기는 엄마가 되는 데 도움이 될 원리 몇 가지를 적어 보겠다.

주는 것이 바로 당신의 본분이니 주라

하나님은 주는 분이시다. 따라서 하나님이 기뻐하시는 여성 역시 주는 여인이어야 한다. 우리는 그리스도인으로서 주게 되어 있다. 또한 아내로서 주게 되어 있다. 어머니로서 또는 독신으로서 우리는 주게 되어 있다. 주는 것이 우리가 해야 할 역할이요, 하나님의 자녀로서 우리가 하나님께 받은 임무이다. 미소를 주고, 명랑한 인사를 주고, 포옹을 주며, 칭찬을 주고, 격려와 찬사와 음식과 시간과 듣는 귀를 주고, 자동차를 태워 주며 등등 우리가 주어야 할 것은 끝없이 많다.

에디스 쉐퍼가 『가정이란 무엇인가?』라는 책 매장에서 지적하듯이,5) 누군가 가족의 추억거리를 만들어 내고 가정을 하나의 예술 작품으로 만들어 내는 놀라운 과업을 수행해야 한다. 누군가 가정을 따스한 둥지로 만들어 그 둥지 안을 아름답게 장식해야 한다. 누군가 가족을 위해 기도할 뿐 아니라 가족이 즐겁고 놀라게 해줄 일들을 계획해야 한다.

누군가 그 가정을 위해 싸울 만한 가치가 있는 것으로 보아야 한다. 그것을 자신의 일이요 경력으로 생각해야 한다. 자녀들을 경건하게 훈련시키는 힘든 일을 가치 있는 것으로 보아야 하며, 한 가정을 돌아가게 하는 데 필요한 그 가혹한 임무를 가치 있는 것으로 보아야 한다. 그녀는 가정에 대해 이런 내용으로 계속해 쓰고 있다. 그러면서 독자에게 이 "누군가"는 바로 아내요 어머니요 가정주부라는 사실을 보여 주고 있다. 그리고 이처럼 어머니는 주는 자의 삶을 기꺼이 받아들여야 한다는 사실을 보여

---

5) Edith Schaeffer, *What Is a Family?* (Old Tappan, NJ: Fleming H. Revell Company, 1975).

주고 있다. 그것이 바로 엄마로서 우리가 해야 할 일이다.

관대히 주라

심고 거두는 것에 관한 신약의 두 구절을 대명사만 바꾸어 보았으니 주의 깊게 읽어 보라.

이것이 곧 적게 심는 자여는 적게 거두고 많이 심는 자여는 많이 거둔다 하는 말이로다 고후 9:6.

사람어머니이 무엇으로 심든지 그대로 거두리라 갈 6:7.

심고 거두는 원리를 볼 때, 나는 매일 자녀에게 붓는 것 인내의 씨앗 또는 참지 못함의 씨앗, 신앙의 씨앗 또는 불신앙의 씨앗, 친절의 씨앗 또는 이기심의 씨앗 이 결국은 여러 해 후에 내가 거두게 될 수확일지도 모른다는 사실을 알게 되었다.

아무 보상도 바라지 말고 주라

심고 거두는 원리를 고려할 때조차 엄마로서의 꿍꿍이 속이나 이기적인 동기 없이 거저 주어야 한다는 사실을 기억해야 한다. 우리가 자녀를 섬기는 이유는 하나님께서 그들을 섬기라고 하셨기 때문이다. 따라서 남편에게 아무것도 바라지 않고 주듯, 자녀에게도 아무것도 바라지 말고 주어야 한다 눅 6:35.

엄마로서 자녀를 사랑하는 이유는 치하나 감사받기 위해서가 아니다. 또 사랑을 알아주거나 되돌려 달라기 위해서도 아니다. 다만 하나님께서 원하시니까 사랑하는 것이다. 자녀를 사랑해야 한다는 하나님의 분명한 명령 앞에는 어떤 선택도, 조건도, 예외도 없다 딛 2:4. 무조건 사랑해야 한다.

5. 즐거운 마음

가정은 온 가족이 정말 즐겁게 살 수 있는 곳이 되어야 한다. 나는 가정을 그런 곳으로 만들기 위해 유머 감각을 익혀 활용하기 시작했다. 우선 미소 짓고 웃는 법을 배웠다. 그것도 아주 많이. 나는 매주 도서실에 가서 웃기는 수수께끼 책들을 빌려 왔는데, 두 딸은 내가 그 책을 읽어 줄 때마다 방바닥을 대굴대굴 구르며 웃었다.

무엇보다도 나는 "사랑한다"는 말을 수시로 사용하기 시작했다. 특히 생활의 모든 면에서 좋은 것을 지적하기 위해 그 말을 사용했다. 즉 "나는 토요일을 좋아한다. ……주일을……교회에 가는 수요일 밤을……저녁 식사 함께하는 것을……가정 예배 시간을……너희와(또는 당신과) 함께 기도하는 것을……너희들(또는 당신)을 위해 기도하는 것을……(또는 당신)과 산책하는 것을……함께 앉아 음악 듣는 것을 좋아한다. 나는 모든 것을 사랑하는데 특히 당신을(너를) 사랑한다."고 말했다. 실은 지금도 두 딸에게 (물론 남편에게도) 그들을 볼 때마다, 잘 가라고 배웅할 때나, 전화에 대고 말할 때마다 "사랑한다."고 말한다.

행복한 가정을 이루려면 식사 시간을 재미있는 시간으로 만들라. 식사 시간이 재미없었던 한 어린 독자가 신문의 상담란에 다음과 같은 글을 보냈다.

상담 선생님께

식탁은 괴로움과 문제점을 나누는 장소인가요? 저는 열두 살인데요, 매일 저녁마다 식탁에서 오가는 대화 때문에 너무 짜증이 나서 저녁을 제대로 먹지 못하겠어요. 물론 저희 부모님은 그런 것들을 말씀하셔야겠지요. ……그렇지만 그것을 꼭 식탁에서 말해야만 할까요?……저희 형제들은 부모님께 식탁에서 기분 좋은 이야기들을 나눔으로 즐거운 식사를 할 수 있게 해 달라고 부탁하려 합니다.

이에 대해 상담자는 다음과 같이 지혜롭게 조언해 주었다.

짜증난 _____ 에게
이 편지가 너희 부모님께 식사 시간은 즐거운 시간이 되어야 한다는 사실을 상기시켜 주기 바란다. 너를 짜증나게 만드는 부모님 대화에 주의를 집중하지 말고 네가 먹고 있는 음식에 주의를 집중하렴![6]

주님을 3번이나 부인했던 베드로에게 언제 말씀하셨는지 보라. 우리는 한 가지 교훈을 배울 수 있는데, 그것은 주께서 식사 전이나 식사 중에 말씀하시는 대신 식사가 다 끝날 때까지 기다리셨다는 점이다. 이처럼 주님은 베드로와 함께 식사하실 때, 그 시간을 유쾌한 교제 시간이요 육체적으로 새 힘을 얻는 시간이 되게 하셨다요 21:15. 우리도 가정에서 식사 시간을 이런 시간으로 만들고 있는가?

하나님이 기뻐하시는 여성이 되기 위하여

모성애의 표지 5가지를 훑어보았다. 자녀들과의 관계에 대한 또 그들에게 사랑을 아낌없이 부어 주는 방법에 대한 하나님의 계획이 무엇인지 이해하겠는가? 하나님은 엄마들이 자녀를 위해 기도하고 필요를 채워 주며 함께 놀아 주기 원하신다. 여기서 잠깐 멈춰 기도드리자.
자녀를 더욱 사랑하는 마음, 자녀를 위해 기도하고 보살피는 사랑, 가르치고 훈련시키는 사랑, 함께 웃고 놀아 주는 사랑을 달라고 하나님께 구하라.

---

6) Abigail Van Buren, "Dear Abby," *Los Angeles Times*, date unknown.

자·녀·와·의·관·계·에·서

CHAPTER 12

모성애가 넘치는 마음 (2)

젊은 여자들을 교훈하되……자녀를 사랑하며
디도서 2:4

하나님은 우리가 그분의 명령을 행할 때, 말씀을 통해 그의 능력과 은혜로 우리에게 필요한 모든 것을 공급해 주신다. 이 사실을 명심하지 않는다면, 엄마의 임무가 도저히 감당할 수 없는 일처럼 들릴 수 있다. 하나님께서 주신 자녀를 보살피는 것, 자녀를 하나님을 위해 양육하는 것, 이것이 얼마나 큰 특권인지! 모성애의 10가지 표지 중 나머지를 살펴보자.

6. 자원해서 기쁘게 행하는 마음

하나님의 말씀에서 배운 또 다른 원리는 "십 리"를 가주는 원리다. 주님은 "누구든지 너로 억지로 오 리를 가게 하거든 그 사람과 십 리를 동행하라"마 5:41고 가르치셨다. 이것을 적용해 보자. 우리는 엄마가 되어야 하며 엄마의 의무를 행해야 한다. 그것이 하나님께 받은 임무로 "오 리"를 가주는 것에 해당된다. 그렇다면 오 리뿐 아니라 십 리를 가줌으로 당신이 행하는 모든 것을 특별한 것으로 만들어 보지 않겠는가? 평범한 것을 기쁘고 즐거운 것으로 바꾸어 보지 않겠는가? 저녁 식사를 예로 들겠다.

우리는 저녁 식사를 준비해야 한다. 어차피 준비하는 저녁 식사, 그것을 특별한 시간으로 만들어 보자. 방법은 아주 간단하다. 양초를 켜고, 꽃 한 송이를 꽂은 다음, 계절에 맞는 장식과 식탁보와 식기를 바꿔 보라. 특별한 때 사용하는 식기를 사용할 수도 있다.

우리 두 딸은 내가 어느 가정에서 중고품을 팔 때 사 온 접시, 장미꽃과 금색 테가 둘린 식기를 몹시 좋아했다. 내 친구 주디는 "당신은 오늘의 특별 손님입니다"라는 글귀가 적힌 빨간색 접시를 구입했다. 그래서 가족 중 누군가 의기소침해 있거나 힘든 때를 지나는 것처럼 보일 때마다 그 사람 앞에만 그 "빨간 접시"를 놓아 준다고 했다.

특별한 곳에서 식사를 함으로 십 리를 가줄 수 있다. 여기서 말하는 특별한 곳은 레스토랑이 아니다. 집 테라스에서 식사하거나, 가족이 모두 야외로 나가서 식사하는 것도 좋을 것이다. 방바닥에 책상다리를 하고 식사하는 것도 좋을 것이다. 식사할 장소뿐 아니라 언제 무엇을 먹을지에 대해서도 독창적인 아이디어를 내보라. 조금만 노력하면, 십 리를 가줄 수 있고 그로 인해 재미있고 즐거운 시간을 가질 수 있다.

주일을 일주일 중 가장 특별한 날로 만들 수 있다. 루스 그레이엄 여사는 "주일을 일주일 중 가장 좋은 날로 만들었다. 주일이면 항상 온 가족이 무엇을 함께하거나, 오후에 함께 나가거나, 아니면 자녀들을 위한 특별 행사가 있었다. ……그날은 주일이다. 즐겁고 감사해야 할 날이다."[1] 이처럼 주일에 십 리를 가줌으로 그리스도인이 된 것을 기뻐할 수 있기 위해 해야 할 것이 있다면 무엇이든 하라.

---

[1] Julie Nixon Eisenhower, *Special People* (New York: Ballantine Books, 1977), p. 69.

식구 중 누가 아프면 작은 상에 양초와 꽃으로 장식한 후 특별 접시에 음식을 차려 주라. 그리고 침대 옆에 벨 장치를 하여 필요할 때는 언제든지 부를 수 있게 하라. 이처럼 일상의 평범한 임무오 리를 억지로 가게 하는 것가 자원해서 십 리를 가줄 수 있는 아주 훌륭한 기회들이다.

7. 특별 대우하는 마음

디도서 2:4은 다른 어떤 인간 관계 및 책임보다 남편과 자녀를 중시해야 한다고 가르친다. 그런 이유 때문에 나는 모성애를 위한 지침으로 다음 원리를 발전시켰다. 즉 가족에게 먼저 주지 않고는 다른 사람에게 주지 말라는 것이다. 이런 원리를 생각하게 된 경위를 말해 보겠다.

어느 늦은 오후, 아기를 갓 출산한 어느 가정에 음식을 갖다 주기 위해 서두르고 있었다. 사실 교인의 도움을 필요로 하는 그 여인이 누구인지도 모르면서 나는 그녀를 위해 온종일 음식을 만들었다. 햄을 맛있게 굽고, 과일 젤리로 샐러드를 예쁘게 만들고, 밝은색 야채들을 한데 섞어 찌고, 특별 후식까지 만들었다. 그 집에 가기 위해 현관문을 나서는데, 두 딸이 그 음식을 누구에게 갖다 줄 거냐고 물었다. 나는 예쁘게 꾸민 요리 쟁반을 그 애들 키에 맞게 낮추어 보여 주며 이렇게 설명했다.

"우리가 지금 가는 집 아줌마는 아기를 낳고 방금 병원에서 돌아오셨어. 그래서 아줌마가 좀 쉴 수 있도록 그 가족을 위해 이렇게 요리를 만들어다 주는 거란다."

나는 내심 그리스도인의 주는 것에 대해 가르칠 좋은 기회라고 생각했다. 물론 아주 좋은 생각이었다. 그런데 두 딸이 "그럼, 우리는 뭐 먹을 거예요?"라고 묻는 것이었다. 그때 나는 마카로니 치즈하고 핫도그를 (또다시!) 먹을 것이라고 대답하면서, 내가 우선 순위를 잘못 두고 있다는 생각에 마음이 몹시 찔렸다. 즉 우리 가족보다 다른 사람을 더 높은 순위에 두었던 것이다. 내가 한번도 만난 적이 없는 사람에게 그 요리를 만들어다 주기 위해 십 리의 몇 배를 더 가주면서 남편과 자녀를 위해서는 쉽게 빨리 만들 음식 생각을 하고 있었던 것이다.

간단히 말해, 내게 가장 가까운 사람들에게 먼저 주지 않은 것을 다른 사람에게 주려 하고 있었다.

그때 이후, 나는 누군가에게 음식을 만들어 줄 때면 우리 가족에게도 똑같은 음식을 만들어 주었다.

가족에게 먼저 주지 않은 것을 다른 사람에게 주지 말라는 이 원리는 음식뿐 아니라 다른 것에도 적용된다. 예를 들어, 우리는 다른 사람 말은 잘 들어주면서 자녀 말은 잘 들어주지 않는다. 다른 사람과는 시간을 보내면서 자녀와는 시간을 보내지 않는다. 다른 사람에게는 미소와 기쁨을 나눠 주면서 자녀에게는 나눠 주지 않는다.

한 어머니의 질문을 들어 보라.

"당신은 친구와 말할 때의 어조와 가족과 말할 때의 어조 사이에 차이가 있다는 사실을 아십니까? 이처럼 비교적 낯선 사람에게는 최고의 것을 주면서 가족에게는 찌꺼기를 주기가 아주 쉽습니다."

그녀는 계속해서 이렇게 말했다.

"여덟 명의 자녀를 둔 한 젊은 엄마가 거실로 들어가니 아이들이 말다툼을 하고 있더랍니다. 그래서 그 엄마가 부드러운 목소리로 '얘들아, 성경에 우리는 서로 친절해야 한다는 말씀이 있지 않니?'라며 타일렀답니다. 그랬더니 아홉 살 난 첫째 아이가 무언가 생각하는 표정으로 거실을 휙 둘러보더니 이렇게 대답하더랍니다. '그렇지만 엄마, 이곳에는 가족 외에 아무도 없잖아요!'"[2]

---

[2] Linda Dillow, *Creative Counterpart* (Nashville: Thomas Nelson Publishers, 1977), p. 24.

8. 애정을 송두리째 주는 마음

"한 사람이 두 주인을 섬길 수 없다"마 6:24는 예수님의 말씀을 읽으면서 나는 자녀 양육에 관한 또 하나의 원리를 생각해냈다. 그것은 이중 예약을 삼가라는 것이다. 여기서 "이중 예약"은 자녀와 다른 사람에게 동시에 초점을 맞추려는 것을 말한다.

하루는 십대 딸과의 관계가 좋지 않았던 한 어머니를 전화로 상담하고 있었다. 그런데 이야기를 시작한 지 20분 정도 지났을 때, 갑자기 그 엄마가 "오, 너 왔니?"라고 말하는 것이었다. 그래서 나는 "누가 왔나 봐요?"라고 물었다. 그러자 그녀는 아무것도 아니라는 듯 "아, 우리 딸이에요. 상관 없으니 계속 말씀하세요."라고 말하는 것이었다. 그때가 오후 3시 30분이었다.

그 딸은 아침 7시에 학교에 갔다가 그때 돌아오는 것이니, 그 엄마는 자기 딸을 8시간 이상 못 본 셈이다. 그런데 엄마한테 받은 환영은 고작 "오, 너 왔니?"라는 말뿐이었다. 그 엄마는 자기 딸이 집에 돌아올 시간을 뻔히 알면서도 전화를 하고 있었던 것이다. 분명히 이중 예약에 해당되는 경우다. 그렇게 함으로써 그녀는 자기 딸과 내게 딸보다 내가 더 중요하다는 메시지를 전해 준 셈이다.

이번에는 나와 내 친구가 존경하는 한 여성에 대해 말해 보겠다. 우리가 전화를 했더니 그녀는 우리를 초청하여 근사한 점심을 대접해 주었다. 그때 식탁에서 내다보니 테라스에 또 하나의 식탁이 차려져 있었다. 그 식탁에는 린넨 접시 받침, 풀이 빳빳이 매겨진 린넨 냅킨, 음식을 담아 먹는 수정유리 접시 두 개, 유리로 된 물잔이 놓여 있었다. 그녀는 학교에서 돌아올 자신의 십대 딸을 위해 그렇게 아름답게 식탁을 차려 놓은 것이다. 이 자상하고 사려깊은 엄마는 그 외에도 후식을 두 개나 만들어 이미 냉장고에 넣어 놓았다. 그런데 딸을 위해 식탁 차려 놓는 이 일을 매일 한다는 것이다.

자신의 우선 순위를 잘 알고 있는 이 지혜로운 엄마는 2시 30분이 되자, 우리 둘에게 자리를 떠야 한다고 넌지시 비치기 시작했다. 더 특별한 사람이 집에 오고 있기 때문이었다. 그녀는 아주 정중한 어조로 "미안해요, 오늘은 여기서 끝내는 것이 좋겠어요. 15분 후면 딸이 집에 돌아오거든요. 그 시간은 우리 둘만의 특별한 시간이에요."라고 말했다. 그녀는 자기 딸과 함께하는 그 소중한 시간의 단 일초도 빼앗기지 않기 위해 아예 이중 예약을 하지 않았다.

그녀는 우리를 손님으로 초대해서 그처럼 후한 대접을 했다. 즉 우리에게 귀한 시간(친구와 내게는 정말 인생이 변화되는 시간이었다)을 선물로 주었다. 그러면서도 무엇이 우선 순위인지를 삶으로 실천해 보여 주었다.

그녀는 어디에 자신의 노력을 집중해야 할지 알았다. 그래서 나도 부지런히 집으로 돌아와 두 딸이 돌아오기 전에 서둘러 아름다운 식탁을 차려 놓았다.

9. 집에 있어 주는 마음

엄마가 집에 있어 준다는 것은 아주 중요하다. 방과 후, 저녁에, 밤에, 주말과 휴일에 우리가 집에 있어 준다는 것은 말할 수 없이 중요하다. 그 가치는 돈으로 환산할 수 없을 정도로 크다. 가족과 함께 식사하고 자녀들이 잠자리에 드는 것을 도와주고 책을 읽어 주고 함께 놀아 주고 잘 자라고 뽀뽀해 주는 것, 이것은 다른 친구들과 만나는 어떤 모임에도 비교할 수 없을 만큼 값진 것이다. 그 어느 것과도 비교할 수 없다.

나는 강연이나 세미나 초청을 받을 때마다 두 딸의 의사를 묻는다. 왜냐하면 두 딸에게 그들이 내 마음에서 첫 번째 자리를 차지하고 있으며 어떤 사람이나 행사보다 더 중요한 존재라는 사실을 알려 주고 싶기 때문이다. 남편과 딸들이 가도 좋다고 승낙하면, 편한 마음으로 그 초청을 받아들인다.

우리 가족은 나를 전적으로 지원한다. 그들은 내가 이처럼 사역하기를 원하며 나를 위해 기도해 준다. 엄마 노릇한 25년 동안 꼭 한번 당시 6학년이었던 한 딸이 "엄마, 안 갔으면 좋겠어요."라고 했다. 그래서 나는 우리 딸이 내가 집에 있기 원한다는 사실을 알고 그날 집에 머물렀다.

10. 온화한 마음

앞에서 남편의 안 좋은 점을 말하지 말라고 배웠는데, 똑같은 원리가 자녀에게도 해당된다. 잠언 31장에 나오는 어머니는 온화함에 대한 교훈을 주고 있다.

> 입을 열어 지혜를 베풀며 그 혀로 인애의 법을 말하며 26절.

자애로운 어머니 입술에서 나오는 말들은 지혜롭고 친절한 말들이다. 이런 입술은 자기 자녀에 관해 절대 부정적으로 말하지 않는다. 아무튼 "사랑은 모든 허물을 가리운다" 잠 10:12. 마음이 온화한 어머니는 자기 자녀에 관해 해롭거나 비판적인 이야기를 절대 떠들고 돌아다니지 않는다.

한 친구는 젊은 엄마들한테 "조금만 더 기다려 봐요! 자녀가 자라 십대가 되면 십대 자녀를 갖는 것이 얼마나 끔찍한 일인지 알게 될 테니까요."라고 경고하곤 했는데, 그때마다 자신의 가정생활과 심정을 있는 대로 다 토해냈다.

그 친구에 비하면 베티는 얼마나 대조적인지 모른다. 나는 베티로 인해 하나님께 감사드린다. 베티는 자신의 자녀 양육에 대해 언제나 긍정적으로 아주 신이 나서 이야기했다.

예를 들어, 내게 "두 딸이 지금 몇 살이지요?"라고 묻곤 했는데, 내가 "9살하고 10살이에요."라고 대답하면, "오, 우리 아이들이 9살하고 10살일 때 일이 기억나네요. 얼마나 좋았는지 몰라요!"라고 했다. 그러다가 몇 년 후에 또 "두 딸이 지금 몇 살이에요?"라고 물었다. 그래서 내가 "13살하고 14살이에요."라고 대답하면, "오, 우리 아들들이 13살하고 14살이었을 때가 생각나는군요. 그때, 참 좋았지요."라고 말하는 것이었다.

이처럼 두 딸의 나이가 몇 살이든 베티는 항상 그때를 아주 기가 막히게 좋은 때로 보았다. 물론 그녀도 자녀를 기르며 다른 엄마들이 겪는 어려움을 겪었을 것이다. 그러나 베티는 그 마음이 자기 아들들에 대한 모성애로 가득 차 있었다. 그녀는 자기 가정을 재미있는 가정으로 만드는 엄마, 하나님께서 자기에게 맡기신 임무에 대해 긍정적 마음을 갖고 있는 엄마였다. 그리고 어떤 어려움에 대해서도 그 입술로 늘 긍정적이고 좋은 말을 하는 엄마였다.

자녀를 양육할 때 우리가 직면하는 도전에 대해 하나님은 해결책을 주셨는데, 그것은 디도서 2:3에 나오는 "늙은 여자"라는 구절에 들어 있다. 즉 당신도 나처럼 베티와 같이 당신을 돕고 격려해 줄 "나이 든 여성"과의 관계를 발전시켜 가기 바란다. 엄마 노릇하는 것에 관해 그 여성에게 말하고 또한 하나님께 말씀드리라. 자녀에 대한 모성애를 가지고 엄마로서의 막중한 책임과 복된 특권을 어떻게 감당해야 좋을지 하나님께 그리고 그 여성에게 질문해 보라.

하나님이 기뻐하시는 여성이 되기 위하여

사랑스러운 자녀를 위해 기도할 수 있다니 얼마나 복된 일인가! 그들을 하나님의 길로 훈련시키는 것은 또 얼마나 도전이 되는 일인가! 그리고 가정을 사랑과 웃음이 넘치는 화기애애한 곳으로 만든다는 것은 또 얼마나 즐거운 일인가!

당신의 마음은 모성애로 가득 차 있는가? 당신의 자녀를 소중히 여기고 있는가? 자녀가 그 사실을 알고 있는가? 그들을 즐거워하며 함께 시간 보내기를 고대하는가?

하나님을 기쁘게 해 드리는 엄마가 되려면 기도가 필요하다. 우리의 마음을 즐겁고 기쁜 마음, 후하게 주는 마음, 행복하고 온화한 마음으로 바꾸어 주시는 분은 하나님이시다. 우리로 하여금 우선 순위를 잘 알아 보다 중요한 것에 초점을 맞추고 그것을 실천할 수 있게 하시는 분도 하나님이요, 자원해서 십 리를 가게 해주는 분도 하나님이시다. 하나님께서 원하시는 식으로 엄마 노릇하는 데 필요한 것을 공급해 주시는 분도 하나님이시다.

하나님께 받은 임무는 결코 쉽지 않다. 그러나 우리를 강건케 하시는 그리스도를 통해 이 모든 것을 할 수 있다빌 4:13.

가 · 정 · 에 · 서

CHAPTER 13

집을 가정으로 변화시키는 마음

무릇 지혜로운 여인은 그 집을 세우되……
잠언 14:1

어느 날 저녁 잠자리에서, 상원 담당목사였던 피터 마샬이 쓴 아름다운 글을 읽게 되었다. 가정에 관한 글이었는데, 가슴이 뭉클했으며 많은 것을 깨달았다.

감사하게도 나는 봄에 천국과 같은 한 가정을 방문할 기회가 있었다. 그 가정에는 아름다움이 있었으며, 인생의 보다 고상하고 순수한 것들을 감상할 줄 아는 의식이 있었다. 무엇보다도 하나님을 생각하지 않을 수 없게 만드는 그런 분위기가 가득했다.
정갈하고 아늑한 그 방에는 창문이 많았다. 방안에 들어서니 화분과 화병의 만발한 꽃들로부터 그윽한 향기가 풍겨 나왔다. 한쪽 벽에는 책들—영감을 주며 교훈적인 훌륭한 책들로서 좋은 친구가 되어 줄 수 있는—이 잔뜩 꽂혀 있었다. 성소처럼 환하고 정갈하며 아름다운 그 방에는 세 개의 새장이 걸려 있었고, 새장 안의 새들은 마치 그곳의 아름다움을 감상이라도 하듯 작은 목청이 터져라고 재재거리며 노래하고 있었다.
자연의 음악, 자연의 아름다움, 자연의 평화가 있는 그곳……그곳은 마치 천국에서 떨어진 일종의 낙원, 사막 한가운데 있는 아름다운 오아시스 같은 가정이었다.[1]

글을 읽으며 그 가정의 아름다움을 느낄 수 있었다. 그리고 나와 당신의 가정 역시 우리 가족과 "성소"라고 할 수 있는 우리 가정을 찾는 모든 이에게 천국, 일종의 낙원을 맛보게 하는 가정으로 변화될 수 있다는 사실을 알았다. 나는 그날 밤, 우리 집을 하나님을 생각하지 않을 수 없는 가정으로 만드는 꿈을 꾸었다.

그러다가 다음날 아침 자명종 소리에 깨어 현실로 돌아왔다. 그리고 꿈을 현실로 만들기 위해 무엇인가 해야 하는데, 어떻게 할 수 있을까 하고 생각하기 시작했다. 그 생각이 온종일 마음속을 떠나지 않았다. 그런데 또다시 하나님의 완벽한 말씀이 그 질문에 대한 답을 제공해 주었다.

집을 세운다는 것

"무릇 지혜로운 여인은 그 집을 세우되" 잠언 14:1.

하나님의 가르침이 필요했던 나는 이 구절을 하나하나 떼어 생각해 보기 시작했다. 먼저 집을 세우는 것의 긍정적 면부터 생각해 보았다. "세운다"는 것은 문자 그대로 집을 만들어 건립한다는 뜻이다.[2] 그리고 이 구절은 집의 구조를 건립하여 유지하는 것뿐 아니라 가정 자체도 의미한다.

---

1) Catherine Marshall, *A Man Called Peter*(New York: McGraw-Hill, 1961), p. 65.
2) James Strong, *Strong's Exhaustive Concordance of the Bible*(Nashville: Abingdon Press, 1973), p. 22.

보다시피 가정은 한 장소일 뿐 아니라 또한 그곳에 사는 사람들도 의미한다. 여기서 이 구절을 다음과 같이 통찰력 있게 설명하는 한 학자의 말을 들어 보자.

> 히브리어에서는 "집"과 "가정"을 한 단어로 표현하는데, 여기 나온 단어는 "집"이라는 의미보다 "가정"이라는 의미인 것 같다. 집이 항상 가정을 의미하는 것은 아니다. 그런데 이 구절은 집을 건축하는 일이나 석공일 또는 목공일에 대해 말하는 것이 아니라 가정을 세우는 일에 대해 말하고 있다. 즉 가족이 한데 어우러져 매일매일 행복하고 편안하게 살 수 있는 곳을 만들어 가는 것, 바로 그것에 대해 말하고 있다.[3]

가정을 이처럼 행복하고 편안한 삶을 살 수 있는 곳으로 만들 책임은 누구에게 있는가? 바로 그 집 안주인이다. 가정의 분위기는 안주인이 결정한다. 사실 이 잠언 말씀은 지혜로운 안주인은 부지런히 의도적으로 가정 안에 이런 분위기를 만들어 간다고 가르친다. 그녀는 이런 가정 분위기가 저절로 생겨나기를 바라며 그냥 앉아 있지 않는다.

집안 분위기를 만들라

가정 분위기를 만드는 것은 온도 조절을 위해 온도 조절기를 사용하는 것과 아주 비슷하다. 당신 가정에 맞는 이상적인 온도를 정한 다음에 그 온도에 바늘을 맞춰 놓으면 그 온도 유지를 위해 난방기가 계속 돌아갈 것이다. 집안 온도가 좀 높다고 느껴지면, 온도를 좀 낮추기 위해 찬 공기가 나올 것이고, 집안에 찬 공기가 돌면 즉시 알아채고 집안 공기를 좀 따스하게 만들기 위해 바쁘게 돌아갈 것이다.

---

[3] Robert Alden, *Proverbs* (Grand Rapids, MI: Baker Book House, 1983), p. 110.

바로 주부들이 집안의 온도 조절기가 되어야 한다. 나는 우리 집 실내 공기가 따스하고, 명랑하며, 사랑스럽고, 긍정적이고 건설적이기를 진정으로 원한다. 그래서 매일 아침 하나님 말씀을 묵상하며 하나님이 항상 첫 번째라는 사실을 기억하라 기도한다. 하나님께서 그분 마음의 온도에 맞춰 내 마음의 온도를 정하시도록 기회를 드린다. 그런 다음에 우리 집 분위기가 편안해지도록 만든다. 집안 분위기가 좀 뜨거워지면 거친 말이 오가고 감정이 격해지며 화를 내거나 성질을 부리는 등, 그것을 식히기 위해 집안에 시원한 말 "유순한 대답은 분노를 쉽게 하여도" 잠 15:1과 평강의 말 "화평케 하는 자들은 화평으로 심어 의의 열매를 거두느니라" 약 3:18을 집어 넣는다.

또한 집안 분위기가 냉랭해지기 시작하면 가족의 마음이 냉랭해지거나 누군가 힘이 빠져 있거나 가족이 서로 무관심해지는 것 등, 나는 "마음의 즐거움은 얼굴을 빛나게 하여도" 잠 15:13라는 말씀과 "마음이 즐거운 자는 항상 잔치하느니라" 잠 15:15는 말씀을 기억하며, 집안에 마음을 즐겁게 해주는 선한 말 잠 12:25을 집어 넣어 준다.

물론 이렇게 하는 일이 쉬운 것은 아니지만, 나는 하나님께 조용히 묵상기도를 드린다. 그러면 응답으로 하나님은 내게 건전한 가정 분위기를 만들 수 있는 마음과 지혜와 말들을 주신다. 당신도 해보라. 하나님께서 당신에게도 그 같은 마음과 지혜와 말들을 주실 것이다.

가정을 피난처로 만들라

가족 생활의 중심지로서 가정은 가족에게 우리의 생각보다 훨씬 더 많은 일을 하고 있다. 남편이 내게 이 사실을 분명히 깨닫게 해준 적이 있는데 나는 지금도 그때를 기억하고 있다.

당시 그는 자신의 절대 한계에 이를 정도로 몹시 분주한 "기간들 중 한 기간"을 살고 있었다. 당시 신학생이었던 남편은 그날 학교에 가기 위해 새벽 5시에 교회 주차장을 떠났다. 수업을 마치고 로스앤젤레스 시내의 혼잡한 도로를 간신히 뚫고 교회에 돌아온 남편은 한 여인(남편의 장례식을 도와줄 사람이 전혀 없었던 한 여인이 교회로 전화를 걸었는데 마침 그날 "당번"이 우리 남편이었다)을 위해 장지에 가서 장례식 예배를 드려 주었다. 그런 다음에 저녁 늦게 교회 모임에 참석해야 했다.

그날 저녁 나는 현관 불을 켜 놓고 남편을 기다리며 부엌 창문을 통해 남편이 오는지 바라보고 있었다. 마침내 남편이 집에 도착했는데, 집안으로 들어오는 모습이 금방 쓰러질 것 같았다. 그러면서 "여보, 내가 온종일 속으로 무슨 생각을 했는지 알아요? '집에까지만 가면 된다. 그러면 모든 것이 다 괜찮을 것이다' 라고 생각했어요."라고 말하는 것이었다.

"집에까지만 가면 된다. 그러면 모든 것이 다 괜찮을 것이다." 이처럼 당신과 나의 가족 모두가 이 땅에서 모든 것이 다 괜찮을 곳을 한 군데 갖고 있다면, 그들에게 얼마나 큰 축복이겠는가! 그런 가정은 에디스 쉐퍼의 말처럼 가족의 천국이요 피난처요 "병원"이다.[4] 온 가족에게 그처럼 새 힘을 주는 가정을 세울 수 있다면, 주부로서 얼마나 가치 있는 일인가! 사실 아이젠하워 여사는 미국 대통령을 역임한 유명한 남편을 위해 한 목표를 가졌는데, 그것은 "남편이 모든 압박에서 벗어나 편히 쉴 수 있는 가정"을 세우는 것이었다.[5] 그런 피난처를 한번 상상해 보라!

그런 가정을 세우려고 노력할 때, 남편과 자녀들이 큰 유익을 얻을 것이다. 한 상담자의 보고를 들어 보자. "안전이 보장되어 있는 가정은 자녀들이 삶에서 부딪히는 좌절감과 불편함을 감소시켜 줄 뿐 아니라 삶에서 부딪히는 압력들에 보다 효과적으로 대처할 능력도 부여해 준다."[6] 사실 이

---

4) Edith Schaeffer, *What Is a Family?*(Old Tappan, NJ: Fleming H. Revell Company, 1975).
5) Julie Nixon Eisenhower, *Special People*(New York: Ballantine Books, 1977), p. 209.
6) Jim Conway, *Men in Mid-Life Crisis*(Elgin, IL: David C. Cook Publishing Company, 1987), pp. 250-252.

것은 우리가 가정을 잘 이루어 갈 때, 자녀에게 줄 수 있는 수많은 이점 중 한 가지에 불과하다.

인생에서 가정은 아주 중요한 자리를 차지하여, 인생 말년이 가까워도 가정은 중요하다. 프란시스 쉐퍼 박사가 말기 암에 걸려 치료를 위해 그토록 사랑하던 스위스 라브리를 떠나 미국으로 돌아올 수밖에 없었다. 그때 쉐퍼 여사의 첫 번째 관심사는 가정을 아름답게 가꾸는 일이었다. "왜 '가정'을 아름답게 가꾸려 하지요?"라는 사람들의 물음에 그녀는 이렇게 답하곤 했다. "누군가 죽어가고 있을 때, 가정은 그 사람이 가족과 함께 시간을 보낼 수 있는 곳으로 아주 중요할 뿐 아니라, 옆에서 그를 간호하는 사람에게도 중요하기 때문이지요. 둘 중 어느 경우든 눈에 익은 아름다운 주변 환경은 신체적, 심리적 상태뿐 아니라 영적 상태에도 영향을 미치지요."[7] 이처럼 가족을 위해 아름답게 가정을 이루어 가는 것, 그것은 얼마나 가치 있는 계획인지 모른다. 사실 "피난처"라는 말만 들어도 우리 영혼과 마음이 차분해진다.

부정적인 것들은 피하라

잠언 14:1 말씀은 "무릇 지혜로운 여인은 그 집을 세우되"로 시작되는데, 후반부에 나오는 말씀 역시 전반부 못지않게 중요하다. "미련한 여인은 자기 손으로 그것을 허느니라."

집을 헌다는 것은 집을 부수거나 파괴하거나 무너뜨린다는 뜻이다. 즉 집을 망쳐 놓는다는 뜻이다.[8] 어떻게 가정을 헐 수 있을까? 어떻게 연약한 여자 혼자서 불도저처럼 집을 부수고 무너뜨릴 수 있을까? 이 질문에 나 자신의 체험에 미루어 다음과 같이 두 가지로 답할 수 있다.

---

7) Edith Schaeffer, *Tapestry* (Waco, TX: Word Books, 1981), p. 616.
8) James Strong, *Strong's Exhaustive Concordance of the Bible*, p. 34.

첫째, 파괴 행위를 함으로 적극적으로 집에 큰 해를 가할 수 있다. 여자가 분노를 억제하지 못할 때 어떤 일이 발생하는가? 문을 쾅쾅 닫거나 물건을 내동댕이치고, 무엇을 잡아 뜯거나 찢는다. 분노는 남을 지배할 뿐 아니라 물건들을 부순다. 게다가 부수고 파괴하고 망치고 죽이는 말들을 내뱉는다. 감리교 창시자 존 웨슬리의 아내 몰리 웨슬리는 분명 가정을 허문 여인이다. 존 웨슬리는 자기 아내에게 열 가지 주요 불평을 적은 편지를 보냈는데, 그 목록은 다음과 같다. "아내가 자기 책상에서 무엇을 훔치는 것, 차를 마시기 위해 친구들을 초대할 수 없다는 것, 집에 가면 죄인 같은 기분이 들게 만드는 것, 자기가 다닌 곳을 일일이 다 아내에게 보고해야만 하는 것, 자기 허락도 받지 않고 그의 사적 편지와 글을 남에게 보여 주는 것, 하인들에게 거친 말을 사용하는 것, 악독한 비방을 하는 것."[9] 이런 것들은 확실히 집을 허는 것들이다.

둘째, 소극적 방법으로 가정을 허물 수 있다. 즉, 단순히 집을 세우려고 노력하지 않음으로 가정을 무너뜨릴 수 있다. 게으름 때문에 혹은 생전 "그것" "그것"이 무엇이든을 할 시간을 내지 않음으로, 무엇이든 등한시함으로, 청구서 지불을 망각함으로, 어떤 것을 재치 있게 연기하거나 물리치지 못함으로, 가족과 함께 충분한 시간을 보내지 않음으로 가정의 기초를 서서히 무너뜨릴 수 있다. 이 경우에 문제는 다른 무언가를 너무 많이 하기 때문이다. 예를 들어 TV를 너무 많이 본다든가, 쇼핑을 너무 많이 한다든가, 최근에는 인터넷에 너무 많이 매달리든가!

당신은 이미 하나님이 기뻐하시는 여성이 되기로 작정했다. 아니라면 이 책을 읽지 않았을 것이다. 틀림없이 훈훈한 가정을 만들고 싶은 소원

---

[9] William J. Peterson, *Martin Luther Had a Wife* (Wheaton, IL: Tyndale House Publishers, Inc., 1983), p. 67.

을 가졌을 것이며, 그 마음의 소원이 중요한 첫걸음이다.

그렇지만 어떻게

그렇다면 실제로 어떻게 할 것인가? 하나님께서 원하시는 가정을 만들기 위해 우리가 할 수 있는 것은 무엇이 있을까?

지혜가 가정을 세운다는 사실을 이해하라

지혜로운 여인은 우선 자신이 하나님께 임무를 받았다는 사실을 의식한다. 그리고 가정을 세우는 일은 평생 노력해야 하는 일이라는 사실도 안다. 그 점에 대해 성경은 분명하게 가르치고 있다. 또한 성경은 지혜로운 여인과 어리석은 여인이 얼마나 대조적인지도 가르치고 있다. 지혜로운 여인은 집을 세우는 데 도움이 되지 않는 태도나 행동은 무엇이든 피하며 집을 세우고 또 세워 간다. 자신을 위해 가정을 세우든 남편과 자녀를 위해 세우든 이런 노력은 정말 지혜로운 일이다. 그 이유에 대해 설명해 보겠다.

우리 두 딸이 자랄 때 — 취학 전부터 성인이 직장 생활을 할 때까지 — 각자 자신의 "작은 집"인 자기 방을 세워 가게 했다. 작은 메모장에 해야 할 집안 일을 작성해서, 내가 집안을 청소하면 두 딸도 각자 자기 방을 청소하게 했다. 내가 먼지를 털면 그 애들도 자기 방 먼지를 털었다. 이처럼 메모장에 적힌 대로 나는 온 집안을, 애들은 각자 자기 방을 청소했다.

또 애들에게 각자 자신의 빨래 바구니를 주었다. 아이들이 어린이용 의자에 올라서서 세탁기에 세제를 넣고 세탁기 다이얼을 누를 수 있을 정도가 되었을 때부터 자신의 빨래를 직접 해서 옷장에 개켜 넣게 했다.

이처럼 오랫동안 집안일을 해온 덕분에 지금 우리 두 딸은 집안일을 하나도 어려워하지 않는다. 둘째 딸은 잠언 31장에 나오는 여인이 일을 해서 집안 수입에 보탬을 주었듯이 남의 집 청소까지 해주고 돈을 벌어 집안 살림에 보탤 정도다.

세들어 살거나 아파트에서 다른 사람과 함께 산다 해도, 당신은 여전히 세워야 할 자신의 "집"을 갖고 있는 셈이다. 한번은 어린 네 딸에게 한 방을 쓰게 하는 어머니와 이야기를 나눈 적이 있는데, 아주 재치 있고 독창적인 방법으로 딸들을 훈련시키고 있었다. 딸들 각자에게 자기 잠자리, 자기 선반, 자기 옷장을 갖게 하고 각자 그것을 청소하고, 또 딸 아이들이 함께 노는 마루도 네 부분으로 나누어 하나씩 맡아 치우게 한다고 했다.

내가 두 딸과 나 자신에게 늘 말하듯이 "가정에서의 모습이 곧 당신의 본 모습이다." 우리는 가정의 분위기와 질서를 세우는 사람이든가 아니면 파괴적인 태도와 게으름으로 가정을 허무는 사람, 둘 중 하나다. 지혜는 가정을 세운다. 당신은 지금 가정을 세우고 있는가?

가정을 세우겠다고 결심하라

가정을 세우는 일을 시작하기에 너무 늦은 시간은 없다. 오직 원수 사탄만이 너무 늦었다고 속삭일 것이다. 그 일은 언제든 시작할 수 있다. 지금 당장이라도!

나의 강의를 듣는 학생이 숙제로 쓴 리포트를 한번 보자.

"하나님의 말씀을 듣고, 성경에서 그 말씀을 직접 읽고 심한 죄책감을 느낀 나는 당장 가정 세우는 일을 시작하고 싶었다. 그래서 하나님의 원리들을 가정에 적용하며 실천하기 시작했다. 분위기가 금방 달라졌다. 얼마나 많이 달라졌는지 지난밤에는 남편이 내게 '여보, 나는 당신이 그 강의 들은 것이 얼마나 기쁜지 몰라!' 하고 말했다."

가정에서 당신이 맡은 일들을 "부지런히"잠 31:13, "마음을 다하여"골 3:23 하기로 결심함으로 가정 세우는 일을 시작하라. 항상 마음의 자세가 중요하다. 그리고 또 하나 중요한 결정을 해야 한다. 즉 당신이 세우려는 작은 천국을 허무는 파괴적 습관이 있다면 즉시 중단하겠다고 결심하라.

가정을 세우기 위해 매일 한 가지씩 무엇인가 하라

신문에서 "잠자리를 정돈해야 할 열 가지 이유"라는 기사를 읽은 후부터, 가정을 세우기 위한 일 한 가지씩을 매일 하기 시작했다. 그것이 무엇인지 아는가? 나는 매일 잠자리를 정돈하기 시작했다. 그 기사에 따르면, 잠자리를 정돈해야 하는 첫 번째 이유는 "침대가 그 방에서 가장 큰 자리를 차지하므로 침대를 정돈하면 그 방 전체의 80%가 보기 좋아진다"는 것이다.10)

당신의 집 안팎을 둘러보라. 그곳을 좀더 아늑한 피난처로 만들기 위해 필요한 목록을 작성하라. 그 다음에 매일 한 가지씩 해나가라. 아니면 일주일에 한 가지씩이라도 좋다.

또 당신이 좀더 나은 사람이 되거나 하나님의 은혜를 체험하면, 가정 분위기를 훈훈하게 만들기 위해 자신의 태도를 고치고 싶은 소원이 생길지도 모른다. 예를 들어, 나는 기도 노트를 사용해 나의 잔소리 버릇을 고쳐나가기 시작했다. 당시 나는 나쁜 습관을 하나 없애고 좋은 습관을 새롭게 기르는 데 21일밖에 걸리지 않았다는 글을 읽고, '그렇다면 나의 잔소리 버릇도 고칠 수 있겠다'고 생각했다. 그렇지만 그 버릇을 고치는 데는 훨씬 더 오래(수십년 이상!) 걸렸다. 그러나 매일 실천하고 노력할 때마다 우리 가정에 긍정적 변화가 일어난다.

---

10) Bonnie McCullough, *Los Angeles Times*, date unknown.

하나님이 기뻐하시는 여성이 되기 위하여

"무릇 지혜로운 여인은 그 집을 세우되 미련한 여인은 자기 손으로 그것을 허느니라" 잠 14:1.

이 말씀을 통해 하나님은 우리에게 평생의 지혜를 주셨다. 지금 당신의 마음과 가정은 어떤 상태에 있는지 생각해 보라. 이 두 여인 중 어느 여인에 속하는가? 당신의 초점을 어디에 맞추고 있으며 당신의 정력을 어디에 투자하고 있는가? 음식을 만들고 집안 청소를 할 때, 어떤 동기에서 하는지 살펴보라.

이 책은 하나님의 지혜와 방법을 배우기 위한 책이다. 또 당신은 하나님께서 원하시는 것을 하기 원한다. 그렇다면 지금 이 시간 "여호와의 말씀은 정직하며……여호와의 도모는 영영히 서고 그 심사는 대대에 이르리로다"시 33:4, 11라는 진리를 되새기며 마음으로 하나님께 화답하라. 우리를 만드시고 아시는 하나님께서는 우리가 훈훈한 가정을 만들기 원하신다. 그리고 그렇게 할 때 우리를 도와주실 것이다.

가 · 정 · 에 · 서

CHAPTER 14

가정을 지키는 마음

그 집안 일을 보살피고
잠언 31:27

당신은 처음 그리스도인이 되었을 때 일어났던 일들을 기억하고 있는가? 나는 처음 그리스도인이 되었을 때, 집안일은 거들떠보지도 않은 채 소파에 몇 시간이고 앉아 무엇이든 닥치는 대로 읽고 또 읽었다. 지금 생각하면 참으로 끔찍하다. 나는 독서에 열정이 있었는데, 단순한 취미나 흥미가 아닌 그보다 훨씬 더 중요한 어떤 것이었다. 내가 이처럼 소파에 앉아 무엇인가 계속 읽고 있을 때, 우리 두 딸은 (기저귀만 찬 채) 온 집안을 헤매고 다녔다. 엄마의 보살핌이나 훈련은 전혀 받지 못한 채 말이다.

감사하게도 그리스도께서 우리 집에 들어오시면서 변화의 역사가 시작되었다. 나는 수요일 밤마다 성경 공부에 참석하기 시작했는데, 젊은 기혼 여성을 위한 모임이었다. 그때 배운 하나님의 말씀이 나의 결혼 생활을 뒤집어 놓기 시작했다(바로잡아 주었다는 말이 더 정확한 표현이다). 그리고 거기서 공부한 책[1]이 나의 마음과 가정을 180도로 바꾸어 놓았다.

그 모임 참석 후부터, 나는 소파에 앉아 숙제하기 시작했다. 그런데 한번은 공부 제목이 "왜 일을 해야 하나?"라는 것이었다. 나는 별 이상한 제목도 다 있다고 생각하며 소파에 앉아 성경을 뒤적이며 일에 관한 구절들과 하나님께서 일을 그처럼 중요하게 생각하시는 이유들을 찾기 시작했다. 거기서 또 하나의 지침을 발견하고 그 구절에 밑줄을 그었다.

보살피고 일하는 것

그 지침은 현숙한 여인에 대해 묘사하는 잠언 31장의 한 구절이다.

그 집안 일을 보살피고 게을리 얻은 양식을 먹지 아니하나니 27절.

이 구절을 읽을 때, '소파에 한가로이 앉아 책을 읽는 시절도 이제 끝났구나' 라는 생각이 갑자기 들었다. 나는 남편이 신학교에서 빌려온 책들을 뒤적이며 "보살핀다는 것"이 무슨 뜻인지 조사해 보기 시작했는데, 바로 그것이 내가 그 소파에 앉아 한가로이 책을 읽은 마지막이었다.

그 책들을 읽으며 이곳에서 "보살핀다"라는 단어는 어미 새나 어미 동물이 자기 새끼들을 보호하기 위해 가시 같은 것으로 둥우리를 쳐주듯, "울타리를 쳐서 보호해 주는 것"을 의미한다는 사실을 배우게 되었다. 그 동사는 소중한 어떤 것을 적극적으로 지키고 보호하고 구하고 돌본다는 뜻이다. 이런 보살핌에는 주시하고 보존하는 것도 포함되었다. 이처럼 자기 집을 살피는 여인은 자신의 소중한 가정을 보살피는 여인이다.[2] 나는 하나님께서 내게 주신 목표의 또 한 면을 보게 되었는데, 우리 가정과 그

---

1) Jo Berry, *The Happy Home Handbook*(Old Tappan, NJ: Fleming H. Revell Co., 1976), pp. 41-56.
2) James Strong, *Strong's Exhaustive Concordance of the Bible*(Nashville: Abingdon Press, 1973), p. 118.

안에 있는 사람들을 보살펴야 할 임무를 부여받았다는 사실이었다.

"보살피다"라는 단어의 중요성을 이해하기 위해 시편 5:3을 살펴보자.

여호와여 아침에 주께서 나의 소리를 들으시리니 아침에 내가 주께 기도하고 바라리이다.

여기서 "바라리이다"look up라는 히브리어 단어가 곧 "보살핀다"는 단어와 동일한 단어다. 시편 기자는 아침에 하나님께 기도하고 자기 기도가 응답될 것을 기대하며 계속 살피고 또 살폈다.3)

그뿐 아니다. 성경 전체를 통해 "보살핀다"watch는 단어는 기도에 대한 하나님의 응답의 첫 번째 표시를 보고하는 사람을 묘사할 때 사용된다.4)

예를 들어, 갈멜산 꼭대기에서 땅에 엎드려 기도하기 시작한 엘리야 선지자를 보자. 이스라엘에는 그때까지 3년 반 동안 비 한 방울 내리지 않았다. 그래서 엘리야는 하나님께 비를 보내 달라고 간구하기 시작한다. 엘리야 선지자가 기도할 때 그의 종은 하나님께서 그 기도에 응답하신다는 표시, 즉 비구름이 뜨는지 보기 위해 달려가 지평선을 바라본다. 그때 엘리야는 하나님의 응답이 있기까지 일곱 번이나 기도해야 했고, 그 종은 그때마다 일곱 번이나 비구름이 떴나 보기 위해 달려가 살펴보았다 왕상 18:41-44.

우리도 기도할 때, 가정을 보살필 때, 엘리야와 같은 간절함과 성실함으로 기도하고 보살펴야 한다. 엘리야를 비롯한 수많은 선지자를 보면 이처럼 기다리는 삶, 그들이 하나님을 대변해서 말한 그 약속들이 하나님의 능력으로 이루어지는 것을 지켜 보며 기다리는 삶을 살았다. 우리도 집을

---

3) H. D. M. Spence and Joseph S. Exell, *Pulpit Commentary*, Vol. 8(Grand Rapids, MI: Wm. B. Eerdmans Publishing Company, 1978), p. 30.
4) Derek Kidner, *Psalms 1-72*(Downers Grove, IL: InterVarsity Press, 1973), p. 58.

따스한 가정으로 만들고 그 안에 사는 사람들을 보살필 때, 이처럼 간절해야 한다. 그러면 하나님께서 하실 부분, 즉 응답하시고 축복하시며 변화시키는 일을 하실 때, 그것을 기뻐하며 감사할 수 있을 것이다.

그렇다면 우리가 구체적으로 할 일들은 무엇일까? 어쩌면 당신도 나와 비슷한 목록을 갖고 있을지 모른다. 나는 우리 가정의 안전, 건강과 위생 및 청결함을 보살펴야 한다고 생각한다. 그래서 집을 비울 때, 남편과 두 딸에게 밤에 문 잠그는 것을 잊지 말라고 당부하는 쪽지를 냉장고에 붙여 놓는다. 집에 있다면 내가 할 일이기 때문이다. 또한 재정을 관리한다.

조나단 에드워즈의 아내는 가정을 잘 보살핀 아내였다. 에드워즈는 자기 아내를 전적으로 신임하여 모든 것을 아내 손에 맡겼다. 그녀가 얼마나 철저하게 가정을 잘 보살폈는지 그 예를 하나 들어 보겠다. 하루는 조나단 에드워즈가 서재에서 아내를 보고 "이제 건초를 잘라야 할 때 아니오?"라고 물었다. 그러자 "염려 마세요. 벌써 두 주 전에 다 썰어서 헛간에 들여 놓았어요."[5]라고 답했다고 한다. 그녀가 얼마나 착실한 일꾼이요 열심으로 가정을 보살폈는지, 정말 소중한 것을 늘 지키며 산 여인이다.

이처럼 가정을 보살필 때, 당신은 가정에 참으로 큰 축복이 될 수 있다. 또 집안의 필요를 미리 알고 행동으로 옮길 때, 당신 남편에게 큰 도움이 될 수 있다. 남편이 미처 생각하기도 전에 벌써 그 일을 해냈기 때문이다.

그렇지만 어떻게

하나님께서 우리 안에 가정을 보살피는 마음을 자라게 하실 수 있도록 우리 편에서 해야 할 일은 무엇일까?

---

5) William Peterson, *Martin Luther Had a Wife*(Wheaton, IL: Tyndale House Publishers, Inc., 1983), p. 81.

1단계－돕는 자요 지키는 자로서의 역할이 당신을 위한 하나님의 계획이라는 사실을 이해하라

잠언 31:10－31의 말씀처럼, 하나님이 기뻐하시는 여성은 집안 일을 보살피고 게을리 얻은 양식을 먹지 아니한다27절. 이 가르침이 하나님께로부터 온 진리라는 사실에 나는 큰 충격을 받았다. 우선 가정을 세우는 일과 집안 일 보살피는 것들에 관해 생각하며, 하나님께서 내게 주신 가정에서의 막중한 책임에 큰 충격을 받았다.

게다가 하나님은 나를그리고 당신을 "현숙한" 여인이 되라고 부르신다잠 31:10. 즉 가정에서 우리가 해야 할 역할 외에 한 가지 도전을 더하신 셈이다. "현숙한"이라는 단어는 도덕적 힘 또는 인격의 힘을 의미하지만, 육체적 능력과 용기를 강조하는 의미도 갖는다. 잠언 31장의 여인은 두 가지 면에서 다 현숙한 여인이다. 이 여인은 자신의 집안 일을 보살필 뿐 아니라 게을리 얻은 양식을 먹지 않았다. 이것은 곧 강인한 성품과 우수한 도덕성뿐 아니라 신체적으로도 강건한 여인이라는 사실을 계시해 주며, 근면함, 정력, 여러 가지 기술 등 그녀가 이룬 것에 잘 나타나 있다.

이처럼 모든 면에서 우수한 여인을 그려 볼 때, 나 자신이 우수한 도덕성과 인격은 중시하면서 실제로 일하는 것은 무시했다는 사실을 깨달았다. 그러나 실제로 일하며 가정을 보살피는 것은 우리를 현숙한 여인으로 성장시켜 가는 하나님의 완전한 계획 속에 들어 있다. 일단 이 사실을 이해하고 나면, 우리는 바른 방향으로 들어선 셈이다.

2단계－가정 보살피는 일을 시작하라(그리고 게을리 얻은 양식을 먹지 않도록 하라)

가정 "보살피는 일"에 대해 배웠을 때, 나는 그 동안 기껏해야 우리 집을 슬쩍 쳐다보는 식으로 살아왔다는 사실을 깨달았다. 그 동안 내가 가정을 위해 한 것이 잠언 31장에 있는 것과 얼마나 다른지 알게 되었다. 그래서 나는 가정을 잘 "보살피고"적극적인 면 "게을리 얻은 양식을 먹지 않을 것"소극적인 면에 대해 어려운 결심을 했다.

조금 뒤에 시간 관리에 도움이 되는 원리를 말하려고 하는데, 그 전에 내가 깨어 있는 시간 내내 나의 삶을 지배한 것 한 가지를 말하고자 한다. 그것은 "모든 수고에는 이익이 있다"잠 14:23는 성경 말씀이다. 이 말씀으로 인해 나는 가정을 좀더 잘 살피고 게으름을 덜 피우는 주부가 되었다. 이 원리를 적용한 이야기를 나누고자 한다.

나는 온종일 자신에게 이렇게 말했다. "엘리자베스, 모든 수고에는 이익이 있어. 물론 임무 A, 임무 B, 임무 C라고 보기 좋게 라벨을 붙여 놓는 것도 좋지만 하루 종일 계속 움직이며 일하면 그 일들을 다 해치울 수 있단다." 그래서 나는 온종일 계속해 무엇인가 했다. 내가 해야 할 일들의 목록을 작성하고, 전반적인 스케줄그 안에는 휴식이나 낮잠 자는 시간도 때로 포함되었다을 짜고, 경건의 시간하나님을 추구하는 것이 항상 맨처음이어야 하니까을 제외하고는 하루 종일 바쁘게 움직였다.

나는 어린 두 딸이 커서 어려움을 겪지 않도록 어릴 때부터 이 원리를 생활에 적용할 수 있게 도와주었다. 예를 들어 TV를 보며 동시에 다른 것을 하게 하는 것이었다. TV를 보면서 학교 노트를 정리하든가 책을 읽든가 옷장을 정리하든가 초콜릿 칩이 든 과자를 오븐에 굽게 하든가 손톱 정리를 하게 했다. 그래서 우리 애들은 어릴 때부터 TV를 보며 동시에 다른 일도 했다. 왜냐하면 모든 수고에는 이익이 있기 때문이다.

나 역시 일을 했다. 예를 들면, 영수증을 정리하든가, 다음 주 식사 메뉴를 짜든가, 신문 기사를 읽든가, 잡지 기사를 대충 훑어보았으며 때로는 손톱 정리를 했다. 이처럼 다른 것을 하며 TV를 보게 했기 때문에, 우리 가족 중 어느 누구도 TV 시청에서 큰 쾌락을 얻지 못했다. 즉 TV를 봐도 그만, 안 봐도 그만이라는 자세를 갖게 되었다. 그래서 아무도 소파에 털썩 주저앉아 TV 프로그램에 빠져드는 일이 없게 되었다. 다시 말해 우리는 게을리 얻은 양식 먹는 법을 모른다. 우리에게는 게을리 얻은 양식이 정말 맛없다. 그리고 어떻게 많은 일을 해치울 수 있는지도 안다.

이 예가 보여 주듯이, 하나님은 성경의 원리를 통해 나의 무질서함과 비효율성을 고쳐 주셨다. 나는 정말 180도로 돌아서야 했다. 이제 성경에서 발견한 교훈들 덕분에 바른 길을 가고 있다(두 딸 역시 그러기를 바란다).

3단계 – 나태함을 제거하라

한번은 남편이 아래에 적힌 "시간 도둑들"이라는 목록을 갖고 왔다. 그 목록을 당신에게 건네 주고자 한다. 이 목록에서 당신의 시간을 도둑질하는 것이 무엇인지 조사해 보라. 그런 다음 그 시간을 되찾아 당신의 소중한 가정을 보살피고 일하는 데 쓰라.

- 미루거나 꾸물대는 버릇
- 적당치 못한 계획과 일정
- 약속 없이 찾아오는 사람들의 방해(전화로 인한 방해도 포함된다. 그러나 자녀는 방해가 아니라는 사실을 유념하라. 자녀는 당신의 가장 큰 일이요 최선의 시간 투자다.)
- 일을 분담하지 못하는 것
- 쓸데없는 전화
- 필요없는 우편물(광고지 등) 읽는 것
- 시간 활용 잘하는 것에 대한 관심 결여
- 불분명한 우선 순위

이 중에서 당신이 제거해야 할 도둑은 어떤 것인가?

하나님이 기뻐하시는 여성이 되기 위하여

우리의 소중한 가정에 대한 하나님의 비전을 보는 눈과 가정에서 일어나는 일이 하나님께 얼마나 중요한지 이해할 수 있는 마음을 달라고 구해야 한다. 애석하게도 집이 가정으로 변화되는, 그래서 하나님의 소원대로 가정을 아름답게 가꾸고 그 목적을 이루어 가는 가정이 너무 적다.

당신의 가정 생활에 대해 하나님이 품고 계신 이상이 무엇인지 이해하겠는가? 식사 준비를 하고, 방과 마루를 쓸고 닦으며, 가구의 먼지를 털고, 빨래하고 다리미질하는 것, 이런 일 하나하나가 얼마나 귀중한 일인지 이해되는가? 이처럼 집안 일을 하며 가정을 보살피고 싶은 소원을 정말 갖고 있는가?

가정 – 그 소중한 곳을, 당신은 어떤 마음을 품고 있는지 살펴보라. 가정을 위해 기도하고 있는가? 그런 다음 하나님의 응답을 살피며 기다리는가? 내 친구는 최근에 자기 가정을 위해 기도하기 시작했는데, 그녀가 하는 말을 들어 보자.

"나는 매일 아침 경건의 시간에, 방 하나하나 온 집안을 돌아다니며 기도한다. 부엌을 위해서는, 거기서 요리되는 모든 음식이 가족에 대한 나의 사랑을 보여 주는 것이 되게 해 달라고 기도한다(그 후 내 요리법을 바꾸어 그 안에 성령의 열매, 즉 한줌의 사랑, 한 숟갈의 인내 등을 첨부시켰다). 또 각각의 방을 위해서는 그 방이 하나님의 사랑과 보호로 가득 차게 해 달라고 기도한다. 그리하여 나는 집안 일을 전혀 새로운 눈으로 보게 되었다. 그것은 고역이 아니라 기쁨이다. 나는 이제 화장실 청소를 하면서도 흥겹게 콧노래를 부른다."

하나님께 당신의 마음을 수술해 달라고 기도하라. 하나님께서 당신 마음속에 가정을 향한 하나님의 소원과 그 소원을 이룰 수 있는 힘과 열정을 채워 달라고 구하라.

가 · 정 · 에 · 서

CHAPTER 15

혼돈에서
질서를 만들어 내는 마음

그러므로 젊은이는 시집 가서……집을 다스리고
디모데전서 5:14

시간 관리와 정리 정돈에 대해 많이 들었지만 특별히 신경 쓰지 않았었다. 시간 관리에 관한 기사나 책을 보면서도 오랫동안 그 문제를 고치고 싶은 동기 부여를 전혀 받지 못했다.

책임과 계산

그러다가 마침내 그 문제를 고쳐야겠다는 생각을 갖게 되었는데, 그것은 잡지 기사나 책, 교사의 가르침이나 남편의 간청 때문이 아니다. 하나님의 말씀을 읽고 그렇게 하기로 마음먹었다. 성경을 읽다가 정리 정돈을 잘하지 못하는 내게 자극을 주는 구절을 발견한 것이다. "그러므로 젊은이는 시집 가서……집을 다스리고"라는 디모데전서 5:14 말씀이었다. 이 구절을 읽는데 "다스리고"manage라는 단어를 그냥 넘어갈 수 없었다. 다른 성경 번역본을 보면 이 구절이 "가정을 관리하거나 집의 안주인이 되어"1)라고 번역되어 있다. 어떤 경우가 되었든 그 메시지는 분명했다.

게다가 이 구절을 쓰게 된 이유 또한 분명히 나왔는데, 그것은 디모데가 목회하던 교회의 젊은 여인들이 "게으름을 익혀 집집에 돌아다니고 게으를 뿐 아니라 망령된 폄론을 하며 일을 만들며 마땅히 아니할 말을 했기" 때문이다딤전 5:13. 그 다음 구절에, 그녀들의 그런 헤프고 무절제한 행동을 보며 교회에 다니지 않는 사람들이 기독교에 대해 아주 좋지 않게 생각하고 말했다고 되어 있다14절. 이런 여자들이 결혼해서 자기 가정을 다스리게 되면 적어도 이런 좋지 못한 행동을 할 기회는 없어질 것이다.

이 구절은 마치 하나님께서 내게 직접 말씀하시는 것 같았다. 당시 나는 분명히 게을렀으며 이 구절에 나온 다른 좋지 못한 행동들도 하고 있었다. 나는 변화될 필요가 있었다. 그러나 먼저 "다스리고"라는 단어의 뜻을 분명히 알고 싶었다.

"집을 다스린다"는 것은 가정의 머리가 되거나 가족을 다스리거나 가정을 인도한다는 뜻이다. 집을 다스리는 자는 그 집의 가장이요 그 집을 붙들고 있는 자이다.2) 그런데 이 다스리는 자는 마치 청지기나 하인이 자신이 한 일에 대해 나중에 주인과 계산을 해야 하듯이 하나님과 계산을 해야 한다. 그런데 자기 집을 다스리는 여인은 그 집의 머리(결혼한 여인이면 그 남편이 머리요, 미혼이면 하나님께서 그 머리이시다)가 아니라 그 가정을 함께 붙들고 있는 가정 관리인이라 할 수 있다.

예수님의 비유들을 보면 이런 다스림이 어떤 것인지 좀더 잘 이해할 수 있다. 예수님은 하나님 나라에 관한 비유를 들 때, 대체로 집주인을 예로 들었다. 즉 집주인이 집을 비우고 타국에 갈 때 자기 집 청지기와 종들을

---

1) Curtis Vaughan, ed., *The New Testament from 26 Translations*(Grand Rapids, MI: Zondervan Publishing House, 1967), p. 981.
2) James Strong, *Strong's Exhaustive Concordance of the Bible*(Nashville: Abingdon Press, 1973), p. 51.

불러 각각 일을 맡기고 달란트를 준다는 것이다. 우리가 잘 아는 달란트 비유를 보자 마 25:14-30. 집주인이 오랜 여행을 마치고 돌아왔을 때, 종들을 모두 불러 맡긴 일들을 어떻게 감당했는지 계산하는 장면이 나온다. 그 종들은 주인이 자기들에게 맡긴 달란트를 얼마나 잘 관리했는가?

알든 모르든, 이 비유는 가정에서의 우리 역할에 대해 말해 준다. 매일 하나님께서 우리에게 주신 것, 우리의 노력을 통해 하나님께서 공급해 주신 것을 다스리라는 부르심을 받고 있다. 언젠가 그것을 하나님과 계산할 것이다. 우리가 받은 달란트로 하나님을 잘 섬길 때, 그것은 우리에게 큰 축복이 될 것이다. 우리가 가정을 잘 다스리면 우리 가족에게도 큰 축복이 될 것이다. 마르틴 루터는 "남자가 받을 수 있는 가장 큰 축복은……그의 모든 것을 신임하고 맡길 수 있는 아내를 얻는 것이다"[3]라고 했는데, 이것이 바로 가정 관리인이 된다는 것이다.

그렇지만 어떻게

하나님이 기뻐하시는 여성은 어떻게 자기 집을 다스릴까? 내가 어떻게 우리 집을 다스리기 시작했는지 말해 보겠다.

가정 관리는 우리를 위한 하나님의 최선이라는 사실을 이해하라

하나님은 딸인 우리에게 가정 관리인이 되는 것을 좋아하라고 말씀하시지 않았다(물론 우리가 가정을 좀더 잘 관리하면 수많은 축복을 받게 되고, 그로 인해 가정 관리인이 되는 것을 좋아할 것이다). 하나님은 우리에게 가정을 다스리고 싶다는 느낌을 가지라고 말씀하시지 않고, 가정을 다

---

3) William Peterson, *Martin Luther Had a Wife* (Wheaton, IL: Tyndale House Publishers, Inc., 1983), p. 27.

스리라고 요구하셨다. 가정 관리는 하나님의 계획이요 하나님의 길이다. 그것은 우리를 향한 하나님의 선하고 받으실 만하며 온전하신 뜻이다롬 12:2. 그것은 우리를 위한 하나님의 "최선"이다. 결정을 내리는 데 도움이 되는 격언을 기억하는가? "좋은 것이 더 좋은 것이 되고, 더 좋은 것이 가장 좋은 것이 될 때까지 절대 만족하지 말라." 가정을 다스리겠다는 선택은 곧 우리를 향한 하나님의 최선을 선택하는 것이다.

가정 관리를 진지하게 생각하겠다고 결심하라

하나님은 우리가 교회에서 유용한 존재가 될 수 있도록 우선 가정 관리하는 일부터 훈련시키신다. 하나님과 인격적인 관계를 맺고 있는지, 남편과 자녀를 헌신적으로 사랑하고 있는지를 보면, 사역을 얼마나 잘해 나갈 것인지 알 수 있다. 가정에서의 모습이 곧 우리의 진짜 모습이다.

내가 집에서 형편없이 일한다면 교회에서도 형편없이 일할 것이다. 가정에서 쉽고 편한 길만 택한다면, 교회에서 사역할 때도 쉽고 편한 길만 택하게 될 것이다. 그와 반대로 가정에서 정리 정돈을 잘하는 사람이라면 교회에서 하는 사역도 질서정연하게 잘해 갈 것이다. 집안에서 맡겨진 일을 잘 해내는 선한 청지기라면, 교회 사역에서 맡겨진 책임도 잘 해내는 선한 청지기가 될 것이다. "지극히 작은 것에 충성된 자는 큰 것에도 충성되고 지극히 작은 것에 불의한 자는 큰 것에도 불의"눅 16:10할 것이다.

집안은 어수선한 채 교회 일을 위해 현관문을 나설 수는 없음을(그런 마음은 굴뚝 같지만) 나는 알았다. 하나님은 내게 집안을 다스리라는 청지기 직분을 주셨기 때문이다. 하나님은 내가 다른 부분도 잘 감당하도록 훈련하기 위해 주된 부분인 가정 관리를 사용하신다. 가정에서 하나님의 교훈에 따라 살고자 할 때, 말씀에서 발견한 교훈에 따라 충성된 자가 되는 법을 배운다. 이렇게 신실하고 충성된 가정 청지기가 된다고전 4:2.

일단 가정에서 충성된 관리인으로 내 일을 다 끝내고 나면, 아주 홀가분한 마음으로 가정 밖 사역을 감당키 위해 현관문을 나설 수 있다. 가정사가 모두 평안하고, 가정의 모든 일이 순조롭게 진행되고, 집안을 다 정리 정돈했으며, 가족에게 필요한 것도 다 챙겼다. 내가 우선적으로 해야 할 가정 관리 책임을 완수한 것이다.

한 가지 분명한 것은, 자녀가 성장하여 가정을 떠난 후 가정 일이 줄면 그때 홀가분한 마음으로 사역에 참여하라는 뜻이 아니다. 그러면 자녀는 교회에 기여하는 일원으로서의 중요성을 배우지 못한다. 자녀가 어려도 집안을 효율적으로 다스리면, 사역에 참여할 시간을 갖게 된다는 뜻이다.

매일 집을 다스리는 일은 하루하루 스케줄을 작성할 때 가능하다. 어떤 때는 숙제할 계획도 세운다. 남편과 두 딸이 서로 친밀한 관계를 맺을 시간도 마련하고, 하고 싶은 사역에 다 참여할 수는 없지만 어느 정도는 참여한다. 중요한 것을 일정에 넣어 계획을 짜면 질서 있게 생활할 수 있다.

언젠가 계산할 것을 기억하며 살라

가정을 어떻게 다스리고 시간을 어떻게 사용했는지 우리는 하나님 앞에서 계산할 것이다. 사실 남편이(그 외 누구든지) 집에 들어와 집안을 둘러볼 때, 우리는 집안을 어떻게 다스렸는지 보여 주는 셈이다. 사람들이 당신 집에 들어온다고 생각해 보라. 무엇을 보게 될까? 차분하고 안정된 가정을 보게 될까 아니면 온통 수라장이 된 집을 보게 될까? 모든 것이 잘 준비된 가정을 볼까 무엇이든 잔뜩 밀려 있는 가정을 볼까?

호텔 방에 들어선다고 상상해 보라. 방의 상태가 어떤가? 모든 것이 질서정연하고 깨끗하다. 양탄자에 청소기 자국이 남아 있으며, 침대도 깨끗이 정돈되었다. 화장실 화장지도 잘 말아져 있고 TV나 스테레오도 꺼져 있다. 아주 질서정연한 모습이다. 누군가 효과적으로 그 방을 다스렸으며 우리는 그 방에서 조용히 쉴 수 있다.

나는 오늘 정오에 이런 호텔 방에서 나왔다. 남편과 함께 엿새 동안 그 호텔에서 머물렀다. 거기 있는 동안 내내 질서정연함을 느꼈다.

호텔을 나오는데 사무원이 그곳의 서비스와 시설을 평가하는 카드 한 장을 주며 적어 달라고 했다. 나는 모든 항목에 최고 점수를 주었다. 모든 것에 불만이 없었다. 호텔 직원들이 필요를 만족하게 채워 주었음은 물론 방도 만점, 식사도 만점이었다. 게다가 식사비 30% 할인까지 받았다.

평가서를 작성하면서 주님과 우리 가족은 과연 나의 서비스에 대해, 식사에 대해, 가정 관리에 대해 몇 점이나 줄까 궁금했다. 물론 지금은 주님의 은혜와 여러 해에 걸쳐 익힌 관리 기술로 전보다 잘하고 있지만 말이다. 하나님의 방법은 정말 확실하다.

시간 관리를 위한 열두 가지 원리

남편이 신학생일 때, 매주 금요일 그를 따라 학교에 가서 온종일 도서실에서 살았다. 거기서 시간 관리에 관한 책들만 꽂혀 있는 선반을 발견하고 거기 있는 책은 모두 뽑아 하나하나 체계적으로 읽어 나갔다. 그러면서 중요 원리들을 메모해 두었다. 그때 적어 둔 메모 중 가장 중요하다고 생각되는 열두 가지 원리를 적어 보고자 한다.

1. 계획을 상세하게 세우라

노트를 장만하여 모든 계획을 적으라. 계획을 많이 세울수록 관리를 더 잘하게 되고 더 많은 것을 성취하게 된다. 계획은 자세할수록 좋다. 계획은 하루에 두 번, 그날 저녁에 마지막으로 할 일과 그날 아침에 제일 먼저 할 일을 세우도록 하라.

2. 오늘을 살라

하나님께서 원하시는 것은 오늘, 오직 오늘만을 살라는 것이다.

그러므로 내일 일을 위하여 염려하지 말라 내일 일은 내일 염려할 것이요 한 날 괴로움은 그날에 족하니라 마 6:34.

이 날은 여호와의 정하신 것이라 이 날에 우리가 즐거워하고 기뻐하리로다 시 118:24.

성 어거스틴은 시편 90:12 말씀을 다음과 같이 의역했다. "매일을 너희의 마지막 날로 간주하라." 매일은 그 자체로 중요하다.

- 오늘의 당신 모습이 곧 미래의 당신 모습이다.
- 오늘의 당신 모습은 곧 지금까지 살아온 당신 모습이다.
- 하루하루가 작은 인생이다. 인생은 하루의 반복에 지나지 않는다.

3. 일분을 소중히 여기라

집에서 하는 일 하나하나에 소요되는 시간을 계산해 보라. 2분에 할 일인지 20분에 할 일인지 계산해 보라. 그 일이 과연 그 시간을 활용하는 데 가장 좋은 일인가? 일분이 얼마나 가치 있다고 생각하는가?

4. 계속 움직이라

"쉬는 몸은 계속 쉬려 하고 활동하는 몸은 계속 활동하려는 경향이 있다"는 원리를 기억하라. 이 법을 활용해서 유익을 얻으라. 자신에게 "한 가지만 더……오 분만 더"라고 말하라. 계속 움직이라. 그러면 "해야 할" 일 한 가지를 더 해치울 수 있다.

5. 같은 일을 매일 반복하라

전문가들이 말하는 "수평" 계획을 짜라. "매일 같은 시간에 같은 일을 하면 그만큼 정력이 보존되고 힘이 생긴다. 우유부단함이 줄기 때문이다. 몸으로 하는 일은 늘 기계적으로 반복된다. 그것을 일정한 시간에 함으로 습관식사, 신문 읽기, 수업 참석 등이 붙어 힘이 생겨난다."[4] 그러니 가능한 해야 할 많은 일을 판에 박힌 듯 늘 하도록 하라.

6. 운동을 하고 식이요법을 하라

연구에 의하면, 운동을 하면 신진대사가 원활해지고 정력이 솟아나며 잠이 잘 올 뿐 아니라 쾌감 호르몬긍정적 태도를 갖게 해주고 생의 기쁨과 애착을 주는이 양산된다고 한다. "식이요법"이라는 말에 섬뜩해 하지 말라. 그 말은 단순히 "삶의 한 방식"이다. 식생활에서도 하나님의 최선을 이루어 가는 데 필요한 정력과 건강을 얻도록 "삶의 한 방식"을 발전시키라.

7. 어떻게 하면 "시간을 반으로 줄일 수 있을까?" 생각하라

"내 인생이 내가 계획한 시간의 반만 가지고 임무를 달성해야 한다면, 어떤 지름길을 택할까?" 지름길을 택해서 일을 끝내자.

8. 모든 일에 타임 스위치를 사용하라

임무가 무엇이든 항상 타임 스위치를 사용하라. "5분 있다가 시작하자" 한 후 타임 스위치를 맞춰 놓으면 5분 후에 시작할 수 있고, "5분 만에 끝내자"고 타임 스위치를 맞춰 놓으면 5분이 될 때까지 일할 수 있다. 타임 스위치를 맞춰 놓을 때 째깍거리는 소리가 들리게 하라. 파킨슨 법칙처럼

---

4) Alan Lakein, *How to Control Your Time and Your Life*(New York: Signet Books, 1974), p. 48.

"무슨 일을 하든 그 일을 완성하는 데 할당하는 시간만큼 걸린다." 즉 10시간에 마치겠다고 작정하면 10시간이 걸릴 것이요, 5분에 마치겠다고 작정하면 5분이 걸릴 것이다. 타임 스위치는 적은 시간으로 많은 일을 하게 도와준다. 째깍거리는 소리를 들으면 인생이 그렇게 지나가는 것 같아 동기 부여를 받게 될 것이다.

9. 제일 하기 싫은 것을 제일 먼저 하라

오늘 해야 할 것 중 가장 하기 싫은 일이 무엇인가? 그것을 제일 먼저 하라. 하루 종일 마음이 무거워지는 일이 없을 것이다. 타임 스위치를 가지고 그 일을 시작하라. 일단 그 일을 해치우고 나면 마음이 홀가분해져 나머지 다른 일을 할 힘이 저절로 생길 것이다.

10. 매일 시간 관리에 관해 읽으라

매일 5분씩 시간 관리에 관해 읽으면 동기 부여에 상당한 도움이 될 것이다. 시간 관리에 관한 좋은 책이 없으면 이 열두 원리라도 매일 읽으라.

11. "아니오"라고 말하라

일정을 짠 다음 그 일정을 계획 A로 삼으라. 그런 다음, 그 일정에 들어 있지 않은 것들에 대해서는 당신 자신에게나 다른 사람들에게 "아니오"라고 말하고 그 일정대로 밀고 나가라. 하나님께서 당신이 계획 B를 하도록 옮기실 때만 계획 B로 옮겨 가라.

12. 하루 계획은 전날 밤에 시작하라

전날 밤에 할 수 있는 것들로 무엇이 있는지 한번 보자.

내일을 계획한다
내일의 식사를 계획한다
내일 입을 옷을 미리 꺼내어 준비해 놓는다
부엌을 깨끗이 치운다
내일의 식사를 위해 식탁을 차려 놓는다
집안을 정돈하고 치운다
도시락과 식사들을 준비한다
내일 갖고 가야 할 것을 문 옆에 챙겨 둔다

사소한 일처럼 보이지만 미리 준비하면 집안 정리 정돈과 시간 관리에 큰 도움이 될 것이다. 사소한 일을 할 때 큰일을 할 수 있게 된다는 사실을 나는 발견했다. 이처럼 작은 일들을 일단 시작하게 되면 계속 해나갈 수 있는 힘과 열심이 생길 것이다.

하나님이 기뻐하시는 여성이 되기 위하여

정리 정돈이라는 주제를 끝마치기 전, 가정의 마음이라고 할 수 있는 당신의 마음을 바라보자!
가정과 집안 일에 당신은 어떤 마음을 갖는가? 하나님의 마음과 일치된 마음인가? 가정을 다스리고 인도하는 일에 하나님의 소원과 같은 소원을 갖는가? 하나님이 원하시는 가정 관리인이 되고 싶은가? 가정에서 맡겨진 책임을 잘 감당할 때 당신의 인격이 성장한다는 것, 가정을 잘 다스릴 때 함께 살고 있는 식구들의 삶이 향상된다는 것, 질서정연한 가정은 주님과 그의 백성을 훨씬 더 잘 섬기게 해준다는 것, 이런 사실을 알고 있는가? 지금 가정을 좀더 잘 다스릴 수 있게 해 달라고 하나님께 간구하라. 느릴지라도 전혀 하지 않는 것보다는 낫다는 사실을 기억하라!

가 · 정 · 에 · 서

CHAPTER **16**

아름다운 자수를 놓는 마음

젊은 여자들을 교훈하되……집안 일을 하며
디도서 2:4-5

하나님의 딸들인 우리는 가정에서 아름다운 자수를 놓으라는 임무를 하나님께 받았다. 한 저자는 이 고상한 역할을 다음과 같이 표현했다.

"무엇보다도 가정을 질서정연하고 깨끗하고 편안한 장소로 만들고, 그다음 그곳에 사랑과 평화가 깃들게 함으로 불협화음으로 가정의 화음이 깨지는 일이 없게 하며……경제적 안정을 확보하고 집안의 모든 것을 질서정연하고 아름답게 '엮어 가는' 현숙한 아내를 통해 가정을 가장 매력적인 곳으로 만드는 것이다."[1]

바로 이것이 하나님이 기뻐하시는 여성이 되고자 하는 우리가 이루고 싶은 것이다. 그러나 늘 그렇듯 행위로 하나님을 영화롭게 하려면, 먼저 마음에 하나님의 마음을 품어야 한다.

---

[1] H. D. M. Spence and Joseph S. Exell, eds., *The Pulpit Commentary*, Volume 21 (Grand Rapids, MI: Wm. B. Eerdmans Publishing Company, 1978), p. 36.

부지런히 일할 때 아름답다

하나님의 말씀을 연구해 가는 동안 나는 하나님이 원하시는 가정, 하나님을 섬기는 아름다운 가정을 이루고 싶은 소원이 생겼다. 디도서에서 금광을 발견하고 많은 구절에 밑줄을 그었고, 그러다가 디도서 2:3-5에서 가정에서 노력해야 할 또 다른 비전을 발견했다.

"젊은 여자들을 교훈하되……집안 일을 하며"4-5절.

나는 하나님께서 원하시는 것이 무엇인지 발견할 때까지는 "집안 일" 또는 "가정 주부"라는 말만 들어도 혐오감을 느꼈다. 하나님을 알기 전까지는 그런 단어들이 아주 따분하고 재미없는 허드렛일처럼 들렸다. 그런데 책들을 조사해 본 결과, 가정 주부가 된다는 것은 가정에 머무는 사람, 가정적 경향이 있는 사람, 주부, 가정을 지키는 사람이 된다는 뜻임을 발견했다.[2] 또 다른 책은 여성이 주로 활동하고 기여할 영역은 가정이라고 강조되었다.[3] 또 다른 책에서는 가정 일로 바쁘거나 가정 일에 적극 참여해야 한다는 결론을 내리고 있었다.[4] 가장 큰 감명을 받은 해석은 우리가 "가정을 사랑하는 자"[5]가 되어야 한다는 것이었다.

사실 마음속으로 '가정, 사랑스러운 가정!'을 생각하는 여성이라면 누구나 가정을 사랑하는 자로서의 자격을 갖춘 셈이다. "가정을 사랑하는 자", 이 말은 디도서 2:5의 부르심에 꼭 맞는 마음 자세를 묘사해 준다.

아름다운 자수를 놓는 일은 또한 행동을 요한다. 꿈꾸는 가정, 하나님의

---

[2] James Strong, *Strong's Exhaustive Concordance of the Bible* (Nashville: Abingdon Press, 1973), p. 51.

[3] Donald Guthrie, *Tyndale New Testament Commentaries, The Pastoral Epistles* (Grand Rapids, MI: Wm. B. Eerdmans Publishing Company, 1976), p. 194.

[4] Robert Jamieson, A. R. Fausset, and David Brown, *Commentary on the Whole Bible* (Grand Rapids, MI: Zondervan Publishing House, 1973), p. 1387.

[5] Curtis Vaughan, ed., *The New Testament from 26 Translations* (Grand Rapids, MI: Zondervan Publishing House, 1967), p. 1017.

부르심에 합한 가정을 이루려면, 그곳에서 매일 일하고 자수를 놓아야만 한다. 어떤 모양의 자수를 놓을지 도안해야 하고, 직물과 실을 선택해야 한다. 자수를 다 놓은 후에 완성된 모습이 어떤 모습일지 알아야 하며, 그것을 놓는 동안 사소한 부분들에도 주의를 기울여야 한다.

이 일은 매일의 시간과 노력을 요하며 그 노력들이 합해져 한 가정이 아름답게 만들어지는 것이다. 아름다운 가정은 거기서 수를 놓으라는 부르심과 도전과 기쁨에 부지런히 화답해 적극적으로 일할 때 이루어진다.

그렇지만 어떻게

우리는 가정에서 아름다운 수를 놓고 싶다. 어떻게 시작할 수 있을까?

당신을 향한 하나님의 뜻이 얼마나 축복된 일인지 생각하라

하나님께서 우리를 주부로 부르실 때는 우리를 향한 그분의 뜻을 가르치시는 것이다. 하나님께서 나를 가정 주부로 불러 가정에서 섬기며 가정에서 할 일들을 해내기 원하신다면, 그 일을 하겠다는 생각이 들었다. 그래서 좀더 자주 집에 있기로 결심했다.

이제는 하나님께서 나의 순종을 축복해 주실 것으로 믿고 더 자주 집에 있으면서 가정을 보살핀다. 집에 더 많이 있음으로 정말 많은 축복을 받는데, 한 예로 집에 있으면 돈을 덜 쓴다. 또 칼로리가 적은 음식을 먹어 시간을 절약할 수 있고, 무엇보다 참행복을 체험할 수 있었다. 집에 많이 있음으로 집안의 모든 일이 관리 통제됨을 볼 수 있었고, 이 소중한 현실은 단순히 내가 좀더 집에 있기로 했기 때문에 찾아온 것이다.

내가 강의하는 "하나님이 기뻐하시는 여성"을 수강하고 나와 똑같은 선택을 한 어느 여성의 이야기를 들어 보자.

"전에는 매일 사람 만나랴, 밖에 나가 이런저런 일하랴, 잠시도 집에 붙어 있을 새가 없었다. 남편이 돌아오면 저녁 식사 준비는 고사하고 아침 이부자리가 그대로 있지 않으면 다행일 정도였다. 나는 정말 집에 있는 것을 싫어했다. 사람을 너무 좋아해 사실 가족보다 친구를 더 중요시했다.

그런데 내 인생을 향한 하나님의 계획을 발견하고 우선 순위가 180도 바뀌었다. 얼마나 감사한지! 잠자리에서 일어나면 즉시 침대를 정돈하고, 가정을 질서정연하게 하기 위해 매일 해야 할 목록을 작성한다. 식사 메뉴는 두 주 전에 미리 계획하고 남편이 집에 오기 전에 저녁을 준비한다.

이처럼 남편과 자녀, 가정을 중요하게 생각하면서부터 큰 기쁨을 체험하게 되었다. 그리고 전에는 알지 못했던 만족을 느끼게 되었다."

얼마나 아름다운 이야기요 또 얼마나 아름다운 자수인가!

집안 일은 배울 수 있다는 사실을 명심하라

애석하게도 효율적 가정 관리는 그리스도인이 되면 즉시 자동으로 받게 되는 영적 축복처럼 저절로 받는 것이 아니다. 배움을 통해 가능한 것이다. 성경에 보면 신앙 안에서 나이 든 여성이 젊은 여성에게 이것을 가르쳐야 한다고 되어 있다.

이 사실을 알고 나는 희망을 갖게 되었다. 왜냐하면 우리 집을 어떻게 가정으로 만들어 갈지 전혀 알지 못했었기 때문이다. 그래서 주변에 혹시 디도서 2장에 나오는 나이 든 여성 같은 여성이 없나 살펴보기 시작했다. 감사하게도 그런 여성이 아주 가까이 있었다. 성인 주일학교반을 가르치고 있던 교사의 아내, 제인이 바로 그런 여성이었다.

제인은 분명히 하나님이 기뻐하시는 여성이었다. 비록 동갑이지만 나보다 반세기는 더 산 여인의 지혜를 갖고 있는 듯했다. 그녀를 자세히 관찰하면서 그녀가 하나님과 정말 깊은 관계를 갖고 있는 경건한 여성이라는 사실을 발견했다. 남편과 함께 있는 제인의 모습에서, 나는 남편을 돕고 순복하며 존중하고 사랑하는 여인의 모습을 발견했다. 학령 전 아동인 두 아들 역시 아주 순종적이며 공손하고 품행이 방정했다.

남편의 제안에 따라 용기를 내서 그녀에게 전화를 걸었다. 그리고 좀 만나 줄 수 있겠느냐고 물었다. 그러자 반색하며 좋아하는 것을 목소리에서 느낄 수 있었다. 어디서 만나고 싶어했는지 아는가? 바로 자기 집이다. 그녀의 집은 안주인처럼 모든 것이 깨끗하고 정돈되어 있었다.

제인과 함께 보낸 시간으로 인해 하나님을 찬양한다. 그녀는 우리 가정의 수를 어떻게 놓아 가야 할지 방향 제시를 해주었다. 먼저 그녀의 경건 생활을 이야기했는데, 자신이 무엇을 어떻게 공부했는지 정확히 말해 주었고, 자신이 공부한 곳을 보여 주며 기도 노트도 볼 수 있게 해주었다.

그런 다음 결혼 생활에 대해 이야기했다. 꼭 읽어야 할 좋은 책들과 자신이 어떻게 남편을 사랑하며 섬겨 왔는지 소상하게 말했다. 두 아들에 대해서도 말해 주었다. 가족을 어떻게 사랑하고, 자녀를 어떻게 양육할지 자신의 개인적 원리와 성경적 원리를 알려 주었다.

끝으로 가정 자체의 문제로 넘어갔는데, 정말 뜻하지 않은 보너스를 얻었다. 제인이 자기 집안을 다 구경시켜 준 것이다. 부엌의 찬장을 보여 주고, 옷장과 서랍 및 방문을 다 열어 보여 주는 것이다. 나는 할 말을 잃었다. 우리 집안과 전혀 달랐기 때문이다. 제인은 자랑하기 위해 그런 것이 아니다. 자신에게 효과적이었던 한 방법을 내게 보여 주었던 것이다.

지금도 부엌에서 말하던 제인의 목소리가 귀에 쟁쟁하다. 부엌에서 그녀는 몸을 구부려 찬장 서랍 아래 칸 문들을 열어 보여 주었는데, 그 속에는 접시가 잔뜩 들어 있었다. 그것을 보여 주며 다음과 같이 설명했다. "'모든 것을 한 곳에, 제자리에 두자'는 것이 내 원칙이에요. 여기는 접시와 냅킨을 넣어 두는 곳이지요. 이 찬장 서랍은 세척기 바로 옆에 있어 애들도 세척기에서 접시를 꺼내 넣도록 낮은 칸을 택했지요. 또 애들이 식탁을 차릴 때도 자기들 키에 맞기 때문에 쉽게 꺼낼 수 있지요."

이 교훈은 정말 돈 주고도 살 수 없는 것이다. 나는 그것을 모두 다 듣고 보았다. 그 몇 시간이 내게는 정말 생이 변화되는 시간이었다.

또 집안 청소법을 가르쳐 준 친구가 있는데, 그 배움은 아주 우연찮게 이루어졌다. 하루는 교회 여전도회 모임 계획을 세우는데, 베벌리가 "금요일은 우리 집 청소하는 날이니 그날은 빼 주세요!" 하는 것이다. 그리고 청소 계획을 어찌나 신바람나게 이야기하든지 나는 청소하는 것 좀 구경해도 되겠느냐고 물었다. 이렇게 그녀의 집을 방문했다.

그날 아주 값진 교훈을 배웠다. 그 친구는 청소하기 제일 싫은 곳, 즉 화장실과 욕조부터 청소하기 시작했다. 무엇을 사용해 어떻게 청소하는지, 솔과 스폰지, 마른 걸레 등은 어디에 두는지 자세히 보았다. 그 다음 방청소를 했는데, 방문 왼쪽에서 시작해 빙 돌아가며 단 몇 분 만에 끝냈다.

앤 오틀런드가 쓴 다른 책에서 제자훈련 그룹에 관해 읽은 것인데, 그녀는 첫 모임에서 그룹원에게 자신의 집을 보여 주며 이렇게 말했다.

"이것이 저의 집입니다. 곧 저입니다. 이 안에 있는 방과 옷장, 서랍, 찬장, 책장을 마음대로 열고 들여다보십시오. 여러분이 보는 것이 바로 저입니다. 진짜 제 모습입니다."[6]

좀더 자주 집에 있으라

한번은 남편이 우리 가정을 아름답게 만드는 데 아주 큰 공헌을 해주었다. 물론 남편은 그것을 모르지만. 당시 젊은 엄마였던 나는 어린 두 딸을 키우고 가정 관리 일이 너무 힘겨워 남편에게 우는 소리를 했다. "뭐가 문

---

6) Anne Ortlund, *Love Me with Tough Love* (Waco, TX: Word, Incorporated, 1979), p. unknown.

젠지 모르겠어요. 무엇 하나 제대로 끝내는 게 없으니." 그러나 사실 시간 관리 전문가요 영적으로 행정 은사를 가진 남편은 그런 불평을 하기에 적당한 사람이 아니었다.

아무튼 내가 우는 소리를 하자, 남편은 달력을 가져오라고 했다. 달력을 갖다 주자, "자, 집 밖에서 일을 보아야 할 요일이 언제요?"라고 물었다. 나는 수요일이라고 대답했다. 교회에서 성경 공부 모임이 있는 날이고, 그 모임에는 꼭 참석하고 싶었고 또 절대적으로 참석해야만 했다.

그러자 남편은 "좋아요, 그럼 수요일은 당신이 밖으로 나가는 날이오. 그렇다면 장보는 일, 친구 만나는 일, 기타 다른 볼일을 수요일에 다 보고 나머지 날은 집에 있으면 되겠네."라고 말하는 것이다.

물론 남편이 실제로 그렇게 말한 것은 아니지만, 완전히 외출이 금지되었다. 그날 이후, 그의 아이디어에 얼마나 감사하는지 모른다. 간단한 충고 한마디가 내 삶을 변화시키고 우리 집을 아름답게 가꾸는 큰 도움이 되었기 때문이다.

후에 남편의 그 충고가 얼마나 귀한지 말씀을 통해 깨달았다. "지혜는 명철한 자의 앞에 있거늘 미련한 자는 눈을 땅 끝에 두느니라" 잠 17:24.

다시 말해 지혜는 우리 앞에 있는 것, 즉 우리 집을 직시한다. 지혜로운 여인은 집에 있는 것이 얼마나 가치 있는지 깨닫는다. 그러나 어리석은 여인은(예전의 나) 항상 성취, 흥분, 활동, 의미 발견을 위해 "밖"(백화점, 염가 할인장, 친구 집 등)을 내다보고 있다. 체계적인 생활을 하도록, 집에서 분주히 일하며 시간과 정력을 들여 아름답고 영원한 가치 있는 것을 짜도록 도와준 지혜로운 남편에게 감사한다. 매주 수요일만 밖에 나가는 그 계획을 지금도 실천하는데, 얼마나 효과적인지 모른다.

한 가지 말하고 싶은 것은 나도 여러 다양한 삶의 양식을 알고 있다는 것이다. 그 동안 행정 담당 비서도 하고, 교사(시간제 교사, 야간학교 교사, 전담 교사)도 해 보고, 집에서 엄마 노릇, 회계 담당도 해 보았다. 지금은 전임으로 일하는 외에, 남편과 함께 시작한 그리스도인 성장을 위한 사역과 관련된 모든 일을 관리하고 있다. 거기다 거의 주말마다 강연이나 세미나로 여기저기 돌아다녀야 하고……매일 글을 쓴다.

나의 하루는 아침 일찍부터 밤까지 계속된다. 왜냐하면 나 자신이 하는 "일"뿐 아니라 하나님께서 나를 사용하사 가정이라는 자수 속에 그분의 아름다움을 수놓도록 집에서도 열심히 일하기 때문이다. 내가 하는 "일"이 무엇이든, 남편과 자녀와 가정이 더 중요하며 더 우선 순위에 있다. 내일, 내 사역은 나를 향한 하나님의 우선 순위 저 밑에 있다. 가정을 사랑하고 아름답게 가꾸는 여인이 되는 것이 목록 거의 맨 꼭대기에 있다.

나 외에는 아무도 우리 가정을 관리할 책임을 갖지 않는다. 나는 집에 있으면서 계속 아름다운 수를 놓기 위해, 정말 하고 싶은 많은 것에 "아니오" 했다. 밖에서 점심 식사하는 경우도 아주 드물며 쇼핑도 주로 우편으로 한다. 이 사람 저 사람과 오랫동안 전화 통화도 포기했고, 심지어 책 읽는 것마저 꼭 읽어야 할 것만 읽는다. 이 모든 변화는 집에서 좀더 시간을 보내기로 결심했을 때 일어났다.

밖에 나가는 것을 조직적으로 하라

시일이 좀 걸리긴 했지만 세탁소에 가고 싶다고 바로 세탁소로 달려갈 수는 없음을 알았다. 밖에서 다른 일을 보는 날 세탁소에도 들러야 했다. 그래서 자질구레한 일들, 즉 세탁소나 우체국, 은행이나 식료품 가게에 갈 경우에 "오고가는 길"에 들르는 습관을 키우기 시작했다.

어느 날 아침, 이 원리를 실천하는 사람을 보았다. 갑자기 폴크스바겐 차가 세탁소 앞에 서더니 한 여인이 엔진도 끄지 않은 채 차에서 뛰어나왔다. 세탁물을 잔뜩 들고 안으로 급히 들어가 카운터 위에 놓았다. 그 사이 세탁소 점원은 급히 뛰어가 이미 세탁이 끝난 옷들을 갖다 실었다. 그녀는 급히 나가 차를 몰고 다음 가게로 갔다. 이 모습을 그려 보라.

직장 여성 유니폼에, 신발은 후다닥 뛰어 일을 빨리 처리하기 좋은 테니스화에, 채 손질이 끝나지 않은 머리 모습! 아침 8시 15분. 직장에 일하러 "가며" 잔일들을 보고 있음에 틀림없었다.

직장 여성을 위해 특별히 도움 되는 책을 많이 읽었는데, 주요 충고는 휴식 시간을 잘 활용하라는 것이다. 휴식 시간은 물론 점심 시간도 포함되었다. 직장 여성은 점심 시간을 험담이나 불평 또는 공허한 말을 하며 부정적으로 사용할 수도 있고, 직장 일이 끝난 후 곧바로 집으로 가도록 우체국이나 식료품 가게에 들르든지 하여 긍정적으로 사용할 수도 있다.

가정 밖에서 직장 생활을 한다면, 집에서 좀더 많은 시간을 보내도록 이 두 가지 방법을 활용해 보라. 직장에 가는 길과 직장에서 돌아오는 길에 잔일을 보고 점심 시간을 활용하라! 그렇게 하면 집에 도착했을 때 마음이 흡족할 것이요, 당신 자신이 원하고 하나님이 원하시는 그런 가정 주부가 되는 데 도움이 될 것이다.

하나님이 기뻐하시는 여성이 되기 위하여

여성 여러분, 하나님의 가르침을 마음에 새기라. 당신은 자기 집을 소중히 여기는가? 가정이 당신에게 "진짜 가정, 아름다운 가정"이 되는가? 집을 떠나 있으면 그곳을 그리워하는가? 마음이 정말로 가정에 가 있는가? 그곳과 거기 사는 사람들이 당신에게는 무엇보다도 누구보다도 더 중요한가?

오래 전, 가정 관리에 대한 하나님의 부르심과 이 같은 질문에 대해 "예"라고 답했을 때, 한 목록을 작성했다. 그것은 나의 가정, 아름다운 가정에 관해 "나는……을 할 것이다(I will)"라는 목록이다(그 전에 시편을 읽으며 시편 기자가 "나는……할 것이다"라고 말한 것을 모두 적은 적이 있다). 나는 하나님과 나 사이의 이 언약을 "주부의 마음"

이라 칭했다. 그 목록은 다음과 같은데, 우리가 지금까지 살펴본 내용 중 많은 부분이 포함되어 있다.

나는 이렇게 할 것이다.
1. 영적으로 육적으로 준비된 하루를 맞기 위해 가족이 일어나기 전에 일어날 것이다.
2. 가족을 위해 아침 식사를 준비하고 그들이 식사하는 동안 함께 앉아 있을 것이다.
3. 우리 가족 모두 기분 좋은 마음으로 집을 나설 수 있도록 부지런히 일할 것이다.
4. 남편에게 매일 내가 무엇을 해주기 원하는지 물어 볼 것이다.
5. 집안을 늘 깨끗하게 치우고 정돈할 것이다.
6. 긍정적 반응을 보일 것이다.
7. 남편의 필요를 채워 줄 것이다.
8. 남편을 자녀보다 더 우선 순위에 둘 것이다.
9. 가족이 귀가할 때 한 사람 한 사람을 따스하게 맞이할 것이다.
10. 늘 행복할 것이다. 가족이 나는 으레 행복한 사람인 것으로 생각하게 할 것이다.
11. 우리 가족을 위해 특별하고 좋은 식사를 만들 것이다.
12. 식사 시간을 특별한 시간으로 만들 것이다.
13. 신앙 생활, 결혼 생활, 가족, 가정 관리 분야에서 매일 성장해 갈 것이다.

당신은 주부의 마음을 갖고 있는가? 그렇지 않다면, 하나님께 당신을 변화시켜 달라고 구하라. 하나님께서 순종할 수 있는 능력을 주실 때, 그분은 또한 당신이 그 임무를 행하며 기쁨을 누릴 수 있게 해주실 것이요 당신이 놓고 있는 그 수를 한층 더 아름답게 만들어 주실 것이다.

자·신·에·대·해·서

CHAPTER **17**

영적 성장으로 강건해진 마음

오직 우리 주 곧 구주 예수 그리스도의 은혜와
저를 아는 지식에서 자라가라
베드로후서 3:18

　잠언 말씀은 내게 큰 기쁨을 준다. 새 힘을 주시는 하나님의 지혜를 사랑하며 잠언 31장 10-31절에 묘사된 여인을 사랑한다. 이 훌륭한 여인은 내게 시계를 생각나게 해준다. 두 손을 부지런히 놀리며 늘 분주하게 일하는 모습이 눈에 선하다. 그 스물두 절에 묘사된 그녀의 모습은 아내요 엄마요 가정 주부로서 하나님께 받은 임무들을 충성되게 이행하며 바쁘게 살아가는 모습이다. 그런데 그녀로 하여금 시계처럼 부지런히 움직이며 모든 일을 감당하도록 충전시켜 주는 것은 무엇일까? 그녀의 마음속 깊은 동기는 대체 무엇일까?

　당신과 나도 하나님이 기뻐하시는 여성으로 살아가도록 충전시켜 줄 무엇이 필요하다. 그것은 하나님이 주신다. 여자로서 하나님께 부여받은 임무를 성취하려면, 우리를 움직이게 할 무엇이 우리 마음에 있어야 한다. 그렇지 않으면 하나님이 기뻐하시는 여성이 되지 못할 것이다. 우리를 이처럼 움직이게 하는 것은 바로 하나님의 영이다. 우리 안에 하나님의 영이 계시지 않다면 맡겨진 임무를 계속할 수 없을 것이요, 하나님의 말씀과 그 분의 뜻을 충성되게 수행해 나갈 힘을 발견할 수 없고, 시작한 일을 끝낼 수 없을 것이다.

나는 경건한 삶을 살려 할 때 무엇이 계속 새 힘을 주고, 신이 나게 하며, 동기를 부여해 주는지 배웠다. 바로 영적 성장이다. 우리가 영적으로 성장해 갈 때, 즉 좀더 그리스도를 닮아 갈 때, 우리 마음이 강건해지며 우리 마음이 채워지고 우리가 주님 명령에 잘 순종할 수 있게 된다.

영적 성장 : 예수 그리스도 안에서의 시작

인생을 어떻게 살 것인지 두 가지 선택이 있는데, 하나는 예수 그리스도와 함께 사는 것이요 다른 하나는 예수님 없이 사는 것이다. 그 중간은 없다. 둘 중 하나를 택해야만 한다. 왜냐하면 성경이 그렇게 말하기 때문이다.

> 또 증거는 이것이니 하나님이 우리에게 영생을 주신 것과 이 생명이 그의 아들 안에 있는 그것이니라 아들이 있는 자에게는 생명이 있고 하나님의 아들이 없는 자에게는 생명이 없느니라 요일 5:11-12.

이 말씀처럼 예수 그리스도 없이는 생명이 없다.

나는 28년간 생명 없는 끔찍한 삶을 살았다. 사실 나는 아주 좋은 가정에서 부모님 사랑을 듬뿍 받으며 자랐다. 부모님은 주일마다 나를 교회로 데려가 하나님 진리에 접하게 해주셨을 뿐 아니라 매일 가정에서까지 하나님 진리에 접할 수 있게 해주셨다.

그럼에도 불구하고 내가 이해하지 못한 아주 중요한 진리가 몇 가지 있었는데, 그중 하나는 예수 그리스도를 정확히 몰랐다는 것이다. 나는 예수님을 사랑했고 예수님이 하나님의 아들이시라는 사실을 믿었다. 그러나 예수님이 하나님의 아들이라는 것이 곧 예수님은 하나님이시라는 사실을 의미한다는 것은 모르고 있었다. 성경의 분명한 교훈을 가르치는 책을 읽고서야 겨우 예수 그리스도는 육신을 입은 하나님으로 이 땅에 오셔서 나 같은 죄인을 구원하기 위해 십자가에 돌아가셨다는 사실을 이해하기 시작했다.

내가 이해하지 못한 두 번째 진리는 죄에 대한 성경적 이해였다. 나는 진심으로 하나님과 예수님, 성령을 믿고 성경의 이적을 믿고 심지어 기도도 했다. 나는 아주 "선한" 사람이었다. 나는 그것이 중요하다고 생각했다. 그러나 죄인이라는 사실은 전혀 몰랐다롬 3:23. 이처럼 죄를 짓지 않았으니 당연히 구세주가 필요 없었다.

그러던 어느 날, 나는 부엌에 서서 두 주먹을 불끈 쥐고 천정을 향해 소리쳤다. "이것이 인생의 전부는 아니야. 분명히 더 나은 뭔가 있을 거야." 절망 가운데 나온 이 울부짖음에 하나님께서 역사하사 나를 그분께 향하게 하셨다. 나로 하나님과 그 아들과 나의 죄를 온전히 깨닫게 해주셨다. 이런 깨달음을 주셨을 때, 비로소 내게 구주가 필요하다는 사실을 알게 되었다. 내가 구주 예수님 안에서 발견한 것은 무엇일까?

새 출발

예수 그리스도의 구원의 능력을 체험할 때, 우리는 과거에 지은 죄를 용서받고 새 출발할 수 있다. 이때 인생을 사는 지혜와 옳은 것을 행할 능력을 부여받는데 사도 바울은 이렇게 표현하고 있다.

"그런즉 누구든지 그리스도 안에 있으면 새로운 피조물이라 이전 것은 지나갔으니 보라 새 것이 되었도다"고후 5:17.

하나님의 사랑과 용납

울적해지거나 낙심되거나 의심이 들 때, 패배감에 시달리거나 당황스러울 때, 나는 즉시 자신에게 말한다.

"무슨 일이 일어났든, 인생이 어떻게 보이든, 네 기분이 지금 어떻든 아무 상관없다. 너는 하나님의 사랑하시는 자, 예수님 안에서 용납된 자다. 그보다 더 중요한 것은 없다!" 하나님은 그의 사랑하시는 자 안에서 우리를 용납하셨다.

성령 안에 있는 하나님의 능력

당신의 삶에 역사하시는 하나님의 능력! 상상이 가는가? 당신이 그리스도를 구주로 영접할 때 바로 그렇게 된다. 즉 하나님께서 성령을 통해 당신에게 능력을 주셔서, 선한 일을 하게 하시고 변화된 삶을 살게 하시며 다른 사람을 돕는 삶을 살게 하시며 그리스도를 위해 일할 수 있게 하신다. 예수님은 "오직 성령이 너희에게 임하시면 너희가 권능을 받고"행 1:8 라고 말씀하셨다.

하나님의 전적인 충족성

당신이 지금 어떤 문제와 장애물에 직면하고 있든, 어떤 고난과 투쟁을 겪고 있든 하나님께서는 이렇게 말씀하신다.

"내 은혜가 네게 족하도다"고후 12:9.

당신이 지금 어떤 어려움에 직면해 있든 – 유혹일 수도 있고, 힘든 결혼생활이나 자녀와의 문제일 수도 있고, 재정적 필요일 수도 있다 – 하나님은 당신에게 약속하신다.

"내 은혜가 네게 족하다."

영적 성장 : 지식의 추구

예수님은 우리의 구주가 되실 뿐 아니라 하나님을 기쁘시게 하는 삶을 살 수 있는지 본을 보여 주셨다. 예수님의 삶은 "그 지혜가 자라간" 삶이었다눅 2:52. 잠언에는 이런 성장의 중요성을 반영해 주는 구절이 있다이 구절은 내게 계속 도전을 주는 구절이기도 하다.

> 명철한 자의 마음은 지식을 요구하고 미련한 자의 입은 미련한 것을 즐기느니라잠 15:14.

달리 말해, 총명한 자는 지식을 구하지만 어리석은 자는 아무 가치도 맛도 영양가도 없는 말과 생각을 헛되이 하고 또 한다는 것이다.

우리는 무엇으로 마음을 채우는가? "쓰레기를 넣으면 쓰레기가 나온다"는 말을 귀담아 듣는가? 하나님, 저희가 늘 지식을 구하고 무가치한 것에 귀한 시간을 낭비하지 않게 하소서. 나는 "두툼한 자료집 다섯 권을 준비해서 활용해 봐요!"라는 어느 여성의 충고에 따라 교훈, 책들, 연구 자료 및 사역을 위한 자료집을 활용하고 있다.

두툼한 자료집 다섯 권을 준비하라

내가 그랬던 것처럼 당신도 이 말이 무슨 뜻인지 궁금할 것이다. 아무튼 무슨 뜻인지 설명하기 전에 먼저 자료집 다섯 권부터 준비하라.

전문가가 되기로 작정하라

자료집을 준비했으면, 전문가가 되고 싶은 분야 다섯을 택해 각각의 자료집에 라벨을 붙이라. 다섯 가지 모두 영적 분야에서 택해야 한다는 사실을 명심하라. 앞에서 읽은 잠언을 기억하는가? 그렇다면 무가치한 것보다 영원히 가치 있는 주제들을 택하고 싶을 것이다. 다음 질문은 다섯 분야를 결정하는 데 도움이 될 것이다.

"어떤 사람으로 알려지고 싶은가?"

"어떤 사람으로 기억되기 바라는가?"

예를 들어, 우리 친구 중 하나는 그녀의 이름만 들어도 기도를 연상케 한다. 기도에 관해 가르칠 사람이 필요할 때, 여성을 위한 기도의 날을 갖고 싶을 때, 어떤 모임을 위해 기도할 사람이 필요할 때 그녀를 생각한다. 그녀는 20년 이상 성경에 나오는 기도의 인물을 자세히 관찰하고, 기도에 관한 구절을 읽을 뿐 아니라, 자신이 실제로 기도하면서 기도에 관한 성경의 가르침을 연구해 왔다. 기도는 분명히 그녀의 전문 분야다. 즉 그녀의 두툼한 다섯 권의 자료집 중 하나에 속한 분야다.

또 한 친구는 교회 모임에서 시간 관리에 대해 강의한다. 이들은 모두 자기 분야에서 전문가들이 되었다.

여러 해에 걸쳐, 내가 가르치는 학생들이 만든 두툼한 자료집 주제를 모아 목록을 작성해 보았다. 그중 몇 가지를 적어 보겠다. 제목을 참조하면 당신이 전문 분야를 결정하는 데 조금이나마 도움이 될 것이다.

- 실제적인 것 – 손님 접대, 건강, 자녀 양육, 가정 관리, 성경 공부 방법
- 신학적인 것 – 하나님의 속성, 믿음, 성령의 열매
  - 인물 및 인격 – 경건 생활, 믿음의 영웅, 사랑, 경건한 미덕들
  - 사역 – 상담, 가르침, 섬김, 여성 사역
  - 생활 양식 – 독신 여성의 삶, 부모 역할, 정돈 및 조직, 과부의 삶, 목회자의 가정

주제는 아주 다양하다. 그러나 개인적인 것 – 거룩, 자제, 순복, 만족함 – 에 관한 주제는 전혀 없다.

우리가 영적으로 성장할 때 사역을 위한 준비가 되는 것이다. 이것은 앞으로 사역할 때, 다른 사람에게 줄 수 있기 위해 자신부터 채우는 것이다.

자료집을 채워 나가라

자료집에 자료를 채워 넣기 시작하라. 즉 "(당신의) 주제에 관한 모든 것을 읽고……그 주제에 관한 기사, 책, 전문 잡지, 신문에서 오려 낸 것 등을 읽고……그 주제에 관한 세미나에 참석하며……그 주제를 가르치며……그 분야에서 가장 뛰어난 사람과 시간을 보내며 배우는 등……당신의 전문성을 갈고 닦으라."[1] 자료집이 점점 두툼해질 것이다.

가장 중요한 것은 관심 분야에 대해 성경을 읽는 것이다. 하나님의 생각이 가장 중요한 지식이기 때문이다. 내 경우에는 성경책에 표시를 해놓는다. 이미 말했지만 성경에서 여성에 관한 구절이 나오면 밑줄을 긋는다. 따라서 나의 다섯 권 자료집 중 하나는 "여성"이라는 주제다. 밑줄을 그을 때, 옆의 여백에 여성woman의 첫 글자인 "W"자를 적어 넣는다. 또 교훈이나 가르침teaching에 관한 구절 옆에는 교훈의 첫 글자인 "T"자를 적고, 시간 관리time management에 관한 구절 옆에는 "TM"을 적는다.

이처럼 전문 분야를 택하고 그 분야에 관한 성경 구절 옆에 적을 특별 글자까지 정하면, 너무 신이 나서 아침에 자명종이 울리기도 전에 일어나 당신이 지혜를 필요로 하는 분야에 대해 하나님은 뭐라고 말씀하시는지 알아보기 위해 성경을 펼 것이다.

자신의 5가지 주제에 관해 연구하는 동안, 사역을 위해 자신부터 성장하는 것이다. 내 경우, 시어머님 추도 예배에서 감명받아 영원한 문제에 관해 연구하기로 다짐했다.

---

1) Ted W. Engstrom, *The Pursuit of Excellence*(Grand Rapids, MI: Zondervan Publishing House, 1982, 『유능한 사람이 되는 비결』 – 생명의말씀사 역간), p. 30 – 31.

책 서두에서 말했듯이 우리 어머님은 "삶은 오직 한번뿐이다. 그런데 이 삶도 곧 과거지사가 될 것이요, 오직 그리스도를 위해 행한 것만이 영원히 지속될 것이다"라는 말을 듣고 사신 분이다. 어머님은 매일 아침 하나님의 것으로 마음을 채우고, 하루 종일 그것을 가지고 다른 사람을 위해 봉사하며 사셨다. 남을 섬기려면 자신부터 영원한 가치가 있는 것들로 채워야 한다.

영적 성장 : 자신의 몸을 돌보는 청지기

당신은 어쩌면 이 주제는 말하지 않았으면 할지도 모른다. 그러나 성경은 자신의 몸 관리가 사역 및 삶의 질에 영향을 미친다고 말씀한다. 사도 바울은 이렇게 표현한다.

내가 내 몸을 쳐 복종하게 함은 내가 남에게 전파한 후에 자기가 도리어 버림이 될까 두려워함이로라 고전 9:27.

육체에 관한 우리의 목표는 훈련과 절제다. 이것은 하나님이 은혜로 주신 선물이다갈 5:23. 우리 안에 거하시는 하나님의 영이 우리에게 유혹에 넘어가지 않을 힘을 주신다. 또 식욕에 지배되는 대신 식욕을 절제할 힘, 우리 몸을 쳐서 복종케 할 수 있는 힘을 주신다.

나는 가끔 힘차게 살며 봉사하는 여성에게 어떻게 그렇게 살 수 있냐고 묻는데, 그때마다 그들은 식이요법과 운동이라는 말을 어김없이 한다. 하나님을 섬기는 좋은 날들로 채워진 질 높은 삶이 당신 목표인가? 그렇다면 자신의 몸을 잘 돌보라. 그것이 비결이다.

영적 성장 : 예수님처럼 되는 것

예수님은 지혜마음와 키육체가 자라셨을 뿐 아니라 하나님께 더욱 사랑스러워 가셨다눅 2:52. 예수님처럼 될 수 있다면 얼마나 좋을까! 어떻게 하면 우리도 이 방면에서 예수님처럼 자라갈까?

지식에서 자라가라

예수님은 우리의 모델이다. 하나님은 우리가 "우리 주 곧 구주 예수 그리스도의 은혜와 저를 아는 지식에서 자라갈" 뿐 아니라벧후 3:18, 그의 발자취를 좇아 "하나님을 아는 것에서도 자라가기를" 원하신다골 1:10.

빌립보 교회를 위해 바울이 기도한 것처럼, 우리 자신을 위해 우리의 "사랑을 지식과 모든 총명으로 점점 더 풍성하게"빌 1:9 해 달라고 기도해야 한다. 그리고 그 모든 지식으로 말씀을 듣고 말씀을 행하는 자가 되어야 한다.

계획을 세우라

지식이 자라가는 것도 식사 준비를 하듯 계획을 세워야 한다. 가족이 여섯 시에 식사할 수 있으려면, 정한 시간에 일정한 일을 해야 한다. 마찬가지로 하나님을 아는 지식이 자라가는 것도 일정한 시간에 일정한 품목(종이, 펜, 읽기 스케줄 등)을 가지고 일정한 곳에 앉아 일정한 일을 해야 한다. 그렇게 할 때 잔치를 즐길 수 있다!

무엇인가 하라

"조금이라도 하는 것이 아무것도 하지 않는 것보다 낫다"는 사실을 기억하며 계획을 세우라. 중요한 것은 무엇인가를 한다는 것이다. 자신을 격려하고 책임감을 갖기 위해 하나님과 함께한 시간을 기록해 두라. 내 경험을 들어 보면 그 이유를 알 것이다. 어느 날 하나님과 함께한 시간을 기록한 노트를 보고 깜짝 놀랐다. 주님과 함께 시간을 보내지 않은 것이 겨우 3, 4일밖에 되지 않는다고 생각했는데, 두 주 동안이나 주님과 함께하는 시간을 가졌다는 표시가 없었던 것이다!

영적 성장 : 다른 사람들과의 교제

예수님은 자라가실 때, 또한 "사람에게 더 사랑스러워 가셨다"눅 2:52. 당신도 이처럼 되기 위해, 즉 다른 사람과의 관계를 향상시키기 위해 다음 세 가지 방법을 시도해 보라.

당신의 마음에 신경 쓰라

이것은 반드시 필요하다. 당신의 행동은 곧 사람을 향한 당신의 마음 자세를 나타내는 것이기 때문이다. 이것은 잠언의 메시지이기도 하다.

"그 마음의 생각이 어떠하면 그 위인도 그러한즉"잠 23:7.

비판적이요 부정적이요 해악적이며 질투하는 생각은 하나님 말씀에 위배될 뿐 아니라빌 4:8 그 같은 행동을 불러온다. 따라서 항상 사랑스럽고 긍정적이며 온화한 생각을 하도록 자신을 훈련시키라.

입을 조심하라

다른 이와의 관계는 잠언 31장의 여인의 본을 따라 살 때 향상된다.

"입을 열어 지혜를 베풀며 그 혀로 인애의 법을 말하며"잠 31:26.

생각이 지혜롭지 못하고 친절하지 못하다면, 입을 꼭 다물고 있으라.

태도를 조심하라

하나님을 기쁘시게 하고 사람에게 인정받는 첫 번째 길은 모든 이의 종이 되는 것이다. 모든 이의 종으로 우리가 하나님께 받은 임무는 존경하기를 서로 먼저 하라는 것이다롬 12:10. 다른 사람을 자신보다 더 중요하게 생각할 때 비로소 우리는 그리스도의 마음과 태도를 갖게 된다빌 2:4-5.

초점을 자신이 아닌 다른 사람에게 맞춰야 한다. 즉 타인 중심이 되어야 한다. 이렇게 되려면 평범하게 들리겠지만, 자신그리고 자녀에 대해 생각하는 것을 중단하고 대신 다른 사람에 대해 생각하는 훈련을 해야 한다. 또 선한 태도도 배워야 한다. 사랑은 선한 태도를 갖기 때문이다고전 13:5.

앤 오틀런드는 이렇게 말했다.

"이 세상에는 두 부류의 인간이 있다. 당신이 방 안에 들어설 때, 사람들은 당신의 태도를 보고 어느 쪽에 속하는지 알 수 있다. 즉 당신은 '여기 내가 왔노라'는 식의 태도를 보이든지 아니면 '오, 여기 계셨군요'라는 식의 태도를 보일 것이다."

그녀는 후자에 속한 사람을 설명하기 위해 다음의 예를 들었다.

"매주 아침마다 여러 개의 화환을 만드는 하와이 여성이 있었다. 그녀는 화환을 만든 후 이렇게 기도한다. '주님, 오늘 만든 화환을 필요로 하는 사람이 누구인지요? 새신자입니까? 아니면 낙심한 사람입니까? 그것이 필요한 사람에게 저를 인도해 주십시오.'"[2]

당신은 어떤 부류인가? 이 하와이 여인처럼 어떻게 하면 하나님 사랑으로 누군가 격려할 수 있을까 싶어 주변을 둘러보는 여성인가, '오, 여기 계셨군요'라고 말하는 타입인가? 하나님이 당신을 그분 마음에 합한 자로 자라가게 하실 수 있도록 하라. 그러면 하나님께서 당신을 그런 여성으로

---

[2] Anne Ortlund, *The Disciplines of the Beautiful Woman*(Waco, TX: Word, Incorporated, 1977), pp. 96, 98.

자라가게 해주실 것이다.

하나님이 기뻐하시는 여성이 되기 위하여

그리스도인인 당신과 나는 영적인 축복으로 충만하다엡 1:3. 하나님의 선한 것갈 5:22-23, 하나님의 영갈 4:6, 봉사할 수 있는 은사고전 12:7-11; 롬 12:6-8로 충만하다. 하나님은 다른 사람과 나누게 하시기 위해 이런 영적 축복으로 채워 주셨다. 따라서 우리는 영적으로 성장해야 한다.

영적 성장의 기초는 예수 그리스도 안에 있고 성령의 힘으로 이루어진다. 당신은 예수님을 구주로 영접했는가? 성령께서 당신 마음에 거하고 계신가? 성령의 임재가 바로 당신을 하나님이 기뻐하시는 여성으로 변화시킬 것이다. 당신은 구원의 확신을 누리고 있는가? 하나님은 이렇게 약속하셨다.

"영접하는 자 곧 그 이름을 믿는 자들에게는 하나님의 자녀가 되는 권세를 주셨으니" 요 1:12.

"저예수님를 믿는 자마다 영생을 얻게 하려 하심이니라"요 3:16.

하나님 가족의 일원인 당신은 또한 그리스도의 마음을 받았다고전 2:16. 당신은 하나님 말씀의 지식, 즉 다른 사람에게 전해 줄 말씀의 지식으로 열심히 마음을 채우고 있는가? 또 하나님의 영광을 위해 사용되도록 자신의 몸을 하나님께 드리고 돌보며 훈련하고 있는가? 다른 사람을 향한 사랑을 키우고 있는가-사람에 대해 그리스도께서 하신 것처럼 생각하고 말하고 행동하는가?

하나님은 무엇보다도 마음을 다하고 힘을 다하고 뜻을 다하여 하나님을 사랑하라는 소명을 당신에게 주셨다눅 10:27. 그리고 하나님 안에서 누리는 그 풍성한 사랑이 이웃에게로, 다른 사람의 삶으로 흘러 들어가게 하라는 소명을 주셨다눅 10:27. 이런 이유 때문에 하나님 안에서 영적 성장으로 강건해진 마음이 중요한 것이다.

자·신·에·대·해·서

CHAPTER **18**

주 안에서 기뻐함으로
부요해진 마음

……하나님의 모든 충만하신 것으로 너희에게 충만하게 하시기를 구하노라
에베소서 3:19

어느 주일 아침, 교회 안뜰에 서서 오랫동안 알아온 샤론과 이야기했다. 우리 교회에 23년간 몸담고 있는 동안, 샤론은 나 같은 여성이 주님의 우선 순위를 실천하며 살 수 있게 도와주었다. 샤론은 디도서 2:3에 나오는 (나이 든) 충성된 여성으로 많은 이에게 축복이 되는 인물이었다.

그날 아침, 그녀는 기운이 펄펄 나는 듯 보였다. 두 눈이 반짝거리고 온몸에서 불꽃이 튀는 것 같았다. 샤론의 모습은 구주 안에서 활기찬 삶을 살며 주 안에서 마음을 다해 성장하고 있음을 분명히 보여 주었다. 지금도 환한 미소로 빛나던 그녀의 얼굴과 총기 서린 두 눈이 생각난다. 너무 기뻐 혼자 간직할 수 없다는 듯 온몸으로 자신의 메시지를 전했다.

그녀가 그토록 신나서 한 이야기가 무언지 아는가? 샤론은 다음날 듣게 될 특별 연사의 메시지를 고대했다. 다음날까지 기다릴 수 없을 정도로 들떠 있었다. 그날 밤 한잠도 이루지 못했을 것이다. 그녀는 그 연사의 주

말 워크숍에 한번 참석한 적이 있다면서, 그때가 일생 가장 신나고 흥분된 주말이었다고 했다.

샤론의 말에 의하면, 그 연사는 하나님 말씀을 새롭게 깊이 깨닫게 해주고, 하나님의 길을 깊이 이해하며 사역에 대한 새로운 이해를 갖게 해주었다고 한다. 이야기를 나누는 동안, 내 앞에 주님을 아는 지식과 주님에 대한 사랑에서 자라가는 한 여성이 서 있음을 알았다. 주님을 아는 지식과 그 사랑에서 자라가고 있었으니, 그처럼 행복하고 신나는 것도 무리가 아니다. 다른 사람에게 줄 것이 많은 것도 무리가 아니요 또 그녀의 말을 듣고 내가 새 힘을 얻은 것도 무리가 아니다.

우리 교회에는 샤론과 같은 여성이 또 있다. 그녀는 항상 책을 읽는다. 언제든지 성경 외에 또 다른 책을 갖고 있다. 이야기를 나눌 때면, 항상 "이 책 읽었어요? 이 책은 꼭 읽어야 돼요!"라고 하곤 한다. 그런 다음에는 최근 발견한 책에 대해, 왜 그 책이 중요한지에 대해 이야기했다. 이처럼 그녀는 사람에게 새 힘을 주는 사역을 감당하고 나는 그녀의 사역으로 새 힘을 얻는 축복을 받는다.

하나님 마음에 합한 이 두 여성은 정말 살아 있으며 성장하고 있다. 그들의 삶과 마음속에는 내게 항상 도전이 되고 동기를 부여해 주는 그 무엇이 있다. 즉 변화되지 않고는 도저히 그들을 떠날 수 없게 만드는 전염성을 갖고 있다. 그들이 주님 안에서 자라가며 얻는 기쁨이 어찌나 환히 빛나던지, 가까이하는 누구나 그 충만한 삶으로부터 무엇인가 얻게 된다.

이제 이 같은 여성이 어떤 사람들인지 어느 정도 "감"이 잡혔을 줄 안다. 당신도 이런 여성들을 발견하기 바란다. 무엇보다도 간절히 바라고 기도하기는 당신과 내가 이 같은 여성이 되는 것이다. 하나님께서 그분 마음에 합한 여성으로 자라게 하실 때, 당신은 늘 하나님의 기쁨으로 충만할 것이요 아무 부족함 없이 하나님 나라를 위한 사역을 이룰 것이다.

앞장에서 우리는 영적 성장으로 삶을 계획하기 시작했다. 들어오는 것이 없으면 나가는 것도 없다. 효과적으로 봉사하려면 우리 자신부터 채워져야 한다. 하나님께서 당신을 사용하시도록 채워지기 위해 당신이 할 수 있는 일은 무엇일까? 몇 가지 제안하겠다.

영적 성장 : 제자훈련으로 도움을 받으라

하나님의 딸인 우리를 향한 하나님의 이상적인 계획 – 그리고 우리에게 맡긴 그분의 임무 중 또 다른 면 – 은 우리가 배운 "선한 것들"을 다른 여성에게 가르치는 것이요, 그들을 훈련시키고 전해 주는 것이다딛 2:3-4.

"제자훈련"하면 떠오르는 것이 많지만 대부분 다른 여성과 여러 해 동안 일대일로 계속 만나는 것을 연상한다. 그럴 수만 있다면 얼마나 좋겠는가! 그러나 이것은 대부분의 여성에게 현실적으로 불가능하다. 우리가 정말 성장하고 싶다면 우리를 풍요롭게 해줄 다른 대안도 많다.

우선 수업이나 강의를 들을 수 있다. 많은 교회가 성경 공부나 성경 강의 프로그램을 하고 있다. 거기서 배워도 좋고 또 통신으로 하는 수업을 들을 수도 있다.[1] 강의를 수강하며 우리가 할 것을 할 때 하나님께서 우리를 성장케 하실 것이다.

제자훈련 책을 통해 성장을 도모할 수도 있다. 관계전도는 복음을 위해 어떻게 관계 맺을지 가르쳐 줄 것이요[2], 제자훈련 복음전도는 우리의 신

---

[1] Moody Correspondence School, 820 North LaSalle Street, Chicago, IL 60760, 1-800-621-7105.
[2] Jim George, *Friendship Evangelism* (Christian Development Ministries, PO Box 33166, Granada Hills, CA 91344, 1-800-542-4611), 1984.
[3] *Discipleship Evangelism* (Grace Bookshack, 13248 Roscoe Boulevard, Sun Valley, CA 91352, 1-800-472-2315).

앙을 어떻게 다른 사람과 나눌 것인지 보여 줄 것이다.3)

　동료 그리스도인에게 상담받는 것 역시 제자훈련 방법이다. 문제가 있을 때 믿을 만하고 경건한 사람에게 물어 보라. 도움을 받을 것이다. 강의를 듣거나 제자훈련 모임에 들어갈 수 없더라도 언제든 상담할 수 있다.

　다른 여성도와 대담하는 것, 이것은 내가 좋아하는 제자훈련 방법 중 하나다. 한번은 하나님께서 우리 교회에 나이 지긋한 경건한 여성을 보내 주셨다. 그런데 그녀의 바쁜 삶을 볼 때, 나를 위해 계속적으로 제자훈련 시간을 내줄 수 없을 것이 분명했다. 그래서 묻고 싶은 모든 질문을 목록으로 작성해 함께 만나기로 약속했다. 이렇게 그녀를 따로 만난 것은 그때 한번뿐이지만, 그녀와 만난 소중한 두 시간은 내 인생을 변화시켰다.

　관찰은 성경이 가르치는 또 다른 성장 수단이다. 아무튼 "듣는 귀와 보는 눈은 다 여호와의 지으신 것"이다잠 20:12. 따라서 두 눈으로 계속 살피고, 살피고, 또 살피라! 살피는 것은 아주 훌륭한 학습 방법이다. 성경교사 캐롤 메이홀은 남편에게 순복하고 존중하며 지원하는 법을 배울 한 가지 방법으로 다른 여성을 살펴보는 것을 꼽았다. 예를 들어, 남편을 존중하기 위해 "다른 여성이 자기 남편에 대한 존중을 보여 주는 목록을 작성해 보라."4) 주의깊게 보고, 배우고, 적고, 그런 다음 실제로 시도해 보라.

　책을 읽는 것 또한 영적 성장에 아주 중요한 역할을 한다. 물론 우리가 읽어야 할 가장 중요한 책은 성경이다. 거기서 하나님의 직접적인 가르침을 발견한다. 하나님의 말씀 외에 내가 이 책에서 언급한 여성들 – 엘리자베스 엘리어트, 에디스 쉐퍼, 앤 오틀런드, 캐롤 메이홀 – 의 책도 읽으라. 이 중 많은 이들이 자신의 제자훈련 프로그램, 상담, 관찰을 책에 기록해

---

4) Jack and Carole Mayhall, *Marriage Takes More Than Love*(Colorado Springs: NavPress, 1978), p. 157.

놓았다. 이런 책을 통해 제자훈련을 받게 된다.

- 루스 그레이엄은 딸들에게 "독서를 계속해라. 그러면 배울 것이다."[5]라고 말했다.
- 두툼한 자료집에 관한 독서에 초점을 맞추라. "효과적인 독서 비결을 한마디로 요약하면, 읽을 책을 '잘 선택하는 것'이다."[6]
- "아무 책이나 읽지 말라. 오직 인생 목표와 관련된 것만 읽으라."[7]
- "유능한 사람의 공통점은 열렬한 독서가라는 점이다."[8]
- "독서는 지식을 얻는 최선의 방법이다. ……미국에 사는 사람 중 일년에 책 한 권을 사거나 읽는 사람은 전인구의 5%에 지나지 않는다."[9]

'그렇지만 난 책 읽을 시간이 없다. 하나님께 받은 이 모든 임무를 감당하면서 어떻게 책 읽을 시간까지 내겠는가!' 라고 생각하거나 '책 사려면 돈이 드는데!' 라고 생각한다면, 자신이 어떻게 살고 있는지 냉정하게 평가해 봄이 좋을 것이다. 책 읽을 시간이 없다고 생각하기 쉽다. 그러나 가는 곳마다 책을 들고 다닌다면 많은 책을 읽을 수 있다. 시계를 맞춰 놓고 하루에 5분씩 책을 읽곤 했는데, 그래도 많은 책을 읽을 수 있다.

또 책 살 돈이 없다고? 그럴 경우 도서실에서 책을 빌려 보는 것도 좋을 것이다. 그러나 사실은 자신의 서재를 따로 둘 만큼 충분한 돈을 갖고 있을지 모른다. 미국의 보통 가정이 TV 유선방송료로 한 달에 30달러씩 쓰는 사실을 아는가? 그 30달러를 영적 성장을 위한 서적을 사는 데 쓰면 어떨까? 그런 책을 읽다 보면 TV 방송이 별로 재미없을 것이다.

---

[5] Betty Frist, *My Neighbors, The Billy Grahams* (Nashville: Broadman Press, 1983), p. 143.
[6] Michael LeBoeuf, *Working Smart* (New York: Warner Books, 1979), p. 182.
[7] Ted W. Engstrom, *The Pursuit of Excellence* (Grand Rapids, MI: Zondervan Publishing House, 1982), page unknown.
[8] Michael LeBoeuf, *Working Smart*, p. 182.
[9] Denis Waitley, *Seeds of Greatness* (Old Tappan, NJ: Fleming H. Revell Company, 1983), p. 95.

영적 성장 : 목표를 세우라

나는 목표 없는 하루나 목표 없는 인생을 상상할 수 없다. 목표는 내게 과녁을 제공해 주며, 매일 아침 일어날 때 하루를 겨냥하며 일어난다. 내가 그날을 향해 쏜 화살이 설사 힘없이 흔들리며 나아가도, 아무튼 적어도 그 화살은 어디론가 향해 나아간다. 화살이 과녁을 맞추지 못하고 과녁에 약간 못 미쳐 떨어질 수도 있고 과녁에서 상당히 먼 곳에 떨어질 수도 있다. 그러나 적어도 그 화살은 어느 곳을 향해 가고 있다. 나는 정지하지 않고 어디론가 가는 것이다. 매일의 삶에서 목표를 세울 때 도움이 되는 것처럼 영적 성장에서도 목표를 세우면 도움이 된다.

목표는 초점을 제공해 준다

겨냥하지 않으면 아무것도 맞출 수 없다. 학령 전 딸 둘을 둔 엄마였을 때, 일년에 책 한 권을 읽기로 했다. 그 다음 자신에게 물었다. "올해 오직 한 권의 책만 읽을 수 있다면 어떤 책을 읽어야 할까?"

나는 에디스 쉐퍼의 『가정이란 무엇인가?』라는 책을 읽기로 했다. 애들이 어릴 때 읽은 그 책은 우리 가족이 가야 할 길을 정하는 데 큰 도움을 주었다. 조금이라도 하는 것이 전혀 안 하는 것보다 낫다는 말을 기억하며 그 책을 조금씩 읽었다. 나는 목표를 세웠고 그 목표를 이뤘다. 내가 읽기 시작한 그 한 권의 책은 내 마음에, 나의 삶에 결정적 영향을 미쳤다.

목표는 구체적인 측정을 할 수 있게 한다

구체적 목표를 세우는 것이 가고 싶은 방향으로 갈 수 있게 도와준다. 애매모호한 목표는 세우지 말라. "경건한 여인 되기"라든가 "하나님과 동행하기" 같은 목표는 측정하기 어렵다. 구체적 목표를 세우는 것이 훨씬 더 낫다. "어떤 경건 생활을 할 것인가?"라는 질문에 답한 다음, 그 답을 통해 당신이 할 수 있는 구체적이고 측정 가능한 행동(성경 공부, 기도 등)을 얻어 그것을 목표로 세우라. 그런 다음 그 행동을 위해 실제로 취할 단계를 적으라. 아기 걸음마 같은 단계도 괜찮다. 그 단계를 이루면 지워 버리라.

목표를 세울 때 격려를 받는다

한 주, 한 달, 일년이 지날 때마다 "그 동안 뭘 했지?" "그 시간 다 어디 갔지?"라며 놀라는가? 연말이 되면 그 많은 시간을 대체 무엇을 했는지 한탄하곤 했다. 하지만 구체적이고 측정 가능한 목표를 세우고 내가 이룬 진보를 적으며 처음으로 내가 이룬 성장과 진보에 기뻐하며 감사드렸다.

영적 성장 : 선택에 달렸다

구체적 목표를 정하면, 목표 도달을 위해 계속 바른 선택을 해야 한다.

우선 순위에 근거해서 선택하라

영적 성장을 위해 정한 목표에 도달하려면, 많은 것 중에서 선택해야 할 것이다. 성경 강좌를 듣거나, 책 한 권을 읽거나, 제자훈련을 위해 나이 지긋한 여성도를 만날 것인지, 아니면 쇼핑을 하거나, TV 앞에 계속 앉아 있거나, 공작품을 만들 것인지 어느 것 하나를 선택해야 한다. 많은 사람에게 새 힘을 주는 샘물 같은 존재가 되기 위해 당신이 영적인 것들로 채워지려면 어려운 선택을 많이 해야만 한다.

목표에 근거해서 선택하라

시간을 내서 자신의 영적 성장을 도모하기로 결정한 후에도, 당신은 여전히 어떤 것을 할지 선택해야 한다. 다섯 권의 두툼한 자료집이 당신을 인도해 줄 수도 있다. 이때 자신의 영적 은사도 고려하라.

최선의 선택을 하고자 할 때, 우선 순위에 근거한 선택과 목표에 근거한 선택, 이 두 가지 지침이 도움이 될 것이다.

영적 성장 : 시간을 요한다

하나님은 우리가 하나님을 배우려고 낸 시간을 존중하실 것이다. 영적 성장을 위해 시간을 내고 스케줄을 짤 때 그것을 존중하실 것이다. 이사야 선지자는 "오직 여호와를 앙망하는 자는……독수리의 날개 치며 올라감 같을 것이요"40:31라고 했다. 성경을 읽고 기도하며 홀로 보낸 시간, 하늘 아버지와 보낸 우리의 은밀한 삶은 바로 여호와를 앙망하는 시간이다. 하나님의 때가 되면 우리도 독수리처럼 날개 치며 올라갈 것이다.

- 모세는 바로의 딸이 양자로 삼아 40년간 애굽 궁전에 살며 모든 특권을 누렸다. 그러나 하나님은 모세를 광야로 인도하사 40년간 목자로, 무명 인사로 지내게 하신다출 3:1. 하나님이 준비시키신 그 40년이 지나자, 모세가 갑자기 등장하여 표적과 이적과 기사를 행하며 하나님을 신실하게 섬기게 된다출 3-14장.

- 보디발은 바로의 시위대장이었다. 그리고 요셉은 보디발의 집 가정총무로 10년을 지내며 그를 섬겼다창 39장. 어느 날 요셉은 옥에 갇히게 되고 사람들에게 잊혀진 존재가 되고 만다. 그러나 하나님의 준비 기간이 지나자, 요셉은 애굽에서 두 번째로 높은 자리에 올라 그의 백성을 구하게 된다창 41장.

- 세례 요한 또한 하나님의 무명 인사 중 한 사람이다. 그는 30년간 가죽

옷을 입고 메뚜기와 석청을 먹으며 광야에서 살았다마 3:4; 눅 1:80. 그 준비 기간이 지나자 갑자기 등장하여 그 동안 아무도 해본 적이 없는 설교, 즉 듣는 자들이 그를 메시아라고 생각할 정도로 능력 있는 설교를 했다눅 3:15. 요한의 사역은 일년 정도밖에 안 되는 짧은 기간이었지만, 영적으로 그처럼 오랫동안 준비를 해야 하는 사역이었다.

- 바울은 그리스도인들을 핍박한 끔찍한 인물이었다. 어느 날 극적으로 회심해 그리스도인으로 변화되었다. 그 다음 3년간 침묵의 해를 보냈다갈 1:17-18. 준비 기간 3년이 지나자 다시 등장해 능력 있게 사역했다.

- 육신을 입으신 하나님인 예수님은 절대 무명인이 아니다. 그러나 주님 역시 군중과 떨어져 평범한 일을 하며 무명 인사로 지내신 적이 있다. 하나님의 계획에 따라 예수님은 가족과 함께 갈릴리에서 어린 시절을 보내셨으며 목수로 일하신 후, 40일간 광야에서 금식하며 기도하셨다마 4:1-11. 그러다가 어느 날 갑자기 드러나게 행동으로 하나님의 능력과 영광을 나타내 보이셨다. 30년이라는 준비 기간에 비해, 그의 지상 사역은 겨우 3년이라는 짧은 기간에 불과했다.

하나님의 시간 개념은 우리의 시간 개념과 다르다. 우리는 하나님의 시간에 대해 의문을 가질 수 있고, 또 하나님과 은밀하게 보내는 시간을 중요하지 않은 것으로 생각하기도 쉽다. 하나님을 앙망하는 시간들, 그 기간들에는 아무 영광도 따르지 않는다. 아무도 인정해 주지 않는다. 하나님의 말씀을 읽고 연구하는 우리의 모습은 아무도 보지 않는다. 오직 하나님만이 무릎 꿇고 간절히 드리는 우리의 기도 사역 — 하나님께서 사역을 위해 우리를 준비시키는 — 을 보신다.

그러다가 준비 기간이 끝나는 때가 온다. 그때가 되면 우리 역시 독수리 날개 치며 올라가듯 올라가, "준비가 기회를 만날 때 성공한다"는 격언을 실제로 보여 줄 것이다. 그 기회를 제공하는 책임은 하나님께 있다. 그렇지만 준비시키는 하나님의 역사에 적극 협조해야 하는 우리에게도 책임이 있다. 그 준비는 주님과 단둘이 시간을 보낼 때 이루어진다. 그때 선한 것이 나온다. "고독은 천재의 학교"라는 말처럼 "대부분의 세상의 발전은 고독……으로부터 나왔다."[10]

하나님께서 당신 안에 영적 성장을 이루시도록 하나님 앞에 홀로 있는 시간을 정하라. 개인 수양회를 갖듯 여호와를 앙망하라. 독수리가 날개치며 올라가듯이, 하나님께서 당신을 준비시킬 수 있게 해드리라. 때가 되면 하나님의 백성에게 결정적인 사역을 하도록 준비하라.

영적 성장 : 사역을 가능하게 해준다

영적 성장의 중요성은 이 한 문장 속에 요약되었다. 자신에게 없는 것을 남에게 줄 수 없다. 사역에 참여하려면 자신부터 충만한 그릇이 되어야 한다. 내 친구 카렌이 그것을 보여 줄 것이다.

당신도 카렌과 비슷할 수 있다. 하나님이 기뻐하시는 여성으로서 당신은 하나님과 그분의 말씀을 알고 싶어한다. 또 하나님께서 원하시는 선택을 하고 싶어하며, 하나님의 능력을 사모하고 그 능력이 당신의 삶에 각인되기 원한다. 당신의 마음은 하나님의 마음처럼 그의 백성을 향한 관심으로 설렌다. 그리고 당신을 위한 하나님의 목적을 이루기 원한다. 그것이 카렌이 간절히 바란 것이다. 그래서 목표를 세웠다.

두 아이 엄마인 카렌은 충만한 그릇이 되기를 소원하며 여호와를 앙망했다. 두툼한 다섯 권의 자료집을 만들고 그중 한 주제인 "자녀의 영적 발

---

10) Gigi Tchividjian, *In Search of Serenity* (Portland, OR: Multnomah, 1990), page unknown.

달"에 관해 읽고, 읽고, 또 읽기 시작했다.

머지않아 큰 아들이 유치원에 들어가 하루 3시간씩 거기서 보냈다. 그해 말, 유치원 "졸업식" 때 선생님이 카렌에게 자녀에게 영적 진리를 새겨 주는 법에 관해 말해 달라고 했다. 이미 준비된 카렌은 갑자기 무대에 나타나 처음으로 메시지를 전했는데, 그때 모인 청중이 백 명이었다.

카렌은 충성되이 여호와를 앙망했고, 하나님께서 그녀를 채우셨기에 다른 이에게 줄 무엇이 있었다. 충만함이 입술과 삶으로 가슴에서 넘쳐 나왔다. 그녀에게서 넘쳐 나는 그 샘은 밑에 숨겨진 자원으로부터 얻어진 것이다. 그녀는 다른 사람들을 새롭게 해주는 힘을 갖고 있었으며 그 결과 자연스럽게 사역이 이루어졌다.

영적 성장 : 여호와의 기쁨을 체험하는 것이다

당신이 존경하는 여인을 마음으로 그려 보라. 그 다음 이 장 첫 부분에서 샤론을 묘사한 것처럼 그 여인을 묘사해 보라. 아마 그 여인은 도전적이요 활기와 기쁨이 넘치는 여인일 것이다. 그녀는 성장하고 있으며 다른 사람에게 새 힘을 주고, 자신이 흥미진진할 뿐 아니라 남을 흥미롭게 만드는, 늘 배울 뿐 아니라 자신이 배운 것을 기꺼이 나누는 여인일 것이다. 당신에게 동기를 부여해 주고, 그녀와 함께 있고 싶어할 것이다. 그녀는 아무것도 두려워하지 않는다. 한숨 쉬거나 지루해 하지도 않는다. 그녀에게 인생은 절대 무미건조하지 않다.

이런 여성 – 적어도 이런 여성 한 명 정도는 알고 있기 바란다 – 은 아마 영적 성장에 관여할 뿐 아니라 헌신되어 있을 것이다. 그녀는 하나님과 시간을 보내며 하나님에 의해 채워졌다. 그래서 예수님에 대한 사랑을 다른 사람에게 말하지 않을 수 없다. 예수님을 아는 기쁨과 그와 동행하는 기쁨에 대해 말하지 않을 수 없다. 주께서 그녀의 마음을 넘치도록 채우셨기에 다른 이들에게 새 힘을 주는 사역을 감당할 수 있다.

잠언 31장의 여인들이 하나님과 단둘이 있으며 준비하는 가운데 만들어낸 그 저수지로 깊이 들어가는 것을 보라. 인생과 여호와에 대한 그들의 열심을 들어 보라. 여호와의 기쁨을 참으로 아는 여인 앞에 서 있음을 인정하게 될 것이다. 여호와와 단둘이 있는 시간, 여호와께서 풍요롭게 하시고 사역을 위해 당신을 준비시키는 그 시간에 참기쁨을 얻게 될 것이다.

하나님이 기뻐하시는 여성이 되기 위하여

하나님의 부르심에 응하여 이 풍성한 삶을 사는 여성을 알고 있다면, 당신은 정말 복 받은 사람이다. 그리고 당신 자신이 그런 여성이 되라는 부르심을 받아들일 때, 더 복 받은 사람이 될 것이다. 잠시 일을 멈추고 이 질문에 대해 생각해 보라.

"나는 하나님께서 주신 소중한 시간과 정력을 어떻게 사용하는가? 천국에서는 전혀 가치 없는 것들에 허비하고 있는가 아니면 좋고, 더 좋고, 가장 좋은 선택을 하고 있는가? 준비를 위해 사용된 시간의 가치와 필요성을 아는가? 나 자신이 세운 목적에도 하나님이 사역을 위해 나를 준비시키도록 허용하고 있는가? 시간을 - 인생을 - 영원에 투자하지 않은 채 그냥 흘러가게 내버려두고 있는가?"

하나님께서는 그분이 하실 부분을 하셨다. 하나님은 당신을 구원하셨고딤후 1:9, 영생을 주셨으며요일 5:11, 모든 신령한 복으로 축복해 주셨으며엡 1:3, 사역을 위해 은사들을 주셨고고전 12:11, 천국에 거할 곳을 준비하셨다요 14:2.

이제 당신에게 당신이 할 부분을 하라고 하신다. 하나님의 비전을 깨닫고, 시간을 내어 주님 안에서 자라갈 것을 목표로 삼으라. 주께서 당신을 준비시키시도록 시간과 정력을 쓰라고 부르신다.

섬·김·에·서

CHAPTER 19

돌보는 마음

그러므로 내 사랑하는 형제들아 견고하며 흔들리지 말며
항상 주의 일에 더욱 힘쓰는 자들이 되라 이는 너희 수고가
주 안에서 헛되지 않은 줄을 앎이니라
고린도전서 15:58

    둘째 딸 코트니와 사위는 신혼 여행에서 돌아온 지 일주일 만에 작별 인사를 하고 카우아이 섬으로 떠났다. 하와이는 우리가 사는 로스앤젤레스에서 상당히 멀리 떨어졌고, 가족을 멀리 보내는 것은 정말 힘든 일이다. 본토에 사는 우리는 '우리가 그들을 보러 가야지 뭐!'라고 생각했다. 이렇게 해서 우리 내외와 큰 딸 내외는 하와이에 갈 계획을 짜기 시작했다.

    다섯 달 후, 우리는 마침내 재회를 위해 비행기를 타고 마우이 섬으로 떠났다. 그곳에서 둘째 딸 내외를 만나 온 가족이 정말 멋진 추수감사절을 보냈다. 한번은 관광 겸 모험 겸, 마우이 섬 고속도로가 끝나는 곳인 그 유명한 "하나로 가는 길"Road to Hana을 갔는데, 경솔한 생각이었던 것 같다. 약 48km 거리의 그 길은 거의 뱀처럼 꾸불꾸불 휘어져 있어 모두 차멀미로 고생했다(무려 5시간이 걸렸다). 그러나 그 길에서 칠성못Seven Sacred Pools이라는 일곱 개의 연못을 내려다볼 때는 정말 숨이 막힐 정도로

아름다웠다.

　이 연못은 태평양 쪽으로 향한 산허리들에, 쏟아져 내린 비로 이루어진 용암층 바위들 사이에 형성되어 있었다. 늘 깔려 있는 비구름 때문에 보이지 않는 저 위에서 생긴 물이 가장 먼저 높은 연못을 채운다. 그렇게 맨 꼭대기 연못이 채워지면, 물이 넘쳐 두 번째 연못으로 폭포처럼 떨어진다. 그렇게 해서 두 번째 연못이 채워지고, 또 넘쳐 세 번째 연못으로 흘러 들어가고……네 번째……다섯 번째……이렇게 해서 마지막 연못물이 넘쳐 그 엄청난 태평양 바다 속으로 떨어져 갔다.

하나님의 계획을 보여 주는 칠성못

　이 멋진 하나님의 작품을 바라보며 나는 하나님의 딸로서 우리가 살고자 하는 인생에 대해 생각했다. 그 일곱 개 연못은 우리가 하나님의 계획에 따라 살아갈 때 누릴 수 있는 충만함, 우리가 미칠 큰 영향력을 설명해 주고 있었다.

　우선 제일 꼭대기에 있는 연못, 구름 안개에 가려 다른 사람들 눈에 보이지 않는 그 연못을 그려 보라. 그 연못처럼 당신과 나는 하나님과의 은밀한 삶을 즐긴다. 비록 사람들 눈에는 보이지 않지만, 그분의 임재 안에 거하며 말씀의 양식을 먹을 때 당신과 나는 하나님의 영으로 채워진다. 그 거룩한 안개 속에서 하나님은 우리가 그분의 선하심으로 채워질 때까지 메마른 영혼을 거듭거듭 채워 주신다. 그래서 우리의 영혼이 가득 채워지면 그것이 흘러 넘쳐 다음 연못으로, 우리와 가장 가까운 사람, 즉 남편 마음속으로 들어가게 된다.

　그런 다음 그 연못도 넘치게 된다. 그 산 높은 곳에 있는 우리는 하나님과의 충만한 관계로부터, 가장 중요한 관계인 남편과의 관계를 키우며 하나님께서 아내인 우리 안에서 원하시는 자질들을 발전시키는 가운데 남편과 충만함을 나눈다. 하나님은 우리 안에 종의 정신과 사랑의 마음이 넘치게 하사 그것들이 남편과의 관계에서 나타나게 하신다. 그러면 이 사랑의 연못이 또다시 넘쳐 흘러 자녀 마음속으로 폭포처럼 떨어지게 된다.

그렇다. 우리의 사랑과 정력이 채워 줄 다음 연못은 바로 자녀의 마음이다. 하나님께서 자녀를 주신 것은 돌보고 사랑하며 가르치고 훈련시키며 하나님을 아는 지식으로 채워 주라고 하신 것이다. 하나님께서 우리에게 채워 주신 모든 것, 충만한 결혼 생활에서 나오는 축복들이 흘러 넘쳐 자녀들에게 새 힘과 부드러운 마음을 제공해 준다.

하나님, 남편, 자녀들과의 관계에서 오는 그 풍성함은 다시 넘쳐 다음 연못으로 들어가 우리 가정을 하나님 사랑으로 가득 찬 아름다운 가정으로 만들어 준다. 그러면 이 연못 역시 곧 채워져 흘러 넘치게 된다…….

그 물은 다음 필요 단계, 즉 우리 영혼의 소원들을 만족시키는 층으로 흘러 떨어진다. 채워진 그 연못은 꿈을 꾸는 곳이다. 하나님과 하나님의 백성을 위해 당신과 내가 해야 할 것에 관한 하나님의 비전을 얻는 곳이다. 여기서 우리는 삶이 가치 있게 되기를 열정적으로 원한다. 우리를 향한 하나님의 목적에 따라 다른 사람 섬기기를 소원한다. 그 산 높이 있는 연못들로부터 채워진 그 연못에 우리가 뛰어든다. 이 새로운 지식과 훈련과 제자훈련이라는 연못 속에 우리 자신을 깊이 담근다. 그 연못 물이 가장자리까지 넘쳐 흘러 하나님의 무제한적인 사역의 대양 속으로 들어갈 때까지.

하나님은 어떻게 우리를 사용하실까? 우리는 그저 놀라울 뿐 할 말이 없다. 그런데 이제 이해가 간다. 하나님의 길은 지혜로우며 그의 길은 효과가 있다. 충실하게 하나님의 마음을 좇을 때 하나님께서 우리를 통해 하시는 사역은 측량할 수 없을 만큼 엄청난 영향을 미칠 수 있다.

그 일곱 개의 연못은 하나님께서 그 나라를 위해 우리 삶을 어떻게 효과적으로 사용하실 수 있는지 보여 준다. 하나님은 가장 가까운 사람들 마음부터 감동시키기 원하시지만, 많은 대중의 마음도 움직이실 수 있다.

이제 그 연못 물이 어떻게 하나님의 사역이라는 대양 속으로 넘쳐 흘러가는지 살펴보자. 그리스도인인 우리가 영원을 위해 다른 사람의 인생에 어떻게 영향을 미칠 수 있는지 그 방법에 대해 고려해 보자.

주는 법을 배우라

예수님은 우리에게 계속 주라고 말씀하신다. 즉 구하는 모든 자에게 주며눅 6:30, 아무것도 바라지 말고 주며35절, 은혜를 모르는 자와 악한 자에게도 인자하신 하나님처럼 후히 주고35절, 또한 줌으로써 다른 사람을 돌보라고38절 말씀하신다. 당신과 나는 이런 식으로 주고 이런 식으로 다른 모든 사람을 넘치도록 보살피는 법을 배울 수 있다. 몇 가지 제안을 하겠다.

함께 있어 주라

한번 만져 주는 것이 수천 마디 말보다 더 가치 있을 때가 있다. 줄 때는 이 원리를 기억하라. 당신이 거기 있다는 자체가 바로 위로의 원천이다. 무슨 말을 해야 할지 어떤 성경 구절을 주어야 할지 몰라 답답할 수 있지만, 대부분의 경우 손을 잡아 주거나 어깨를 감싸 주는 것이 여러 마디 말보다 훨씬 더 큰 위로가 될 수 있다.

주는 자가 되라

남편과 자녀에 대한 태도를 배울 때 말한 것처럼, 미소지어 줄 수 있고, 인사할 수 있으며, 자상한 질문을 할 수도 있고, 안아 주거나 손을 잡아 줄 수 있고, 이름을 불러 줄 수 있다(항상 그의 이름을 불러 주라).

담대하라

하나님께서 당신의 인생 여정 속에 두신 사람들에게 담대히 주라. 혹시 특정한 사람을 피하지 않는가? 그 이유를 알려 달라고 기도하라. 우리 마음—다른 사람에 대한 보살핌으로 흘러 넘쳐야 할 마음—에 있는 죄 때문에 대인 관계에 자신감을 갖지 못하는 경우가 많다. 당신 속에 자신의 사역을 방해하는 것이 무엇인지 발견하라. 한걸음 더 나아가 후에 그를 보면 무슨 말을 할지 결정하라. 부지런히 그 사람을 찾아 계획한 대로 인사하라. 하나님 앞에서 청결한 마음을 갖는 당신은 숨길 것이 없으며 움츠러들 필요가 없다. 이처럼 매일 만나는 사람에게 주는 법을 배우라.

관대한 사람이 돼라

주되, 후히, 즐거이, 차고 넘치도록 주라고후 9:6-7. "구제를 좋아하는(관대한) 자는 풍족하여질 것이요"라고 잠언11:25은 말한다. 그러나 "관대한 사람"은 단번에 되는 것이 아니라 하나의 과정일 수 있다. 사실 나는 수십 년 동안 그것을 배우는 중이다.

남편 짐은 모든 것을 주는 놀랍도록 관대한 사람이다. 그는 우리 차, 식료품, 돈, 예금은 물론이요, 자기 옷도 주고 집을 비울 때는 다른 사람들에게 와서 지내라고 집까지 내준다.

나도 좀더 관대해지는 법을 배우고 있는 중인데, 한번은 우리 교회에 나오는 한 부부가 그처럼 후하게 주는 것을 받는 입장이 얼마나 기쁜 일인지 내게 보여 주었다. 그때 나는 아주 중요한 교훈을 배웠다.

그 부부는 우리가 싱가포르에서 선교사로 사역할 때 찾아왔다. 우리는 그 항구 도시에 있는 상가와 항구로 나가 쇼핑하였는데, 그 아내 빌리가 무엇이든 두 개씩 사는 것이었다. 그러더니 떠날 때 그 중 한 개씩을 모두 내게 주는 것이었다. 얼마나 기뻤는지! 만일 당신과 내가 다른 사람에게 후히 줌으로 그런 기쁨을 줄 수 있다면 얼마나 좋겠는가!

아무것도 움켜쥐지 말라

잠언 3:27 말씀은 "네 손이 선을 베풀 힘이 있거든 마땅히 받을 자에게 베풀기를 아끼지 말며"라고 권면하고 있다. 당신 손에 베풀 힘이 있는 선한 것들은 무엇인가? 예를 들어 찬양, 격려, 감사, 인사, 친절, 선행, 감사카드 등은 우리가 베풀 수 있는 선한 것들이다. 그런데 이런 축복을 다른 사람과 나눌지 나누지 않을지는 바로 당신과 내가 선택하는 것이다.

나는 맨 처음 가르친 성경 공과를 생각할 때마다 힘이 나는데, 우리 교회에서 전에 목회하던 목사 사모가 무언가 말을 할 듯 망설이더니 마침내 내게 와서 말했다.

"사실 이 말을 해야 좋을지 말아야 좋을지 주님께 여쭤 보았어요. 이 말을 듣고 혹시라도 당신이 교만해지지 않을까 해서 말이에요. 그런데 당신, 정말 훌륭한 교사예요!"

분명히 말하지만 나는 지나친 자신감 때문에 고생한 일은 거의 없는 사람이다. 오히려 그 반대로 늘 자신이 부족하다는 느낌, 열등감, 무력감 같은 것을 갖고 있다. 그러나 이 존경받는 사모님이 자기 손에(그리고 마음에) 베풀 힘이 있을 때, 이 선한 것 – 격려의 말 – 을 아끼지 않고 내게 준 것이다. 우리도 그와 같이 하자!

바깥 내다보는 것을 배우라

나는 누가복음 15장에 나온 목자 예수님의 온화하신 마음을 좋아한다. 백 마리 양 중 한 마리 양이 없어졌을 때, 그 목자는 아흔아홉 마리를 남겨 두고 잃어버린 한 마리 양을 찾으러 나간다3-6절. 하나님은 당신과 나를 이렇게 돌보신다. 그리고 하나님은 우리가 이런 식으로 다른 사람을 보살피기 원하신다. 이런 보살핌을 시작할 수 있도록 몇 가지 제안을 해보겠다.

"선한 눈"을 가지라

솔로몬은 "'선한 눈'을 가진 자는 복을 받으리니 이는 양식을 가난한 자에게 줌이니라"잠 22:9고 했다. 나는 선한 눈을 "온 땅을 두루 감찰하시는"대하 16:9 하나님의 눈처럼 되는 것이라고 생각한다. 말씀을 전하러 갈 때마다 나는 어디 상한 양이 없나 둘러본다. 그런데 항상 상한 양들이 있다.

화장실에서 우는 여자, 교회 테라스에서 슬피 눈물 흘리는 여자, 기도실 뒤에서 흐느끼듯 우는 여자, 나는 이런 여자들을 많이 보았다. 하루는 교회에서 저녁 예배를 드리는데 내 옆에 앉은 여자가 예배 시간(한 시간 반) 내내 우는 것이다. 목사님의 축도가 끝나자마자 "제가 해드릴 것이 없을까요? 함께 기도할까요? 필요하신 것 없으세요? 제가 이야기해도 좋을까요?"라고 물었다.

우리 주변 사람들은 모두 온유한 말을 듣고 싶어한다. 아니 그 이상을 필요로 한다(우리가 왜 이기적 태도를 버리고 이타적 태도를 키워야 하는지 알겠는가? 그런 식으로 다른 사람에게 줄 수 있기 때문이다.)

직접 하라

필요가 있는 사람을 보거든 항상 직접 도와주라. 상한 양에게 곧장 가서 무엇을 필요로 하는지, 해줄 수 있는 것이 무엇인지 물어 보라. 다른 사람이 그를 도와줄 것이라고 기대하지 말고, 목사님을 찾으러 뛰어다니지도 말라. 하나님께서 바로 당신에게 그 사람을 만나도록 허락하셨다. 그러니 당신이 직접 보살피도록 하라.

가서 주라

순교한 선교사, 짐 엘리어트는 이런 말을 했다. "당신이 어느 곳에 있든, 그곳에서 충실히 지내라. 하나님의 뜻이라고 생각되는 상황에서 철저하게 살아라."[1] 나는 어느 교회 행사나 사역에 참여할 때마다 이 말을 명심하며 하나님께서 사용하실 것을 기대한다. 다음은 내가 행한 방법이다.

충실하라

행사나 사역에 참여하러 가기 전에, 나는 먼저 주겠다고 — 손을 뻗치고, 밖을 내다보고, 직접 하며, 아무것도 아끼지 않고 베풀러 가겠다고 — 기도한다. 그곳에 일단 도착하면 나의 생각들을 조심한다. 예를 들어 성경 공부 모임에 있을 때는 그날 저녁 식사를 무엇으로 만들지에 대해 생각하지 않는다. 목사님이 설교하는 동안에는 나의 주중 계획을 짜지 않는다. 내가 거기 오기 전에 일어났던 일이나 그 행사 후에 일어날 일에 대해 생각하지 않는다. 나는 전적으로 그 시간에 충실하려 한다.

철저하게 살라

나는 내가 있는 곳에서 충실할 뿐 아니라 매순간 철저하게 살고 싶다. 나는 목회자 사모인 앤 오틀런드의 충고를 좋아하는데, 그녀는 여자들에게 "오래 남아 가능한 한 많은 사람과 이야기하는 사람"이 되라고 권면한다.[2] 줄 바에는, 당신 자신을 몽땅 다 주도록 하라. 할 수 있는 한 많은 양에게 손을 뻗치라. 할 수 있는 한 다양한 방법으로 많은 사람에게 사역하라.

---

1) Elisabeth Elliot, *Through Gates of Splendor* (Old Tappan, NJ: Fleming H. Revell Company, 1957), page unknown.
2) Anne Ortlund, *The Disciplines of the Beautiful Woman* (Waco, TX: Word, Incorporated, 1977), p. 35.

나누어 정복하라

가장 친한 친구들, 엄마 혹은 딸과 함께 앉아 있지 않기로, 함께 걷지 않기로, 함께 커피를 마시지 않기로, 함께 방문하지 않기로 합의하라. 그 대신 나누어 정복하기로 약속하라. 당신은 주러 왔다는 사실을 기억하라. 절친한 친구들은 당신이 잘 모르는 다른 양들보다 당신과 접할 기회를 훨씬 많이 갖는다. 당신과 일대일로 만나는 시간도 더 많다. 그런데 왜 다른 사람과 함께 있을 때도 그들과 함께해야 한단 말인가? 그들은 나중에도 당신에게 말할 수 있다. 나는 한 친구와 이런 약속을 했다. 너무 끼리끼리 시간을 가질 때, 우리 중 한 사람이 "가서 양들 좀 보자!"라고 말하기로.

하나 더 말하자면, 주는 당신 자신이 더 많이 받는다는 사실이다. 당신을 사용하시도록 하나님께 드리면, 자신이 더 큰 축복을 받을 것이다.

기도 생활을 하라

자꾸 기도로 돌아오고 있음을 알아챘는가? 하나님이 기뻐하시는 여성은 기도하는 여인이다. 그녀의 마음은 돌보고 보살필 뿐 아니라 늘 기도한다. 사람을 위해 기도하는 것이 그들을 보살피는 강력한 방법이다. 당신과 나는 기도를 통해 하나님의 동역자가 되어 다른 사람의 삶에 엄청난 변화를 일으키고 싶어해야 한다. 나는 시들로우 백스터가 기도 생활을 시작하게 된 경위를 읽고 많은 것을 배웠다. 당신도 나처럼 배우기 바란다.

나는 내 안에 기도하고 싶어하지 않는 부분……(과) 기도하고 싶어하는 부분이 있음을 발견했다. 기도하고 싶어하지 않는 부분은 나의 감정이요 기도하고 싶어하는 부분은 나의 지성과 의지였다……. (그래서) 나는 의지를 향해 "의지야, 너 기도할 준비됐니?"라고 물었다.

그러자 의지가 "예, 주인님, 준비됐습니다."라고 대답했다. 나는 "의지야, 기도하러 가자!"고 했다.

그래서 의지와 내가 기도하러 가기 위해 일어섰는데, 우리가 한 발짝 내딛는 순간 내 안에 있는 모든 감정이 말하기 시작했다. "우리는 안 갈래. 우리는 안 갈래. 우리는 안 갈래." 그래서 나는 의지에게 또다시 "의지야, 너 여전히 기도할 수 있겠니?"라고 물었다. 그러자 의지가 "그럼요. 주인님이 하실 수 있다면 저는 얼마든지 할 수 있습니다."라고 대답했다. 그리하여 의지와 나는 그 악한 감정을 떨쳐 버리고 기도하러 갔다. 가서 한 시간 동안 기도했다.

당신이 그후에 내게 "그래서 좋은 시간을 보냈소?"라고 물었다면 "예."라고 대답할 것 같은가? 그렇지 않았다. 그 한 시간은 내내 싸움하는 시간이었다.

의지가 나와 동행하지 않았다면 어떻게 했을지는 나도 모른다. 한참 진지하게 중보 기도를 드리는데 갑자기 주요한 감정 중 하나가 골프장으로 나가 골프를 치고 있는 것이다. 나는 급히 골프장으로 달려가 "돌아오라!"고 말해야 했다. ……정말 쉽지 않은 일이었다. 기운이 다 빠졌지만 아무튼 우리는 그 감정을 돌아오게 했다.

그 이튿날 아침이 되었다. 시계를 보니 기도할 시간이었다. 그래서 의지를 향해 "의지야, 일어나자. 기도할 시간이다."라고 말했다. 그러자 이번에도 내 안에 있는 모든 감정이 나를 그 반대 방향으로 끌어당기는 것이었다. 그래서 또다시 "의지야, 너 기도할 수 있겠니?"라고 물었다. 그러자 의지가 "그럼요. 사실 어제 아침 그 곤욕을 치른 후 전 오히려 더 강해진 것 같은데요."라고 답했다. 그리하여 의지와 나는 또다시 기도하러 갔다.

어제 아침과 똑같은 일이 반복해 일어났다. 반항적이며 소란하고 떠들썩하며 비협조적인 감정들. 내게 "좋은 시간 가졌소?"라고 물어온다면 눈물을 흘리면서 "아니요, 천국이 마치 놋쇠처럼 단단했다오. 기도에 집중하기가 얼마나 힘이 드는지, 감정과 싸우느라 진땀을 뺐지요."라고 답변했을 것이다.

이런 식으로 두 주 반이 흘렀다. 그래도 의지와 나는 계속 기도하러 갔다. 세 번째 주 어느 아침이었다. 시계를 보고 "의지야, 기도할 시간이다. 준비되었니?"라고 묻자, 의지가 "예, 저는 준비가 되었습니다."라고 답했다. 우리가 기도하러 가려는 순간, 내 안의 주요 감정 중 하나가 나머지 감정에게 이렇게 말하는 것이다. "애들아, 옷입고 나가 봤자 소용없다. 우리가 무슨 짓을 하든 아무튼 이 자들은 기도하러 갈 테니까……."
(몇 주 후) 어느 날 의지와 내가 천국 보좌 앞에 나아가 간절히 기도드리고 있는데, 그 주요 감정 중 하나가 갑자기 "할렐루야!"라고 외치는 것이었다. 그러자 나머지 감정들이 모두 "아멘!"이라고 소리쳤다. 생전 처음으로 (나의 전부가) 기도하는 일에 참여한 것이다.3)

기도하는 일은 쉽지 않다. 정말 훈련으로만 가능하다. 그러나 그것은 충만한 마음에서 흘러 나오는 사역이기도 하다. 하나님 앞에 나아가 기도하려면 다음 세 가지를 결정하라.

시간을 정하라

백스터가 시계를 보고 "기도할 시간이다"라고 했듯이, 기도 사역은 기도하기 위한 시간을 정할 때 가능하다. 시간을 정하고, 그 시간이 되면 전화벨이 울리지 않도록 조정하고 다른 일도 다 제쳐놓은 채 기도하라!

장소를 정하라

"천국 보좌 앞에 나아가 하나님과 홀로 있을 수 있는" 조용한 곳을 선택하라!

---

3) J. Sidlow Baxter, "Will and Emotions," *Alliance Life Magazine* (formerly *Alliance Witness*), November 1970. Used by Permission.

계획을 정하라

기도 노트를 만들어 체계적으로 해 나가라. 나는 기도 노트에 제일 먼저 내가 기도해 주고 싶은 사람 명단을 적는다. 그 다음 한 사람 한 사람을 위해 얼마나 자주 기도해 줄지 정한다. 매일 기도하는 사람도 있지만 대부분은 일주일에 한 번씩 기도한다. 마지막으로 각각의 범주에 구체적으로 기도할 날을 정한다. 또 "특별 기도 제목"란도 있으며, 확대 가족을 위한 명단도 따로 갖고 있다. 기도란과 제목들은 필요하다고 생각되는 만큼 얼마든지 만들라.4)

이처럼 기도 시간과 기도 장소를 정하고 기도 노트를 활용하여 기도하면, 어떤 사람이나 일을 빼먹지 않고 기도할 것이다. 이 실제적 단계를 활용할 때, 하나님의 소원, 즉 우리가 "모든 기도와 간구로 하되……여러 성도를 위하여 구하기"엡 6:18 원하시는 하나님의 소원을 이룰 수 있다.

하나님이 기뻐하시는 여성이 되기 위하여

하나님의 충만함을 위해 찬 이슬을 맞으며 기도하는가? 자신이 얼마나 충만한지 아는가? 다시 말해 하나님께 합한 마음이 얼마나 충만한가? 그 충만한 마음이 주변 사람에게로 넘쳐 흐르는가?

하나님께서 당신을 통해 그의 사랑을 많은 사람에게 퍼지게 하시는 것을 보고 큰 성취감을 얻기 바란다. 우선 그의 사랑이 당신을 통해 가장 가까운 사람들, 즉 가족들에게 흘러 넘친다. 그 다음에는 많은 다른 사람에게 흘러가 새 힘을 준다. 이렇게 되면, 은혜롭고 관대하신 하나님께서 당신이 나누어 준 모든 것을 몇 갑절로 늘려 다시 채워 주신다. 정말 기적과 같은 일이다.

---

4) Elizabeth George, *Woman of Excellence*(Christian Development Ministries, P.O. Box 33166, Granada Hills CA 91394, 1-800-542-4611), 1987.

이처럼 채우고 채워지는 과정을 생각하며 큰 힘을 얻기 바란다. 또한 자신을 희생할 때 당연히 따르는 커다란 기쁨을 맛보고, 당신 마음이 깊은 영적 만족감으로 충만하기를 기도한다. 주님을 위한 당신의 수고가 결코 헛되지 않음을 믿고고전 15:58, 선을 행하다가 낙심하는 일이 없기 바란다. 왜냐하면 "피곤하지 아니하면 때가 이르매 거둘"갈 6:9 것이기 때문이다.

하나님과 다른 사람을 섬기고자 하는 더 큰 소원을 달라고 기도하라. 그리고 나누어 줄 것을 갖기 위해 자신을 채울 시간을 항상 갖도록 하라. 마지막으로 하나님의 일을 감당할 힘을 달라고 구하라. 하나님과 하나님의 백성을 섬기는 일이 얼마나 가치 있는 일인지 깨닫게 해 달라고 구하라.

섬·김·에·서

CHAPTER 20

격려하는 마음

선한 말은 그것을(그 마음을) 즐겁게 하느니라
잠언 12:25

하루는 남편이 가르치는 주일학교 성인반에 참석했다. 남편은 신약에 나오는 "서로"에 관해 시리즈로, 그리스도인이 서로에게 할 일에 대해 가르쳤다. 그날은 서로 세워 주는 것 — 서로 격려하고, 일으켜 주고, 긍정적인 기여를 하고, 유익을 주는 것 — 이었다.

마지막에 가서 적용과 함께 그날 가르친 것을 요약하며 남편은 이렇게 도전했다.

"누구를 만나든지 그 사람이 당신과 함께 있었기 때문에 나아지게 되는 것을 목표로 삼으십시오."

이 말을 절대 잊지 못할 것이다. 다른 이의 삶에 긍정적 영향을 미치는 간단하면서도 대단한 방법이다. 모든 사람이 세움과 격려를 필요로 한다. 하나님의 백성을 격려하는 몇 가지 힌트를 적어 본다.

시간을 내어 자신을 채우라

시간을 내어 예수님 발 아래 앉아 말씀을 공부하며 하나님의 영으로 채워지면, 사역에 결코 부족함이 없을 것이다. 하나님의 충만함이 넘쳐 흘러 다른 사람의 삶으로 들어갈 것이다. 자신의 수줍음을 극복함으로 사역의 잠재력을 증진시킨 두 여성에 대해 말해 보자.

수줍음 때문에 곤란을 겪은 복음 전도자 코리 텐 붐은 수줍어하지 않고 말하는 법을 배우기 위해 데일 카네기 강좌를 수강했다고 한다. 수줍어하지 않으면 예수 그리스도를 증거할 수 있기 때문이다. 이렇게 자신의 문제점을 극복한 그녀는 더 큰 사역을 감당할 수 있게 되었다.

헨드릭스 여사 역시 수줍음을 몹시 타는 목회자 사모다. 그녀 역시 사람들과 대중 앞에서 이야기하는 법을 배우기 위해 데일 카네기 강좌를 수강했을 뿐 아니라 다른 강좌도 수강했다. 우리 교회에서는 헨드릭스 여사를 강사로 두 번 초빙했는데, 아주 훌륭한 강연을 했다.

자신의 기량을 닦고 약점을 극복할 때 우리의 사역이 고무된다. 교사가 얼마나 많이 가르칠 수 있고, 상담자가 얼마나 많이 상담할 수 있으며, 행정가가 얼마나 많은 행정을 감당하겠는가? 오직 성장할 때만이 그 일을 감당할 수 있다. 우리는 예수 그리스도 안에서 성장하고, 약점을 극복할 수 있는 능력과 지식을 발견하며, 효과적인 사역을 위한 능력과 지식을 발견한다. 예수님은 친히 이렇게 말씀하셨다.

"네 마음을 다하고 목숨을 다하고 뜻을 다하여 주 너의 하나님을 사랑하라 하셨으니 이것이 크고 첫째 되는 계명이요 둘째는 그와 같으니 네 이웃을 네 몸과 같이 사랑하라 하셨으니" 마 22:37-39.

정기적으로 하나님 앞에 나아가 주께서 당신을 성장시키고 강건케 하시며 훈련하시게 해드리라. 이웃에게 줄 것을 더 많이 갖게 될 것이다.

격려가 되는 성경 구절을 암기하라

자녀를 진리로 "간을 맞추는"salting 것에 대해 논한 것을 기억하는가? 당신 삶에서 소금을 필요로 하는 사람은 당신 자녀만이 아니다. 만나는 모든 사람에게 소금으로 간하는 사역 – 격려하는 사역 – 을 할 수 있다. "말을 항상 은혜 가운데서 소금으로 고루게 함같이"골 4:6 하면, 만나는 사람 모두에게 사역할 수 있다. 당신의 삶과 입술로 접하는 모든 사람을 격려할 수 있다. 주님과 같이 "곤핍한 자를 합당한(때에 맞는) 말로 도와줄" 수 있을 것이다사 50:4.

그렇지만 자신이 갖지 않은 것을 줄 수는 없다. 나누어 주기 위해 격려에 관한 성경 구절들을 암기하는 것이 좋다. 성경을 알면 때와 상황에 맞는 "합당한 말"을 할 수 있다.

당신이 암기한 성경 구절들은 마치 의사의 손에 들린 수술 도구 같다고 생각하라. 수년 전에 내가 수술받을 때, 두 쟁반 가득 담긴 수술 도구들을 보며 이런 생각을 했다. '수술 도구들이 어쩌면 저렇게 많을까! 크기나 모양도 다르고 종류도 각양 각색이잖아! 수술에 필요한 도구는 완전히 준비되어 저기 다 들어 있나봐!'

마음속에 암기된 성경 구절들은 하나님께서 곤핍한 영혼을 격려하시기 위해 사용하실 예리한 수술 도구와 같다. 보석 같은 하나님의 말씀들을 뽑아 암기하는 일에 열심을 내보라. 그 말씀들이 당신의 대화를 깊이 있게 해줄 것이다.

전화를 걸어 격려해 주라

성경은 "근심이 사람의 마음에 있으면 그것으로 번뇌케 하나 선한 말

그것을 즐겁게 하느니라"잠 12:25고 말씀한다. 당신은 아마 경험으로 알고 있을 것이다. 마음을 즐겁게 해주고 격려해 주는 아주 쉬운 방법은 전화를 거는 것이다.

아주 간단하고 짧은 전화로도 상대방의 마음을 기쁘게 해줄 수 있다. 전화를 걸면 나는 이런 말을 한다. "식사는 하셨나요? 요즈음 잘 안 보이시길래 무슨 일이 있나 궁금해서 그냥 전화해 본 거예요." 만일 상대방이 좀 어려운 일이 있다고 하면, 좀더 길게 의미 있는 대화를 나눌 수 있는 적당한 때를 잡아 다시 전화하기로 약속하고 끊는다.

이런 식으로 회복기에 있는 환자나 위기에 직면한 사람에게도 사역할 수 있다. 전화는 다른 사람을 격려할 수 있는 아주 효과적인 방법이다. 별로 힘도 들지 않는다. 가장 중요한 것은 보살피는 마음이다.

남편이 노인반 사역을 할 때, 결석한 노인을 격려하는 데는 전화가 아주 간단하고 좋은 방법이라는 사실을 발견했다. 몸이 아프거나 다른 곳에 갔다가 집에 돌아왔을 경우, 누군가 자기를 이처럼 알아주고 보고 싶어하며 전화해 주었다는 사실만으로도 그들은 몹시 감격해 했다.

나 역시 내 친구에게서 이 같은 축복을 받는다. 그녀는 우리가 한동안 보지 못하면 전화 응답기에 격려의 메시지를 남긴다. 그 메시지를 들으며 누군가 나를 생각해 주고 있다는 사실에 미소짓는다. 이제 당신이 누구에게 전화 걸어 이런 미소를 짓게 할 수 있을지 생각해 보라.

격려 카드를 쓰라

카드 보내기 또한 마음을 즐겁게 해주는 방법이다. 남편과 내가 노인 사역을 할 때, 나는 이렇게 기도하곤 했다. "저처럼 젊은 사람이 신앙 생활을 오래 하신 분들에게 무엇을 할 수 있을까요? 이 분들은 주님과 오랫동안 동행해 왔습니다."

하나님께서는 나의 간절한 기도에 대한 응답으로 격려 카드를 쓸 생각을 주셨다. 매주일 아침이면 그날 빠진 사람, 여행 떠난 사람, 아픈 사람을 메모했다가 오후에 한 사람 한 사람에게 격려 카드를 썼다. 그들에게 늘 관심이 있다는 것, 혹시 도울 일이 있으면 언제든지 연락하라는 것, 곧 다시 볼 수 있기를 고대한다는 것을 전해 주었다.

격려 카드 안의 백지를 들여다보며 나는 자신에게 이렇게 말한다.

"세 문장만 쓰면 된다!"

카드를 받는 사람이 병든 사람이든, 상을 당한 사람이든, 지도층 사람이든, 최근에 나를 대접한 사람이든, 자신에게 "세 문장이면 된다!"라고 말하며 카드를 쓴다.

첫 번째 문장에는 보고 싶다, 고맙다 혹은 당신을 생각하고 있다는 내용을 쓴다. 두 번째 문장에는 그 사람이 내게 특별한 존재라는 것과 왜 그런지 그 이유를 쓴다. 세 번째 문장에는 내가 그들을 위해 기도하고 있다는 것과 그들을 위해 기도하는 구절을 포함시킨다.

세 가지 영적 은사를 통해 다른 사람을 격려하라

찰스 라이리 박사의 책 『균형잡힌 신앙생활』에서, 우리가 할 수 있는 세 가지 사역을 발견했다. "모든 그리스도인은……세 가지 (영적) 은사를 가지며 사용할 수 있다. 그 세 은사는 섬기는(돕는) 것, 주는 것, 긍휼을 보이는 것이다롬 12:7-8."[1]

---

[1] Charles Caldwell Ryrie, *Balancing the Christian Life*(Chicago: Moody Press, 1969, 『균형잡힌 신앙생활』- 생명의말씀사 역간), pp. 96-97.

섬기는 것은 돕거나 사역하는 것이다. "다른 사람을 돕는 기본 능력으로 그리스도인이면 누구나 이 은사를 가지며 사용할 수 있다."

다음은 긍휼 또는 자비다. "긍휼을 보이는 것은 사역하는 은사에 아주 가까우며, 병든 사람과 고난당하는 자를 돕는 것이 포함된다. '하나님 아버지 앞에서 정결하고 더러움이 없는 경건은 곧 고아와 과부를 그 환난 중에 돌아보는……' 약 1:27 것이다."

주는 것은 당신과 내가 해야 하는 또 하나의 사역이다. "주는 것은 자신의 돈을 다른 사람에게 나누어 주는 것을 말한다. 되돌려 받거나 자신을 위해 유익 얻을 생각이 없는 단순한 마음에서 이루어져야 한다."[2]

섬기고, 긍휼을 베풀며, 주는 것은 구체적인 영적 은사다. 그리스도인은 누구나 행하도록 명령받은 것이요, 주께서 친히 본을 보이신 것이다.

당신의 우선 순위대로 살라

자신의 우선 순위대로 살아 보라. 많은 말이 없어도 수많은 여성을 가르치고 훈련시킬 것이다. 우선 순위를 가르치는 최선의 방법은 우선 순위대로 사는 것이다. 천 마디 말보다 더 가치 있는 것은 모범이다. 하나님이 기뻐하시는 여성이 되고자 하는 우리에게 하나의 원리이기도 하다.

잠언 31:11-31은 자신의 우선 순위대로 사는 여성의 모습을 보여 준다. 그녀의 말은 한마디도 기록되지 않고, 그녀가 한 일들만 기록되어 전해진다.

이 "기적"같이 놀라운 여인이 당신을 격려한 것처럼, 당신도 하나님의

---

[2] Charles Caldwell Ryrie, *Balancing the Christian Life*, pp. 96-97.

은혜로 그분의 능력 안에서 다른 사람을 격려할 수 있다. 그것은 아주 간단하다. 하나님께서 원하시는 여성이 되고, 하나님께서 하기 원하시는 일만 하겠다고 결심하라. 당신의 우선 순위에 정통하라.

그리스도인 여성은 본보기와 모델을 필요로 한다 – 나 역시 그랬다. 새 신자였을 때 본보기가 될 만한 사람을 찾았던 기억이 난다. 나는 다른 여성도들을 주의 깊게 살펴보았고, 그들의 행동과 의상까지 눈여겨 보았다. 이런 경험으로 당신이 행하거나 행하지 않는 모든 것이 다른 사람을 가르친다는 것을 안다.

예를 들어, "남편에게 먼저 물어야겠어요." 하는 것은 남편을 우선 순위에 둔다는 것을 보여 주며, 하루 일정을 자녀에게 맞추는 것은 다른 엄마에게 자녀에 대한 배려와 존중을 보여 주는 것이다.

공적으로 가르치는 입장에 있지 않다 해도 당신은 여전히 가르치고 있다는 사실을 기억하라! 어쩌면 그런 일에 참여하지 않는 자체가 당신의 우선 순위에 대해 가르치고 있는지도 모른다. 그런 일에 참여하는 사람 가운데 당신처럼 참여하지 말아야 할 사람이 있을지도 모른다.

앞서 인용했지만 "잘못되고 죄악된 것뿐 아니라 유쾌하고 유익하며 선하지만, 우리가 해야 할 주된 일과 의무에 지장이 되는 것에 '아니오' 라고 해야 한다."3)

이제 당신은 그리스도인 여성이요 아내, 어머니, 가정 관리인으로, 당신의 주된 일이 무엇이며 큰 의무가 무엇인지 좀더 충분히 이해할 것이다. 무엇보다 하나님의 말씀이 가장 중요함을 잘 알 것이다. 하나님이 기뻐하시는 여성이 되는 것은 정말 능력 있는 사역이다. 사람들이 당신을 보기만 해도 큰 격려를 받을 것이다.

---

3) C. A. Stoddards, 출처 미상.

하나님이 기뻐하시는 여성이 되기 위하여

본장에서 살펴본 사역이 얼마나 단순하고 쉬운지 보라. 격려 카드 쓰기, 전화 걸기, 은혜로운 말하기, 하나님의 우선 순위를 삶으로 보여 주기! 노력이 필요 없을 정도로 쉬운 일이다. 그러나 우리 마음이 하나님의 사랑과 다른 사람에 대한 민감함으로 채워질 때만 할 수 있는 일이다.

사역은 항상 마음의 문제다. 마음에 하나님의 백성에 대한 관심을 가지고 늘 살피면, 마른 땅을 적시는 단비처럼 격려가 필요한 많은 영혼에게 새 힘을 주는 특권을 누리게 될 것이다.

A woman after God's own heart

PART 3

중요한 것을 먼저 실천하는 여성

하나님이여 주는 나의 하나님이시라
내가 (아침 일찍) 간절히 주를 찾되 물이 없어 마르고 곤핍한 땅에서
내 영혼이 주를 갈망하며 내 육체가 주를 앙모하나이다
시편 63:1.

CHAPTER **21**

먼저 구할 것들을
먼저 구하는 마음

내가 (아침 일찍) 간절히 주를 찾되

시편 63:1

    앞서 본 칠성못으로 잠깐 돌아가, 그 연못이 우리 삶을 위한 하나님의 계획을 얼마나 아름답게 보여 주는지 생각해 보자.
    폭포처럼 넘쳐 흐르는 그 연못들처럼, 하나님의 계획이 펼쳐지는 것은 꼭대기에서부터다. 거기서 바라볼 때, 우리 인생은 너무 멋있으며 동시에 아주 진지하다. 하나님에 대한 비전, 우리를 향하신 하나님의 계획에 대한 비전으로 우리는 감동받는다. 하나님의 설계는 순전하고 의로우며 잘 정돈되어 있다. 그리고 정말 이해하기 쉽다.
    그 아름다운 비전을 본 우리는, 이제 앞으로 나아가 하나님의 뜻을 행해야 한다. 심호흡을 하고 정신을 바짝 차리자. 어떻게 시작하며 어디서부터 시작할까?
    우리가 서 있는 정상에서 자기 인생을 내려다본 후, 다음과 같은 시를 쓴 여인이 있다. 어쩌면 당신도 그녀의 기분과 같을지 모른다.

너무 많은 자료들
배워야 할 것이 너무 많고
변화되어야 할 것이 너무 많아
걱정이 앞선다.

"조금이라도 하는 것이 아무것도 하지 않는 것보다 낫다"는데
또 지혜와 명철이
금보다 낫다고 하는데.

어디서부터 시작해야 하나?
한 걸음 전진했는가 싶으면 – 두 걸음 후퇴하고
내 우선 순위는 엉망진창이다.
해야 할 것은 하지 않고 하지 말아야 할 것은 하고 있으니.
나는 정말 바른 길로 들어서고 싶다.

나를 위해 기도해다오. 나는 정말 기도가 필요하다.
갈 길이 너무 멀기 때문이다.
오늘은 많은 것들이 분명해진다.
이 딜레마에 대한 대답은 오직 하나 – 기도하라![1]

이 시가 당신의 심정을 그대로 표현하는가? 그렇다면 용기를 내자! 아직 끝이 아니다. 하나님은 그분의 뜻대로 사는 법에 대한 지침을 더 갖고 계신다. 우리가 구할 때 알려 주신다. 또한 그분의 뜻을 행하도록 능력을 주신다. 맡은 임무가 무엇이든 하나님의 은혜가 족하다 고후 12:9-10. 하나님은 당신이 경건한 삶을 사는 데 필요한 모든 것을 이미 주셨다 벧후 1:3. 당신은 예수님의 능력을 통해 모든 것을 할 수 있고 빌 4:13 – 그의 마음에 합한 여

---

[1] Janice Ericson 저자 허락하에 사용함

인이 될 수 있다. 이제 용기를 내어 어떻게 시작할지 생각해 보자!

우선 순위에 관해서

하나님의 우선 순위에 따라 살고 부르심에 순종하려면 계획을 짜야 한다. 삶이 복잡하고 해야 할 일이 너무 많기 때문이다. 하나님의 우선 순위는 매일 내려야 할 결정, 순간순간 내려야 할 결정을 보다 쉽고 단순하게 해준다. 진심으로 이 책에 기록된 인생 관리 제도는 효력이 있다.

그 때문에 정돈되지 못한 나의 삶에 질서가 잡혔고, 인생의 폭풍우가 사납게 몰아칠 때 분명히 볼 수 있었다. 내 인생에서 정말 중요한, 몇 안 되는 임무를 제쳐놓게 만들며, 당장 해야 할 급한 일들이 요란스레 문을 두드릴 때, 하나님의 변함없는 말씀이 내게 분명한 지침을 제시해 주었다. 내가 해야 할 주요하고 큰 일들은 다음과 같다.

마음을 다해 하나님을 사랑하고 따르는 것.
남편을 사랑하고 돕고 섬기는 것.
두 딸을 사랑하고 가르치고 훈련시키는 것.
가정을 사랑하고 돌봄으로 가족에게 질 높은 삶을 제공하는 것.
다른 사람에게 줄 수 있도록 나 자신의 성장을 도모하는 것.
하나님의 백성을 사랑하고 섬기는 것.

이 우선 순위를 실천하기 위해 다양한 많은 임무를 행해야 한다. 그렇지만 한번에 오직 하나만 할 수 있다. 당신의 우선 순위가 무엇인지 알고, 제 때에 맞는 임무를 수행하라. 그러면 주어진 시간에 당신이 해야 할 가장 중요한 일에 초점을 맞출 수 있다.

이 우선 순위는 당신이 시간과 정력을 어떻게 사용해야 하는지 하는 결정을 돕기 위해 제공되었다. 이것은 이대로 따라야만 하는 엄격한 지침이 아니라 삶을 보다 잘 관리하도록 돕기 위해 마련된 것이다. 우선 순위의 목록을 정하고 순위에 대해 깊이 논한 것은 하나님을 따르는 당신에게 지식과 기술과 동기를 제공하기 위함이다. 따라서 하나님의 우선 순위대로 살려고 애쓸 때, 융통성의 원리 또한 잊지 말아야 한다. 예수님은 아이로의 죽은 딸을 일으키러 가시다가 잠깐 멈춰 혈루증으로 고생하던 여인을 고쳐 주셨다눅 8:41-56. 마찬가지로 우리도 새로운 사건이나 위기, 사람을 다룰 때, 무엇이 진짜 우선 순위인지 결정하여 행하는 융통성을 가져야 한다.

선택에 대하여

다시 반복하면, 우리의 선택이 우리가 실천하는 우선 순위의 열쇠라는 것이다. 이 책 처음부터 우리는 악한 것 대신 선한 것을, 좋은 것보다 더 좋은 것을, 더 좋은 것보다 가장 좋은 것을 택하려고 애써 왔다. 이러한 선택이 얼마나 중요한지 말로 표현하기 어렵다. 앞서 말했듯, 당신이 장차 어떤 사람이 될지 알려면, 자신이 오늘 하는 선택을 보라. 앞으로도 당신은 지금 같은 선택을 할 것이다. 수수께끼 같지만 사실이다.

다음의 두 가지 말 또한 사실이다.

"(당신이 택한 그 선택에 근거해서) 이루어진 오늘의 당신 모습이 곧 미래의 당신 모습이다." 그리고 "오늘의 당신 모습은 곧 (당신이 이미 한 선택에 근거해서) 지금까지 이루어 온 과거의 당신 모습이다."

우선 순위를 반영하는 우리의 선택, 지금 현재 우리가 내리는 선택이 앞으로 우리를 향한 하나님의 계획을 성취할지 못할지를 결정할 것이다. 모든 것을 하는 것-혹 어떤 것을 할 필요가 없다고 결정하는 것-은 선택의 문제다. 당신이 앞으로의 5분에 관계된 선택을 하든, 한 시간에 관계된 선택을 하든, 아니면 내일 또는 영원에 관한 선택을 하든, 당신이 하는 선택은 엄청 중요한 것이다.

다른 분야에 대해

아직 인생의 몇몇 분야는 전혀 언급하지 않았다. 예를 들어, 부모나 형제자매, 확대 가족에 관해 전혀 말하지 않았다. 직장, 직업, 친구, 이웃, 취미, 오락, 사회 생활 혹은 자신만의 독특한 삶을 이루게 해주는 수많은 다른 분야에 대해서도 언급하지 않았다. 이 모든 것은 하나님을 기쁘시게 하는 삶을 살 때 언급되고 관리될 것이다. 우리는 이 모든 것을 즐길 수 있다. 성경은 하나님께서 우리에게 모든 것을 후히 주셨다고 하신다딤전 6:17.

하나님께서 우리에게 주신 다른 많은 사람과 부분에 대해 논하자면 또 한 권의 책이 필요할 것이다. 따라서 우리가 방금 본 여섯 가지 우선 순위 밑에 그 "다른" 것을 간단히 첨부하는 것으로 만족한다. 왜냐하면 그 여섯 가지 우선 순위는 변하지 않기 때문이다. 그 하나하나는 성경에서 구체적으로 말씀하는 것이다.

지금까지 하나님의 계획, 하나님의 우선 순위, 하나님이 부여하신 임무에 대해 살펴보았다. 인생의 상황은 변할지 모르나 하나님의 말씀은 절대 변함이 없다. 시편 기자가 선포하듯 "여호와의 도모는 영영히 서고 그 심사는 대대에 이른다"시 33:11. 따라서 나머지 분야들에 우선 순위를 정하라. 기도 가운데 성경을 읽으며 하나님의 지혜로운 인도를 구할 때, 하나님께서 순서를 알려 주실 것이다. 인생의 모든 세세한 부분에서 어떻게 하나님이 기뻐하시는 여성이 되어야 할지 보여 주실 것이다.

앙망하는 것, 기다리는 것에 대해

잠언을 읽으면 지혜는 기다린다는 메시지를 얻을 것이다. 우선 순위를 실천할 때 알아야 할 일반적 원리는 급히 서둘러 일을 그르치는 것보다 기다리는 것이 더 안전하다는 사실이다. 잠언의 많은 구절이 이 진리에 대해 말씀해 주는데 그 중 하나가 잠언 19:2이다.

"발이 급한 사람은 그릇하느니라."

우리 가정에서 이 원리를 어떻게 적용했는지 말해 보겠다.

어느 무더운 여름날, 전화벨이 울려 받아 보니 딸 캐서린(당시 10대였다)의 친구였다. 우리가 한번도 만나거나 이름을 들어본 적 없는 친구였다. 우리 딸한테 당장 해변가로 가자는 것이었다. 그 말을 그대로 옮겨 보겠다. "우리 지금 바로 떠나는데 캐서린한테 15분 후면 도착할테니 대기하고 있으라고 해주세요!"

캐서린은 가지 않았다. 이유가 무엇인지 아는가? 우선, 그날 우리의 계획에는 ("계획 A가 항상 최선"이 나의 모토 중 하나다) 해변에 가는 것이 포함되지 않았다. 게다가 남편과 나는 십대 소녀로 이루어진 그 그룹을 한번도 만난 적이 없고, 비상시 걸 전화번호조차 없었다. 따라서 이 계획은 분명히 "아니오"라고 답할 수 있는 것이었다. 나중에 계획을 짜서 얼마든지 해변가로 갈 수 있었다. 실제로 그때까지 기다렸다.

이처럼 기다리는 체험을 한 친구가 또 있다. 시어머니가 그녀에게 아주 어려운 상황에 대한 사과 편지를 당장 쓰라고 요구한 것이다. 그날 부쳐서 바로 그 다음날이나 늦어도 1, 2일 안에 그 편지를 받아 보도록 말이다. 그런데 친구는 일주일 후에야 그 편지를 시어머니에게 보냈다. 이유는 그 점에 대해 기도해 보고, 자신의 마음 자세를 바르게 하고, 조언도 구하고, 자신이 쓴 편지 내용이 괜찮은지 읽어 줄 사람을 구하기 위함이었다. 그렇게 해서 그 편지가 하나님의 목적을 진실로 이루도록 한 것이다. 그리고 그렇게 기다림으로 더 나은 편지를 쓸 수 있었다고 했다.

나 역시 지혜는 기다린다는 원리를 실천할 기회가 있었다. 한번은 전화 벨이 울려 받아 보니 외판원이 숨을 몰아쉬며 말했다. "지금 바로 길모퉁이에서 전화를 걸고 있습니다. 저희가 오늘 아주머니 댁 근처에 오게 되었는데 오늘 하루뿐이지요. 지금 당장 단돈 25달러에 아주머니 댁 카펫을 모두 청소해 드리겠습니다. 평생에 한번밖에 없는 기회지요. 그렇지만 지금 당장 하셔야 합니다!"

나는 그 제안을 거절했다. 이유는 간단하다. 그날 계획에 카펫 청소가 포함되어 있지 않았기 때문이다. 그 문제를 남편과 의논하지도 않았다. 남편이 "지금 당장" 카펫 청소하는 것이 25달러를 사용하는 최선의 방법이라고 생각할지 알 수 없다. 좋은 방법일지 모르나 과연 최선일지!

그 외판원의 전화 제안에서 볼 수 있듯이, 지혜는 기다리는 원리를 실천할 기회를 제공한다. 그것은 항상 이처럼 전화를 걸어 우리의 주의를 집중시킨 다음, 우리가 이미 세운 "계획 A"를 밀어낼 기회를 제공한다. 그렇지만 우리는 이런 기회에 당장 주의를 집중하지 않아도 된다. 대신 누가 주도권을 쥐고 있는지 결정하면 된다. 이때 충동적으로 행동하기보다는 기다리는 것이 바로 주도권을 쥐는 방법이다.

내 기도 노트에 적어 놓은 한 인용문이 다음의 사실을 상기시킨다.

"인생에서 즉각적인 결정을 요하는 일은 아주 드물다. ……그러니 침착하고 냉정하라. ……(어수선함과 위기)를 피하기 위해 첫 번째 전략을 연기하라. ……대부분의 일이 그 당시에는 실제보다 더 중요해 보인다는 사실을 기억하라."[2]

지혜는 기다린다. 당신도 기다릴 예정인가?

---

[2] Michael DeBoeuf, *Working Smart* (New York: Warner Books, 1979), pp. 129, 249.

우선 순위를 조정한 여인들

어느 날 저녁, "단 5분의 독서" 원리에 따라 책을 읽다가 큰 충격을 받았다. 진지하게 하나님이 원하시는 여인이 되기를 갈망한 한 여성에 관한 것이었다. 이름은 이렌이고, 성경 교사로 일이 아주 많은 여성이었다. 그녀의 남편 마이크는 교회만 출석할 뿐 아무 봉사도 하지 않는 명목상의 그리스도인이었다. 그녀의 우선 순위 목록은 다음과 같았다.

- 하나님
- 여성들의 성경 공부 모임에서 가르치는 것
- 가족

어느 날 주님께서 에베소서의 한 구절을 통해 이렌에게 말씀하셨다.
"아내들이여 자기 남편에게 복종하기를(자기 남편 섬기기를) 주께 하듯 하라(주님 섬기듯 하라)" 엡 5:22.[3]

평소에 잘 알던 이 구절을 다른 번역본에서 읽다가, 남편을 섬기는 것이 하나의 사역이라는 것과 주께 하는 봉사라는 사실을 깨닫게 되었다. 그래서 자신의 삶과 우선 순위를 진지하게 평가하기 시작했다.

정말 남편을 사랑했는가? 남편을 첫 자리에 두었는가? 자신이 섬기는 그리스도인 공동체를 위해 무엇이든 했는데, 남편을 위해서는 그렇게 하지 않았다는 생각이 들었다. 이렌은 밖에서 하던 활동을 줄이고 남편과 시간을 보내기 시작했다. 교회에서 성경 공부 인도와 친구의 가정 성경 공부 인도 부탁도 거절하고, 남편과 함께 가정에 머물렀다. 남편과 함께 TV를 보고, 조깅을 하고, 카드 놀이를 하고, 잠자리를 함께했다. 사람들 눈에 띄는 기독교 사역에는 전혀 참석하지 않았다. 정말 고통스러웠다.

---

3) *The Amplified Bible* (Grand Rapids, MI: Zondervan Bible Publishers, 1965), p. 302.

이렇게 지낸 2년이 마치 "어두운 골짜기를 걷는" 것 같았다. 남편은 여전히 그저 그런 그리스도인이었다. 3년째 되던 해 중간쯤부터 남편이 변하기 시작했다. 경건의 시간을 인도하고 가르치는 것도 시작했다. 그리스도에 대한 헌신이 견고해지자 하나님께서 그를 그리스도인 지도자로 인도하시기 시작했다. 각광받는 자리에 그녀가 그대로 있었더라면 남편은 위축되어 감히 나서려 하지 않았을 것임을 이렌은 깨달았다. 이제는 남편 주도하에 함께 부부반을 가르치며, 그 부부의 우선 순위는 다음과 같다.

- 하나님
- 상대방
- 성경 공부 가르치는 것 4)

이렌은 순종이라는 발걸음으로 자신의 우선 순위를 다시 정했다. 당신도 그 같은 필요가 있는가? 만일 그렇다면 그렇게 하겠는가?

팻이라는 여인의 실화다. 그녀는 빈민가 아이들이 거리에서 말썽을 피우지 못하게 할 목적으로 연극 공연을 기획했다. 그러다가 자기 아이들은 어떻게 하고 있는지 보려고 집으로 달려갔다. 집에 막 도착했을 때, 경찰차가 뒤에 와 섰다. 그런데 여덟 살, 아홉 살 난 두 아들이 그 차 뒷좌석에 앉아 있었다. 그녀는 까무러칠 정도로 놀라 알아보니, 자기가 없는 사이 두 아들이 부엌에서 성냥통을 들고 공터에 가서 놀이용 폭약을 터뜨리다 그만 불을 냈다는 것이다. 그래서 이웃 사람의 신고로 그렇게 된 것이다.

팻은 자신이 어떤 애들을 보호해야 하는지, 어떤 애들이 거리에서 말썽을 일으키는지 분명히 알았다. 그녀는 즉시 사무실에 전화해 사임했다.5) 팻은 우선 순위를 다시 정했다. 당신에게도 이런 필요가 있는가?

---

4) Pat King, *How Do You Find the Time?* (Edmonds, WA: Aglow Publications, 1975), page unknown.
5) Pat King, *How Do You Find the Time?*, page unknown.

하나님이 기뻐하시는 여성이 되기 위하여

앞에서 읽은 시에 나와 있듯, 우선 순위를 "뒤죽박죽"으로 만들기는 아주 쉽다. 그리고 그것을 바로잡기는 아주 힘들 수 있다. 그러나 이렌과 팻은 비록 어려운 선택이었지만 기꺼이 바른 선택을 했다.

지금 이 순간 하나님께서 당신이 어떤 삶을 살고 있는지 말씀하시는가? 매일 새날을 시작할 때, 맨 먼저 하나님과 함께하는 시간을 갖는가? 다윗은 광야에서 하나님께 다음과 같이 부르짖었다.

하나님이여 주는 나의 하나님이시라
내가 (아침 일찍) 간절히 주를 찾되
물이 없어 마르고 곤핍한 땅에서
내 영혼이 주를 갈망하며
내 육체가 주를 앙모하나이다시 63:1.

당신의 궁극적 우선 순위는 하나님과 함께하는 시간이다. 이 시간이 없으면 인생은 메마르고 황폐한 광야가 될 것이요, 그 안에 있는 모든 사람(당신 자신을 포함하여)과 모든 것이 고통을 당하게 될 것이다.

지금까지 배운 우선 순위 목록을 훑어보며 당신은 어떻게 하고 있는지 평가해 보라.

당신 인생에서 중요한 사람—남편과 자녀—중 어느 한 명이라도 등한시하지는 않는가? 당신의 가정은 사랑하는 이들을 위해 휴식과 새 힘과 아름다움과 질서를 제공해 주는 천국으로 변해 가고 있는가? 하나님과 그의 백성을 섬기기 위해 당신의 여가 시간 중 첫 열매를 영적으로 채우는 일에 사용하는가?

끝으로 다른 사람과 함께 있을 때, 그들이 당신으로 인해 새 힘을 얻는가? 당신 자신이 여호와 안에서 발견한 새로운 힘이 넘쳐 흘러 그들의 삶으로 들어가는가?

매일 먼저 구해야 할 것을 먼저 구하고 있는지 평가해 보라.

CHAPTER **22**

하나님의 마음을 좇음

나의 영혼이 주를 가까이 따르니……

시편 63:8 [1]

내가 쓴 다른 책을 읽지 않았다면, 주디가 가꾸는 정원을 모를 것이다. 『온 마음을 다해 하나님을 사랑하라』[2]는 책에서, 나는 주디가 그 정원에 대해 가진 계획과 심은 것들을 말했다. 2년이 흐른 지금, 그 정원은 얼마나 아름답고 평화로운지 모른다. 당신도 볼 수 있다면!

주디 집 현관에 설 때마다, 아치형의 그 아름다운 하얀 덩굴장미 정원을 바라본다. 덩굴장미로 뒤덮인 자갈 깔린 오솔길의 산책은, 은은한 향기와 시원한 그늘, 신선한 아름다움을 선사한다. 얼마나 상큼한지 온갖 새와 나비, 이웃집 고양이까지 그곳을 찾는다. 이처럼 크고 작은 피조물이 주디의 덩굴장미 산책길을 사랑한다.

이 정원은 우연히 생긴 것도, 즉각 이뤄진 것도 아니다. 이 아름다운 정

---

1) Curtis Vaughan, ed., *The Old Testament Books of Poetry from 26 Translations* (Grand Rapids, MI: Zondervan Bible Publishers, 1973), p. 276.
2) Elizabeth George, *Loving God with All Your Mind* (Eugene, OR: Harvest House Publishers, 1994).

원을 만들기까지 많은 시간과 노력이 들었고 지금도 여전히 들여지고 있다. 주디는 부지런히 그 오솔길을 살피고 가꾼다.

이른 아침이면 필요한 양분과 물을 주고 땅을 갈아 준다. 제멋대로 자란 덩굴을 낫으로 자르고, 삐쭉삐쭉 나온 가지를 잘라 주며, 죽은 꽃과 가지를 잘라 버린다. 장미를 줄로 묶어 여기저기 고정시키고, 느슨해진 가지와 꽃은 다른 가지나 꽃과 함께 엮어 제 방향을 잡아 준다.

가정 역시 마찬가지다. 우리가 열심히 일할 때, 다른 사람이 우리 삶과 가족과 가정에서 이런 아름다움을 즐긴다. 하나님께 받은 임무를 신실하게 행할 때, 하나님께서는 우리의 순종을 축복하신다. 그 결과는 놀랍게 성장한다. 물론 즐거운 임무와 기분 좋은 순간도 있지만, 늘 하는 재미없고 고된 일도 있다.

다윗처럼 시편 63:8 하나님을 가까이 따르고 그의 뜻을 행하기 위해 행 13:22 쓴 이 책을 맺으면서 마음을 가꾸고, 불필요한 것을 잘라내고 훈련시키기 위해 할 수 있는 것은 무엇인가? 우리 마음과 가정에 거하는 하나님의 아름다우심과 평온함을 맛보기 위해 할 일은 무엇인가?

하루를 계획하라

우리를 향한 하나님의 계획을 현실로 하려면 계획을 세워야 한다. 첫 도전은 오늘이라는 하루를 잘 관리하는 것이다. 우리 수중에 있는 날부터 관리하라. 앞서 말했듯 매일의 일을 적어도 두 번 생각해 보라.

잠자리에 들기 전, 계획표에 다음날 할 일을 순서대로 적으라. 그리고 다음날을 인도, 축복해 달라고 간구한 후 잠자리에 들라. 몇 분 안 되는 시간이지만, 이튿날 당황하는 일이 줄 것이다. 예를 들어, "도시락 싸기", "치과 예약 취소", "쓰레기 분리수거" 등등의 일을 잊지 않을 것이다.

"이날은 여호와의 정하신 것이라 이날에 우리가 즐거워하고 기뻐하리로다"시 118:24라는 찬양처럼, 기쁜 마음으로 아침을 맞으라. 종이 한 장을 꺼내 그날의 우선 순위를 짜고, 기도로 시작하라.

계획과 우선 순위를 놓고 기도하라

정확히 무엇에 대해 기도해야 하는가? 하나님의 우선 순위를 실천하기 위해 어떻게 계획을 짜는지 몇 가지 아이디어를 제공한다.

하나님

반으로 접은 종이 한쪽에 "하나님"이라고 적는다. 그리고 "주여, 주께서 제 인생의 최우선이라는 사실을 삶에 실천하기 위해 오늘 할 수 있는 일은 무엇입니까?"라고 기도드린다.

하나님께서 해야 할 일들을 생각나게 해주신다. 기도, 말씀 읽기, 성경 암기, 하나님과 동행하기, 하나님이 매순간 나와 함께하시는 것을 의식하기 등이다. 그러면 그것을 종이에 기록한다.

남편

다음에 남편 이름을 적는다. 다시 주님께 도움을 청한다. "하나님, 제 남편을 누구보다 소중히 여긴다는 것을 알리기 위해 제가 오늘 할 일은 무엇인가요?" 하나님은 남편이 퇴근할 때 "깨어 있을 것"과 저녁 내내 "깨어 있을 것"을 선택할 수 있음을 상기시켜 주신다. 남편이 원하면 언제든지 함께하기로 선택할 수 있다. 또 자녀가 여러 활동으로 바쁜 금요일 밤에는 남편과 특별 데이트를 계획할 수도 있다.

자녀들

이제는 이렇게 기도할 차례다. "주님, 두 딸이 아빠 다음으로 제 인생에서 가장 중요한 존재들이라는 사실을 알도록 해주기 위해 할 수 있는 일이 무엇입니까? 어떻게 하면 그 아이들 각자에게 저의 사랑을 보여 줄 수 있을까요?"

이 질문에 나는 여러 번 "부드러운 말", "친절", "종의 정신을 갖는 것", "잔소리하지 않는 것"이라는 답을 받았다. 두 딸이 아장아장 걸을 때, 다른 일을 제쳐두고 함께 놀아 주거나 책을 읽어 주는 특별 시간을 가졌다.

두 딸이 자라면서는 특별 카드에 사랑의 말을 적어 주고, 성경 공부 모임에서 돌아오는 길에 갓 구운 빵을 사다 주고, 방과 후 집에 왔을 때 애들이 좋아하는 간식을 마련하는 등의 일을 했다.

두 딸이 결혼한 지금 나는 매일 전자우편e-mail을 통해 대화할 계획을 갖는다. 또 그 애들이 가정을 세우고 개인적으로 성장하도록 좋은 책을 선물하려고 한다. 진실로 사랑하고 기도하고 계획하는 일에는 끝이 없다.

가정

가정 관리에 대해 기도할 때, 가정을 물질 세계에서 영적 세계로 들어올리는 셈이다. 그래서 기도한다. "주여, 제가 오늘 가정을 위해 할 일은 무엇입니까? 우리 가정이 작은 천국이 되도록, '사랑의 가정'이 되도록 제가 오늘 할 수 있는 일은 무엇입니까?"

그러면 "매일 집안 청소를 충실히 할 것"이라는 항목이 오를 것이다. 또 "온전히 끝낼 것"이라는 항목은 거의 매일 목록에 오르는데, 이유는 간단하다. 바로 집중적으로 훈련받는 부분이기 때문이다. 특히 피곤할 때인 저녁 식사 후에 필요한 제목이기도 하다.

자기 자신

나 자신의 삶을 하나님 앞에 내어놓고 이렇게 기도한다.

"주여, 제가 영적으로 성장하기 위해 오늘 할 수 있는 일은 무엇인가요? 어떤 방식으로 미래 사역을 위해 준비할 수 있을까요?"

그러면 언제나 읽으라는 단어가 나타난다. "운동하라"와 "식품 선택" 역시 종종 나타나는 단어다. 또 통신 공과 마치기, 내가 읽은 책에서 인용한 구절을 타이프칠 것, 제시간에 잠자리에 들기와 같은 항목도 있다. 이처럼 그 목록은 아주 다양하다. 우리 삶에서 일어나는 광범위한 활동과 관심사를 보여 준다고나 할까?

사역

나는 계속 "주여, 주의 백성을 섬기기 위해 제가 오늘 할 수 있는 일은 무엇입니까?"라고 기도한다. 이때는 내가 전화할 사람, 편지나 카드를 쓸 친구 및 선교사, 계획할 공과, 집필, 명찰 구입, 사역에 필요한 행사 또는 병든 이를 위한 음식 장만, 병원 심방 등을 적는다. 우리가 섬길 기회는 주변에 얼마든지 널려 있다.

이 목록이 너무 길기 때문에 한걸음 더 나아가 하나님께 이 일의 우선 순위를 정할 수 있게 도와 달라고 기도한다.

"하나님, 제가 오늘 이 사랑의 수고들 중 오직 한 가지만 할 수 있다면, 어느 것을 하기 원하십니까? 만일 제가 두 가지만 할 수 있다면……?"

다른 활동들

계속 말했듯이, 이 책의 초점은 우선 순위에 맞춰졌다. 그러나 인생에는 다른 면도 있다. 우선 순위대로 사는 것은 마치 유화 그리기와 같다고 할 수 있다. 유화를 그리는 사람은 필요한 요소─배경, 구성, 주제, 스타일

등 - 에 따라 그린다. 그러나 인상파 화가들은 완성된 화폭 전체에 다른 색으로 여기저기 조금씩 칠할 때 그 그림에 활기를 주고 이채를 띠게 만든다는 사실을 발견했다.

인생 역시 마찬가지다. 우리 인생이 아름다워지는 데 필요한 요소를 그 안에 모두 포함시켜야 한다. 즉 하나님의 규칙을 따라 살아야 한다. 그러나 "우리에게 모든 것을 후히 주시는"딤전 6:17 하나님은 우리에게 색점dots of color을 주사, 즉 우리 삶에 독특한 색채를 가하는 사람과 행사, 관심과 소원, 도전들로 축복하신다. 색점에 해당되는 목록으로 크리스마스 쇼핑, 서점 방문, 친구 만나기, 딸 보러 가기, 구두 사기 등을 들 수 있다.

계획과 우선 순위들을 일정에 짜 넣으라

이제 나는 그날의 목록을 다 적었다. 이 종이를 종일 들고 다니거나, 냉장고 문이나 보기 편한 곳에 놓아도 좋을 것이다. 그 목록에 적힌 사항은 어디까지나 우리의 꿈과 소원과 확신을 말해 줄 뿐이다. 실제로 행할 때까지는 말이다. 이 시점에서 나는 반으로 접은 종이 다른 편에, 우선 순위를 실천으로 옮길 일정을 기도하며 적는다.

"하나님, 언제 경건의 시간을 가지면 좋을까요?" 일정표에 "경건의 시간"을 적는다. "언제 남편의 떨어진 단추를 달아 주고……남편과 데이트할까요?" "딸을 위해 언제 뜨끈한 빵을 사 줄까요?……언제 집안 청소를 할까요?……언제 책 읽고 운동할까요?"

이렇게 하나님도 원하시고 나도 원하는, 이 모든 일을 언제 하면 좋을지 기도로 여쭙고 구체적인 시간을 일정표에 적는다.

이렇게 해서 하루 스케줄 짜는 일이 끝나면, 내 손에는 그날 하루를 위한 전 계획표가 있게 된다. 지혜는 언제나 계획한다잠 21:5.

이대로 해보라. 그러면 하나님께 기도드린 후, 그날 하루를 위한 분명한 계획서를 들고 서는 것이 얼마나 위로가 되는지 알게 될 것이다.

우선 순위를 실천하라

우리는 매일 우선 순위를 실천할 많은 기회와 도전을 받는다. 그 순위를 아래와 같이 번호로 매기면 순간순간 결정하기 쉬울 것이다.

- 1 - 하나님
- 2 - 남편
- 3 - 자녀
- 4 - 가정
- 5 - 자신의 영적 성장
- 6 - 섬기는 일들
- 7 - 다른 일들

어떻게 활용하는가?

- 자녀(3)가 방금 학교에서 돌아왔다. 자녀와 함께 기도하고 간식을 먹으며 그날 일을 이야기한다. 그런데 전화벨이 울린다. 남편(2) 전화가 아니다. 그렇다면 섬기는 일(6)이거나 친구(7)거나 무언가 팔려는 외판원(?)일 것이다. 그러면 결정은 간단하다. 6번이나 7번 때문에 3번의 우선 순위를 제치는 일을 하지 않는다.

- 자녀(3)와 함께 시간을 보내는데 이웃 사람(6 - 봉사)이 와서 문을 두드린다. 어떻게 할까? 그럴 경우에 나는 애들이 숙제하는 시간에 다시 올 수 있겠느냐고 묻고는 시간을 조정한다. 에디스 쉐퍼는 이런 식으

로 말하라고 제안한다.

"나중에 뵐게요. 저는 지금 나오미와 함께 있거든요." 이때 당신 자녀의 이름을 사용해야 한다. "저는 지금 데비(당신 자녀)와 이야기하고 있어요."라고 할 때, 그 사람뿐 아니라 당신 자신에게 "이 사람은 나와 중요한 약속을 갖고 있습니다."라고 말하는 것이다. 당신의 자녀는 한 사람이다. ……자녀는 자신이 당신에게 중요하다는 것, 그들이 당신에게 소중하다는 것을 알며 자랄 필요가 있다.3)

- 조용한 집에서 남편(2)과 함께 오랜만에 오붓한 시간을 보내고 있다. 그런데 전화벨이 울린다. 상담이 필요한 여성(6)이거나, 담소하기 원하는 친구(7), 외판원(?) 등이다. 결정은 아주 분명하다. 남편(2)이 집에 없는 날을 잡아 상담이나 이야기하겠다고 약속하라.

가혹하고 무정하게 보이겠지만 우선 순위를 위해 선택할 때, 하나님께서 당신 인생을 아름다운 사역으로 변화시키실 것이다. 이런 선택은 어렵고 때로 상처를 주기도 한다. 그러나 당신과 나, 하나님께서 원하시는 인생을 위해 반드시 필요한 과정이다.

비록 계획이 중요하지만 비상시에는 변경한다. 시어머님이 병원에 입원하시자 큰 딸 내외와 나는 모든 활동을 중단하고 어머니 옆에 있었다.

우리의 목표는 근신하는 것이다딛 2:5. 근신하는 여성은 자신의 선택을 통해, 그 선택이 남편과 자녀 및 이웃에게 전하는 메시지를 통해 생각한다. 어떤 상황에 부딪혔을 때, 그 상황을 신중히 생각하고 좋고 나쁜 모든 가능한 결과에 대해 고려해 본다. 모든 것을 기도하는 가운데 하나님을 기다리고, 지혜를 구하며, 경건한 충고를 얻은 후 바른 결정을 내린다.

---

3) Edith Schaeffer, *Common Sense Christian Living* (Nashville: Thomas Nelson Publishers, 1983), p. 196.

그날에 대한 하나님의 관점을 얻으라

기도하며 그날의 우선 순위를 정할 때, 하나님은 내게 특정한 하루에 대한 그분의 뜻이 무엇인지 깨닫게 해주신다. 우선 순위를 정할 때, 나는 또한 내가 평생 노력하며 성취하고자 애쓰는 일에 대한 열정을 얻게 된다.

나의 열정은 15년쯤 전(아니 더 오래 전) 교회 여성도 수양회 때 처음 들은 말이 불 붙은 것이기도 하다. 이 말을 처음 들은 이후로, 마음을 다하고 힘을 다하고 뜻을 다하여 내 인생을 향한 하나님의 계획을 좇겠다는 동기를 부여받았다. 내가 들었던 그때 그 말들이, 하나님을 향한 당신의 열정과 비전과 소명에 불 붙기 바란다.

어느 기자가 네 명의 여자에게 "노후"의 삶과 "인생의 지혜, 만족, 여가 시간을 유용하게 누리는 중년 이후"의 삶에 대해 질문했다.

31세: "노후의 삶이요? 그 전에 할 일이 너무 많아 과연 노후가 찾아올까 의심스러운데요. 남편의 성공을 도와주고, 험한 세상을 헤치고 살아가도록 자녀를 잘 양육하고 싶습니다. 물론 자신을 위한 시간도 갖고 싶어요. 자신을 발견하고 저 자신이 되는 시간 말이에요."

44세: "노후의 삶이라! 20년밖에 남지 않았어요. 그때까지 살 수 있기만 바라지요. 아이들이 대학을 마치고 자신의 인생을 살아가게 할 수 있다면, 남편의 혈압이 정상 수치로 떨어지고, 내가 별 탈 없이 갱년기를 잘 넘길 수 있다면……아무튼 우리가 그때까지 살 수만 있어도 좋겠어요."

53세: "글쎄요. 때때로 우리에게는 노년의 삶이 생전 찾아올 것 같지 않다는 생각이 들어요. 부모님이 아직 살아 계신데 저희가 계속 보살펴 드려야 하거든요. 그리고 제 딸이 작년에 이혼해 우리와 함께 살고 있어요. 물론 아기도 하나 있지요. 그래서 남편과 저는 딸애와 손자에 대한 책임감도 느끼고 있지요."

63세 : "우리가 바로 그 나이 아니예요? 솔직히 말해 그렇질 못해요. 우리는 노후에 편안한 삶을 살 만큼 충분한 돈을 저축했다고 생각했는데, 물가가 너무 오르는 바람에 그렇질 못해요. 그래서 남편은 은퇴 시기를 늦추려 해요. 남편이 은퇴를 늦게 하겠다면 저도 그럴 거예요. 이 집을 유지 관리하는 것이 저희 둘에게는 너무 벅차요. 누가 이렇게 될 줄 알았나요. 일이 이렇게 된 것에 우리 둘 다 마음이 상해 있는 편이지요."

정말 솔직한 말들이다. 우리 역시 이런 노년을 바라보고 있다면, 인생은 아무 희망도 목적도 없는, 시시하고 쓸데없는 것처럼 보일지 모른다.

그러나 이제 하나님의 비전을 바라자. 경건의 관점에서 인생을 보자. 방금 읽은 글을 한 친구에게 보냈는데, 그녀에게 온 회신은 얼마나 고무적인지!

"오, 엘리자베스! 매일매일을 마치 그 하루만이, 오직 그 하루만이 우리의 '황금기'인 듯 살자! 그러면 주님께 돌려 드릴 우리의 노후는 황금기처럼 아름다운 날들일거야!"

이처럼 매일을 마치 그날이 자신의 황금기인 양 살기로 작정해 보라. 그것이 하나님이 기뻐하시는 여성이다.

실천, 실천, 실천!

좋은 일생을 살고 싶은가? 그렇다면 오늘을 의미 있는 하루로 보내라. 누군가 말했듯 "하루하루가 작은 인생이요 우리의 전인생은 이 하루의 반복에 불과하다." 오늘이 다하는 마지막 시간에 당신의 진주 목걸이에 오늘이라는 진주 한 알을 끼우라. 하루하루를 황금기처럼 살아갈 때 당신은 결국 좋은 일생을 살게 될 것이다.

그렇지만 실패하는 하루를 살았을 경우에는? 겨우 생존을 위해 애쓴 하루였다면? 하루를 대충 보내고 말았다면? 초점을 맞추고 싶었던 일을 하지 못한 하루였다면? 우리 모두 그런 날들을 갖고 있다. 그럴 때, 이미 지나간 날은 잊어버리고 다음날 아침을 고대하며 목표를 향해 또다시 나가게 해주시는 하나님께 감사드리라빌 3:13-14. 하나님의 능력 안에서, 하나님의 은혜로, 무슨 일이 있든 우리는 하나님의 마음을 좇을 것이다.

매일매일 그날 하루를 진주같이 살아, 평생 동안 그 한 알씩의 진주를 모아 꿰어 보라. 그러면 하나님이 기뻐하시는 여성으로의 삶을 살게 될 것이다.

사명선언문

너희가 흠이 없고 순전하여……세상에서 그들 가운데 빛들로
나타내며 생명의 말씀을 밝혀 _ 빌 2:15-16

1. 생명을 담겠습니다
만드는 책에 주님 주신 생명을 담겠습니다.
그 책으로 복음을 선포하겠습니다.

2. 말씀을 밝히겠습니다
생명의 근본은 말씀입니다.
말씀을 밝혀 성도와 교회의 성장을 돕겠습니다.

3. 빛이 되겠습니다
시대와 영혼의 어두움을 밝혀 주님 앞으로 이끄는
빛이 되는 책을 만들겠습니다.

4. 순전히 행하겠습니다
책을 만들고 전하는 일과 경영하는 일에 부끄러움이 없는
정직함으로 행하겠습니다.

5. 끝까지 전파하겠습니다
모든 사람에게, 땅 끝까지, 주님 오시는 그날까지
복음을 전하는 사명을 다하겠습니다.

서점 안내

광화문점 서울시 종로구 새문안로 69 구세군회관 1층
02)737-2288(T) 02)737-4623(F)

강남점 서울시 서초구 신반포로 177 반포쇼핑타운 3동 2층
02)595-1211(T) 02)595-3549(F)

구로점 서울시 구로구 시흥대로 577 3층
02)858-8744(T) 02)838-0653(F)

노원점 서울시 노원구 동일로 1366 삼봉빌딩 지하 1층
02)938-7979(T) 02)3391-6169(F)

분당점 경기도 성남시 분당구 황새울로 315 대현빌딩 3층
031)707-5566(T) 031)707-4999(F)

신촌점 서울시 마포구 서강로 144 동인빌딩 8층
02)702-1411(T) 02)702-1131(F)

일산점 경기도 고양시 일산서구 중앙로 1391 레이크타운 지하 1층
031)916-8787(T) 031)916-8788(F)

의정부점 경기도 의정부시 청사로47번길 12 성산타워 3층
031)845-0600(T) 031) 852-6930(F)

인터넷서점 www.lifebook.co.kr